kritik & *utopie* ist die politische Edition im mandelbaum *verlag*.
Darin finden sich theoretische Entwürfe ebenso wie Reflexionen aktueller sozialer Bewegungen, Originalausgaben und auch Übersetzungen fremdsprachiger Texte, populäre Sachbücher sowie akademische und außeruniversitäre wissenschaftliche Arbeiten.

Christian Fuchs

DAS DIGITALE KAPITAL

Zur Kritik der politischen Ökonomie
des 21. Jahrhunderts

mandelbaum *kritik & utopie*

Lektorat: Thomas Geldmacher
Satz: Kevin Mitrega
Umschlag: Martin Birkner
Coverillustration: Susann Massute
Druck: Primerate, Budapest

Inhaltsverzeichnis

1. Einleitung: Karl Marx und der digitale Kapitalismus 7

2. Karl Marx' *Kapital* im digitalen Kapitalismus 16

3. Karl Marx als kritischer Techniksoziologe 53

4. Karl Marx als kritischer Kommunikationstheoretiker 88

5. Industrie 4.0: Die digitale *deutsche Ideologie* 121

6. Michael Hardts und Antonio Negris Buch *Assembly: Die neue demokratische Ordnung* im Kontext des digitalen Kapitalismus 156

7. Alltagsleben und digitale Alltagskommunikation im Coronavirus-Kapitalismus 183

8. Soziale Medien und Öffentlichkeit 235

9. Schlussfolgerungen 273

Bibliografie 280

1.
Einleitung: Karl Marx und der digitale Kapitalismus

2017 jährte sich zum 150. Mal die Veröffentlichung von Band 1 des Marx'schen *Kapitals*. Am 5. Mai 2018 jährte sich der Geburtstag von Karl Marx zum 200. Mal. Nach Jahrzehnten der Marginalisierung finden wir heute ein neues Interesse am Werk von Karl Marx. Dieses Buch stellt die Fragen: Warum ist Marx heute relevant? Wie können wir Marx im Zeitalter des digitalen und kommunikativen Kapitalismus – eines Kapitalismus, in dem digitale Technologien und Kommunikationsmedien eine wichtige Rolle spielen – einen Sinn geben?

Etwas erneut zu lesen sollte beinhalten, dass wir uns an etwas erinnern, es erneut sagen und aussprechen, wieder etwas tun und wieder um etwas kämpfen. Marx neu zu lesen bedeutet, sich an seine Werke zu erinnern, seine Ideen und seine Politik neu zu formulieren und neu auszusprechen, seine Kritik zu erneuern und den Kampf für den Sozialismus zu wiederholen. Erneuerung ist niemals eine mechanische Abbildung oder Reflexion, sondern vielmehr ein kreativer dialektischer Prozess der Aufhebung, der etwas bewahrt, manches eliminiert und Neues schafft. Marx neu zu lesen bedeutet nicht, ihn zu reproduzieren, sondern seine Analyse und seine Politik vor der Hintergrundfolie des 21. Jahrhunderts kreativ zu adaptieren.

Mit Werken wie *Ökonomisch-philosophische Manuskripte* (1844), *Die deutsche Ideologie* (1845/46), *Manifest der Kommu-*

nistischen Partei (1848), *Die Klassenkämpfe in Frankreich 1848 bis 1850* (1850), *Der achtzehnte Brumaire des Louis Napoleon* (1852), *Grundrisse der Kritik der politischen Ökonomie* (1857/58), *Zur Kritik der politischen Ökonomie* (1859), *Das Kapital* (1867), *Der Bürgerkrieg in Frankreich* (1871), *Theorien über den Mehrwert* (1862/63) und vielen anderen legte Karl Marx die Grundlagen für die Kritik der politischen Ökonomie des Kapitalismus. Der von ihm vertretene Ansatz operiert unter anderen mit folgenden Kategorien: die Ware, die Arbeit, die Werktätigkeit, der Tauschwert, der Gebrauchswert, der Wert, die Arbeitswerttheorie, die Arbeitszeit, abstrakte und konkrete Arbeit, das Geld, das Kapital, der Kapitalismus, die Löhne, die Preise, der Profit, die Gewinne, der Fetischismus, der Mehrwert, die notwendige Arbeit, die Mehrarbeit, Klassen, die Ausbeutung, die Entfremdung, die Akkumulation, die Ideologie, die absolute und die relative Mehrwertproduktion, die formelle und die reelle Subsumption, die Kooperation, die Maschinerie, die Produktionsmittel, der *general intellect*, die Kommunikationsmittel, der kollektive Arbeiter, die Mehrwertrate, die organische Zusammensetzung des Kapitals, die Profitrate, die internationale Arbeitsteilung, die primitive/ursprüngliche Akkumulation, der Antagonismus der Produktivkräfte und der Produktionsverhältnisse, die Produktionsweisen, die kapitalistischen Krisen, die Überakkumulation, der tendenzielle Fall der Profitrate, die Anarchie des Marktes, die Überproduktion, der Unterkonsum, die Profitklemme (*profit squeeze*), Verwertung und Entwertung des Kapitals, das fiktive Kapital, die Rente, der Grundbesitz, die Kommunikationsmittel, die Transportmittel, der Weltmarkt, die ungleiche geografische Entwicklung, das globale Kapital, der Kolonialismus, der Imperialismus, der Zins, der Kredit, die historische Tendenz der kapitalistischen

Akkumulation, die Zirkulation, die Reproduktion, der Konsum, die Verteilung/Distribution, das Handelskapital, Abteilung I & II der gesellschaftlichen Produktion, der Staat, das Gattungswesen, der Bonapartismus, der Materialismus, die Dialektik, die Widersprüche, die Klassenkämpfe, das Klassenbewusstsein, das Reich der Notwendigkeit, der Reich der Freiheit, das Privateigentum, das Gemeineigentum, der Kommunismus, der Sozialismus.

Zusammengenommen bilden diese Kategorien die Grundlagen einer kritischen Theorie des Kapitalismus und seines Wirtschaftssystems, seines politischen Systems, seines kulturellen Systems, seiner technologischen Paradigmen, der Mensch-Natur-Beziehung und der Aspekte von Subjekt/Objekt, von Zeit und Raum. Marx' Ansatz ist von Natur aus kritisch, d. h., er analysiert die Widersprüche des Kapitalismus, seine Krisentendenzen, Kämpfe und die Begründung von Alternativen zum Kapitalismus als die bestimmte Negation des Kapitalismus. Unter der »bestimmten Negation« versteht Hegel, dass Widersprüche zu Veränderungen führen, das Negative also in etwas Neues umschlägt und ein »positives« Resultat hat. 200 Jahre der Entwicklung dieser Theorien haben zu zahlreichen intellektuellen Ansätzen, Strängen, Interpretationen, Debatten und Konflikten geführt, die auf Marx aufbauen.

Der Aufstieg von neoliberalem Kapitalismus, Postmoderne und Identitätspolitik in Gesellschaft, Kultur und Wissenschaft hat zusammen mit dem Zusammenbruch des Sowjetsystems, den durch verschiedene Formen des Stalinismus hervorgerufenen Degenerationen und der Neoliberalisierung der Sozialdemokratie in den letzten Jahrzehnten zu einem Niedergang marxistisch inspirierter Theorie und Praxis geführt. Francis Fukuyama konnte daher 1992 postulieren, dass das Ende der

Geschichte gekommen sei, und behaupten, dass Kapitalismus und liberale Demokratie für immer dominant bleiben würden. Viele Akademiker/innen in den Sozial- und Geisteswissenschaften haben den »Fukuyamaismus« bis zu einem gewissen Grad praktiziert, indem sie den Kapitalismus und die Analyse der Totalität der Gesellschaft vergaßen. Stattdessen haben sie sich auf die Mikroanalyse, die Postmoderne, den Angriff auf »große Erzählungen« und Wahrheitsansprüche sowie auf Kategorien wie Globalisierung, Individualisierung, Risiko, Netzwerke, Modernität, Identität usw. konzentriert. Während Marx in Theorie und Praxis zunehmend durch Abwesenheit glänzte, haben sich Klassenwidersprüche und Ungleichheiten ausgeweitet, so dass Marx angesichts seiner Abwesenheit paradoxerweise notwendiger denn je geworden ist.

30 Jahre nach dem Zusammenbruch des Sowjetsystems und Fukuyamas Prophezeiungen haben sich die Gesellschaften, die Geistes- und Gesellschaftswissenschaften und die Soziologie verändert. Aufgrund der aktuellen Krise des Kapitalismus ist dieser Begriff in das öffentliche und soziologische Vokabular zurückgekehrt. Im Jahr 2008 kam es zu einer neuen Weltwirtschaftskrise. Sie verwandelte sich in vielen Teilen der Welt in eine politische und soziale Austeritäts-, Ideologie- und Legitimationskrise der kapitalistischen Gesellschaft und mündete in das Aufkommen neuer Nationalismen und autoritärer Formen des Kapitalismus (Fuchs 2018). Marx bleibt für die Kritik des Kapitalismus im 21. Jahrhundert weiterhin wichtig. Über Marx zu sprechen bedeutet, über Klasse, Kapitalismus, Krise und Alternativen zum Kapitalismus zu sprechen. Es ist daher offensichtlich, dass Marx unser Zeitgenosse bleiben wird, solange es den Kapitalismus gibt. Die Zeit ist gekommen, Marx zu wiederholen.

Im gegenwärtigen Kapitalismus spielen Wissensarbeit, digitale Kommunikationstechnologien und Informationsgüter bedeutende Rollen. Man kann daher vom digitalen oder kommunikativen Kapitalismus als einer zentralen Dimension des heutigen Kapitalismus sprechen. Sie ist aber nicht dessen einzige Dimension, weil wir gleichzeitig im Finanzkapitalismus, im hyperindustriellen Kapitalismus, im Krisenkapitalismus, im autoritären Kapitalismus, im neoliberalen Kapitalismus, im Mobilitätskapitalismus und im globalen Kapitalismus leben. Alle diese Dimensionen interagieren. Dieses Buch widmet der Relevanz von Karl Marx im Kontext des digitalen und kommunikativen Kapitalismus von heute besondere Aufmerksamkeit.

Während es in den 1990er und 2000er Jahren schwierig war, über Marx zu sprechen, ohne sofort mit Vorurteilen konfrontiert zu werden (siehe Eagleton 2011), so dass eine Diskussion über Marx'sche Kapitalismuskritik gar nicht erst begonnen werden konnte, gibt es heute mehr Bereitschaft, auf das zu hören, was marxistische Theorie zu sagen hat. Heute, da der neoliberale Kapitalismus in einer tiefen politischen, wirtschaftlichen und ideologischen Krise steckt und dazu neigt, sich in neue autoritäre Kapitalismen zu verwandeln, ist nicht nur deutlich geworden, dass der Markt und die Warenform die menschlichen Probleme nicht lösen können, sondern es ist auch die Zeit gekommen, Marx und den Sozialismus wieder ernst zu nehmen.

Angesichts der tiefen Krisen müssen wir Marx erneut lesen und wiederholen. Das bedeutet aber nicht, seine Gedanken mechanisch auf die Gesellschaft des 21. Jahrhunderts anzuwenden, und es bedeutet auch nicht, seine Schriften als historischen Fundus zu betrachten, aus dem man immer wieder dieselben Zitate hervorholt.

Erstens: Marx heute neu zu lesen und zu wiederholen bedeutet, Analyse und Kritik von Klasse und Kapitalismus im 21. Jahrhundert in historischer und dialektischer Weise zu entwickeln. Es bedeutet zu untersuchen, wie der Kapitalismus nicht nur als wirtschaftliche, sondern auch als gesellschaftliche Formation das menschliche Leben, die Gesellschaft und die Natur verändert und schädigt. Es bedeutet, Marx' Kategorien im 21. Jahrhundert zu wiederholen – die Ware, die Arbeit, den Wert, die Mehrwertklasse, die Ausbeutung, das Kapital, die Ausbeutung, die Herrschaft, die Ideologie, die Klassenkämpfe, die Mittel, Verhältnisse und Produktionsweisen, die Kommunikationsmittel, den *general intellect*, den Kommunismus. Marx war sowohl ein historischer als auch ein dialektischer Denker. Marx im 21. Jahrhundert zu wiederholen bedeutet daher weder, seinen Ansatz, seine Theorie und seine Politik abzuschaffen, noch ist es nötig, diese völlig neu zu erfinden oder unverändert zu lassen. Der Kapitalismus ist ein historisches und dialektisches System, das sich durch Krisen verändert, um dasselbe System der Ausbeutung zu bleiben. Marx neu zu lesen und zu wiederholen bedeutet daher, Marx' Kategorien auf der Grundlage einer Dialektik von Kontinuität und Veränderung weiterzuentwickeln. Während die Postmoderne seit Jahrzehnten predigt, die Gesellschaft habe sich völlig verändert, behaupten orthodoxe Gesellschaftstheoretiker/innen, es habe sich überhaupt nichts verändert. Die Postmoderne ist fast tot und überschätzt den Wandel. Die Orthodoxie meint im Gegensatz dazu, dass sich nie etwas ändere, und überschätzt die Kontinuität.

Zweitens ist das gegenwärtige kapitalistische Zeitalter zutiefst ideologisch geprägt. Um die Gesellschaft zu verstehen und zu verändern, müssen wir daher Marx' Ideologiekritik neu lesen und wiederholen. Durch die Konsumkultur und den Neoliberalismus haben wir die Kommodifizierung von (fast) allem und die ständige Präsenz von Ideologien erlebt, die die Warenlogik in allen Bereichen des Alltagslebens rechtfertigen. Der Warenfetischismus als dem Kapital selbst immanente Ideologie ist dadurch universal geworden. Steigende Ungleichheiten haben zu einer Intensivierung und Ausweitung von Ideologien geführt, die von der kapitalistischen Gesellschaft als der zugrunde liegenden Ursache gesellschaftlicher Probleme ablenken. Die offensichtlichste Form des politischen Fetischismus war in jüngster Zeit das Aufkommen neuer politischer Nationalismen.

Drittens: Marx heute neu zu lesen und zu wiederholen bedeutet, sich Alternativen zum Kapitalismus vorzustellen und für diese zu kämpfen. Marx betont, dass Geschichte nicht vorherbestimmt ist und dass die Menschen ihre eigene Geschichte machen. Selbst in dunklen Zeiten ist es dafür nicht zu spät. Und gerade in solchen Zeiten ist es wichtig, über Alternativen nachzudenken und daran zu arbeiten, wie die Kluft zwischen dem, was sein könnte, und dem, was ist, überwunden werden kann. Der Kapitalismus ist nicht das Ende der Geschichte. Um die Gesellschaft zu humanisieren, ist gesellschaftlicher Wandel notwendig.

Dieses Buch liest Marx neu und wiederholt Marx im Zeitalter des digitalen und kommunikativen Kapitalismus in sieben Schritten. Jeder Schritt ist als ein Kapitel organisiert. Marx zu wiederholen bedeutet, seine Hauptwerke neu zu lesen und neu zu interpretieren. Kapitel 2 stellt die Grundlagen der Wiederholung von Marx durch das Lesen des *Kapitals* im digitalen Kapitalismus vor. Dazu müssen wir die Geschichte seiner Theorie und Konzepte rekonstruieren. Kapitel 3 und 4 wiederholen Marx, indem sie dessen Konzepte von Technik/Maschinen (Kapitel 3) und von Kommunikation (Kapitel 4) rekonstruieren. Marx neu zu lesen und zu wiederholen bedeutet auch, seine Ansätze zu aktualisieren, weiterzuentwickeln und auf zeitgenössische Phänomene anzuwenden. Kapitel 5 liest und wiederholt Marx, indem die Kritik im Zeitalter des digitalen Kapitalismus als die Kritik des Konzepts der Industrie 4.0 und des industriellen Internets aktualisiert wird.

Marx neu zu lesen und zu wiederholen bedeutet, die sozialistische Praxis zu wiederholen und neu zu gestalten, das heißt, eine emanzipatorische Politik zu erneuern, die auf die Errichtung einer partizipatorischen Gesellschaft der Gemeingüter abzielt. Kapitel 6 stellt Überlegungen zur Wiederholung sozialistischer Praxis im Zeitalter des digitalen Kapitalismus an. Dies erfolgt durch eine Auseinandersetzung mit dem Buch *Assembly* von Michael Hardt und Antonio Negri, das darauf angelegt ist, zeitgenössische politische Kämpfe zu inspirieren.

Kapitel 7 präsentiert eine marxistische Analyse der über digitale Technologien vermittelten Alltagskommunikation im Kontext des Coronavirus-Kapitalismus. Veränderungen der Kommunikation, des Kapitalismus und der Internetkommunikation im Zuge der COVID-19-Pandemie werden vorgestellt.

Kapitel 8 handelt von der digitalen Öffentlichkeit im Zeitalter sozialer Medien. Es werden einige Grundlagen einer auf Marx beruhenden Theorie der Öffentlichkeit dargestellt und auf den Bereich der sozialen Medien angewandt. Öffentlichkeit wird als Begriff der Kritik der kapitalistischen Gesellschaft verstanden. Ein Teil des Kapitels handelt von öffentlich-rechtlichen Internetplattformen als Alternative zum kapitalistischen Internet.

Kapitel 9 schließlich enthält einige abschließende Gedanken.

Marx zu wiederholen bedeutet, die Marx'sche Theorie und Politik zu erinnern, zu rekonstruieren, neu zu erzählen, neu zu lesen, neu zu interpretieren, zu erneuern, neu zu gestalten, zu revitalisieren, zu überdenken, zu aktualisieren, zu entwickeln, anzuwenden und neu zu machen. Marx wird den Kapitalismus so lange heimsuchen, wie er besteht. Wir müssen Marx heute wiederholen, um die destruktive Wiederholung der Katastrophen der Geschichte zu stoppen.

2.
Karl Marx' *Kapital* im digitalen Kapitalismus

2.1. Einleitung

Das allgemeine Interesse an den Werken von Karl Marx hat seit Beginn der neuen Weltwirtschaftskrise im Jahr 2008 deutlich zugenommen. Während es früher leichter war, die Relevanz von Kapitalismus und Klasse abzutun, kann deren entscheidende Bedeutung heute kaum noch ignoriert werden. In dieser Situation stellt sich auch die Frage, wie Marx zu lesen ist. Dies betrifft vor allem sein meistgelesenes Buch, *Das Kapital Band 1*, das die UNESCO im Jahr 2013 zusammen mit dem *Manifest der Kommunistischen Partei* in das Register des Gedächtnisses der Welt eingetragen hat. Während von der deutschen Ausgabe des *Kapitals*, die der Verlag Dietz als Teil der Marx-Engels-Werke (MEW) herausgibt, in den Jahren 1990–2007 jährlich etwa 500–750 Exemplare verkauft wurden, stieg diese Zahl im Jahr 2008 auf 5000 und liegt seither Jahr für Jahr bei etwa 1500–2000 (Meisner 2013). In Zeiten des digitalen Kapitalismus, in denen Milliarden Menschen mit ihren iPhones Facebook, Google, Twitter, Weibo, TikTok, Spotify, Online-Banking und Nachrichtenportale bei der Arbeit, in der Politik und im Alltag nutzen, ist es angebracht, Marx' *Kapital* aus medien- und kommunikationswissenschaftlicher Perspektive zu lesen.

2.2. *Das Kapital* im digitalen Kapitalismus lesen

Man kann sich fragen, wie wichtig die Medien und das Internet heute sind und ob eine medien- und kommunikationswissenschaftliche Lektüre von Marx' *Kapital Band 1*, wie sie in dem Buch *Marx lesen im Informationszeitalter* (Fuchs 2016d) angeboten wird, wirklich gerechtfertigt ist. Oft wird behauptet, all dieses Gerede über die digitale und mediale Revolution sei reine Ideologie, die uns davon überzeugen will, dass wir in eine Informationsgesellschaft eingetreten sind, die den Kapitalismus ersetzt hat.

In der *Forbes*-Liste 2015 der weltweit größten 2000 transnationalen Konzerne finden sich 243 Informationsunternehmen, was zwölf Prozent entspricht. Sie sind in den Bereichen Werbung, Rundfunk und Kabelfernsehen, Kommunikationsausrüstung, Computer und elektronischer Einzelhandel, Computerhardware, Computerdienstleistungen, Computerspeichergeräte, Unterhaltungselektronik, Elektronik, Internet- und Katalogeinzelhandel, Druck und Verlagswesen, Halbleiter, Software und Programmierung sowie Telekommunikationsdienstleistungen angesiedelt. Die Informationswirtschaft stellt einen beträchtlichen Teil des globalen Kapitalismus dar. Aber in derselben Liste findet man 308 Banken (15 Prozent), die die relative Mehrheit des Kapitalvermögens der 2000 größten Konzerne ausmachen. Man kann also leicht argumentieren, dass wir mehr als eine medien- und kommunikationswissenschaftliche Perspektive, sondern zusätzlich einen Begleiter mit dem Titel *Marx lesen im Zeitalter des Finanzkapitalismus* brauchen.

Der Kapitalismus ist jedoch nicht homogen, sondern eine differenzierte dialektische Einheit verschiedener Kapitalismen. Wir müssen uns nicht zwischen Informations- und Finanzkapitalismus (oder anderen Kapitalismen wie hyperindustriellem oder mobilem Kapitalismus) entscheiden, sondern die vielfältigen Dimensionen des Kapitalismus sehen, die einander überlagern und ineinandergreifen (Fuchs 2014a, Kapitel 5). Die Informationswirtschaft selbst ist hochgradig finanzialisiert, wie z. B. die Dotcom-Krise 2000 und die ständigen Ströme von Risikokapital ins Silicon Valley zeigen. Und die Informationstechnologie ist eine der treibenden Kräfte der Finanzialisierung, wie der algorithmische Handel, Kreditbewertungsalgorithmen oder digitale Währungen wie Bitcoin belegen. Der Computer ist eine universelle Maschine, die als vernetzte Informationstechnologie alle Bereiche des täglichen Lebens beeinflusst hat, nicht nur Industrie, Arbeit und Wirtschaft. Er ist eine Konvergenztechnologie, die zusammen mit anderen gesellschaftlichen Entwicklungen Konvergenztendenzen von Kultur und Wirtschaft, Arbeit und Freizeit, Zuhause und Büro, Konsum und Produktion, produktiver und unproduktiver Arbeit, öffentlichem und privatem Bereich vorangetrieben hat (Fuchs 2015b). Die Lektüre von *Das Kapital* aus einer Informations-, Medien- und Kommunikationsperspektive kann daher nicht auf den Bereich der Medientechnologien und Medieninhalte beschränkt, sondern muss auf die Kommunikation in der Gesellschaft insgesamt ausgedehnt werden.

2.3. Kommunikation(smittel): Immer noch der blinde Fleck der marxistischen Theorie

Es ist eine positive Entwicklung, dass Medien- und Kulturtheoretiker/innen in den letzten Jahren Bücher veröffentlicht haben, die uns an die Bedeutung der Werke von Karl Marx erinnern (siehe zum Beispiel Eagleton 2011, Jameson 2011, Fornäs 2013, Fuchs 2014a). Terry Eagleton (2011, 301–302) dekonstruiert in seinem Buch *Warum Marx recht hat* zehn gängige Mythen und Vorurteile über Marx und kommt zu dem Schluss: »Er […] erwartete vom Sozialismus eine Stärkung und keine Schwächung der Demokratie. […] Nie hat es einen entschiedeneren Befürworter von Frauenemanzipation, Weltfrieden, Kampf gegen Faschismus und für Befreiung der Kolonialvölker gegeben als die politische Bewegung, die durch sein Werk ins Leben gerufen wurde. Ist irgendein Philosoph jemals so entstellt worden?«

In Zeiten hoher Arbeitslosigkeit und eines hohen Maßes an prekärer Arbeit, insbesondere unter jungen Menschen, argumentiert Frederic Jameson in *Representing Capital: A Reading of Volume One*, dass *Das Kapital* »kein Buch über Politik ist, und nicht einmal ein Buch über Arbeit, es ist ein Buch über Arbeitslosigkeit« (Jameson 2011, 2). Er kommt zu dem Schluss, dass Marx uns heute hilft, »uns wieder der Erfindung einer neuen Art transformatorischer Politik im globalen Maßstab zu widmen« (ibid., 151).

Sowohl Eagletons als auch Jamesons marxistische Kulturanalyse hat sich vorwiegend auf die Literatur konzentriert. Beide Theoretiker haben sich wenig mit der Analyse anderer populärer Formen der Kultur und der Kulturvermittlung, kurz: der Rolle der Medien in der Gesellschaft beschäftigt.

Eagleton (2013) verwendet nach eigenem Bekunden weder E-Mail noch Internet: »Ich werde bald die einzige EMJF (E-Mail-Jungfrau) sein, die im Land noch übrig ist. Ich habe noch nie eine E-Mail geschickt, obwohl ich gelegentlich betrogen habe und meinen jugendlichen Sohn gebeten habe, dies für mich zu tun. Ich habe auch noch nie das Internet benutzt. […] Meiner Ansicht nach ist das Internet in Wirklichkeit ein antimodernes Mittel, um uns alle zu verlangsamen und uns in die Rhythmen einer früheren, ruhigeren Zivilisation zurückzuführen.«

Im Gegensatz zu Eagleton und Jameson hat Johan Fornäs, ein schwedischer Medien- und Kulturwissenschaftler, Jugendkulturen, Musikszenen und andere Formen der populären Kultur analysiert. Auch er hat vor wenigen Jahren ein Buch über Marx veröffentlicht. Sein Werk *Capitalism. A Companion to Marx's Economy Critique* bietet eine Einführung in alle drei Bände des *Kapitals* und endet mit den Worten: »Marx' dialektische Kritik des Warenfetischismus und der kapitalistischen Klassenverhältnisse bleibt ein erstklassiges Modell, um auch andere spätmoderne Widersprüche im gesellschaftlichen Leben zu verstehen« (Fornäs 2013, 306; für eine Diskussion von Fornäs' Buch siehe Fuchs 2013). Es ist eine wichtige Entwicklung, dass Medien- und Kulturanalytiker/innen Bücher über Marx schreiben und uns an die Bedeutung von dessen Werken erinnern. Es ist jedoch auch überraschend, dass Jameson, Eagleton und Fornäs in ihren Büchern nur selten auf ihr Wissen über Medien und Kultur zurückgreifen. Alle drei Werke sind eher allgemeine Einführungen oder Interpretationen der Marx'schen Kritik an der politischen Ökonomie, was den Eindruck erweckt, dass Wirtschaft und Kultur unabhängige Bereiche sind.

Es besteht nach wie vor die Notwendigkeit, Marx aus einer medien-, kommunikations- und kulturwissenschaftlichen Perspektive zu lesen, die uns helfen kann, die Dialektik von Kultur und Wirtschaft besser zu verstehen. Kultur und Wirtschaft sind sowohl identisch als auch nicht identisch. Jegliche Kultur wird in spezifischen Arbeitsprozessen produziert. Sie ist aber nicht nur ein wirtschaftliches Phänomen, sondern hat emergente Qualitäten. In der Kultur produzierte Bedeutungen wirken sich auf die gesamte Gesellschaft aus.

Die Dimensionen der Medien, der Kommunikation, der Kultur, des Digitalen und des Internets werden von der marxistischen Theorie oft nicht ernst genug genommen, obwohl sie bedeutende Phänomene des gegenwärtigen Kapitalismus sind. In marxistischen Bänden, Begleitheften, Zeitschriften, Konferenzen, Podiumsdiskussionen und Hauptvorträgen tauchen solche Themen oft gar nicht auf oder können als Ausnahme von der Regel bequem ignoriert werden. Die Situation ändert sich zwar langsam, aber es ist noch ein weiter Weg, bis die Mehrheit der marxistischen Theoretiker/innen Kommunikation nicht mehr als Überbau und als zweitrangig betrachtet. Raymond Williams' Einsicht, dass »Bewusstseinsmodi« – wie Sprache, Information, Kommunikation, Kunst und Populärkultur – »materiell« sind (Williams 1977, 190), hat sich bisher nicht ausreichend in der marxistischen Theorie durchgesetzt. Dallas W. Smythe, der in den späten 1940er Jahren das erste Universitätsmodul zur politischen Ökonomie der Kommunikation entwickelte, argumentierte im Jahr 1977, also in demselben Jahr, in dem Raymond Williams *Marxism and Literature* veröffentlichte, dass die »Kommunikationsmedien und verwandte Institutionen« einen »blinden Fleck in der marxistischen Theorie« darstellen (Smythe 1977, 1). Fast 40 Jahre später hat sich die Situation nicht grundlegend geändert.

2.4. Die politische Ökonomie der Kommunikation

Es gibt jedoch eine längere Tradition der marxistischen politischen Ökonomie der Kommunikation, die sich im akademischen Feld der Medien- und Kommunikationswissenschaften neben Lehrbüchern (Mosco 2009, Hardy 2014), Institutionen wie der Sektion Politische Ökonomie der Kommunikation in der International Association of Media and Communication Research (https://www.iamcr.org/s-wg/section/political-economy-section), Handbüchern (Wasko, Murdock und Sousa 2011),

Sammelbänden (Mattelart und Siegelaub 1979, 1983; Golding und Murdock 1997; Fuchs und Mosco 2012) oder Zeitschriften wie *tripleC: Communication, Capitalism & Critique* (http://www.triple-c.at) oder *The Political Economy of Communication* etabliert hat (http://www.polecom.org). Im deutschen Sprachraum haben Autoren wie Horst Holzer, Manfred Knoche und Jörg Becker wichtige Beiträge geleistet.

Die politische Ökonomin für Kommunikation Janet Wasko (2014, 261) schließt ihre Analyse der Entwicklung dieses Forschungsfeldes im 21. Jahrhundert mit folgenden Worten: »Das Studium der politischen Ökonomie der Kommunikation ist in vielen Teilen der Welt keine Randerscheinung der Medien- und Kommunikationswissenschaft mehr.« Der Marxismus hatte Auswirkungen auf das Feld der Medien- und Kommunikationswissenschaften, was eine gute Nachricht ist. Die schlechte Nachricht ist jedoch, dass dieser Umstand innerhalb der marxistischen Theorie insgesamt kaum erkannt und anerkannt worden ist. Während die Werke marxistischer Theoretiker/innen regelmäßig von marxistischen Kommunikationswissenschaftler/innen gelesen, rezipiert, angewandt und weiterentwickelt werden, ist das Gegenteil kaum der Fall. Ich möchte diese Tatsache an einem Beispiel veranschaulichen.

In Großbritannien geht die marxistische politische Ökonomie von Medien, Kommunikation und Kultur auf einen wegweisenden Artikel von Graham Murdock und Peter Golding aus dem Jahr 1973 zurück. Murdock und Golding definierten als Ausgangspunkt für ihre Analysen »die Erkenntnis, dass die Massenmedien in erster Linie industrielle und kommerzielle Organisationen sind, die Waren produzieren und verteilen« (Murdock und Golding 1973, 205–206). Sie betonten, dass die Medien »auch Ideen über wirtschaftliche und politische Strukturen verbreiten. Es ist diese zweite und ideologische Dimension der Produktion der Massenmedien, die ihr ihre Bedeutung und Zentralität verleiht und die einen nicht nur wirtschaftlichen, sondern auch politischen Ansatz erfordert« (ibid., 206–207).

40 Jahre später veröffentlichten Ngai-Ling Sum und Bob Jessop *Towards a Cultural Political Economy: Putting Culture in its Place in Political Economy* (2013). Das Werk zielt darauf ab, Kultur in Ansätze der politischen Ökonomie einzuführen, wie z. B. die Regulationsschule, die diese Dimension der Gesellschaft traditionell ignoriert und sich auf die Interaktion von Akkumulationsregimen und Regulationsweisen konzentriert hat. Das Buch ist daher Teil eines Projekts, das über den Regulationsansatz hinausgeht. Die Autoren ignorieren aber die Existenz der britischen Tradition der politischen Ökonomie von Kommunikation, Kultur und Medien völlig. Murdock, Golding und verwandte Wissenschaftler/innen aus diesem Bereich werden nicht erwähnt.

Einzig Raymond Williams ist eine Ausnahme: Sum und Jessop diskutieren einige seiner Werke. Williams' kultureller Materialismus befindet sich an der Grenze zwischen den marxistischen Strömungen der Cultural Studies, die ihren Ursprung in den Geisteswissenschaften haben, und den marxistischen Medien- und Kommunikationswissenschaften, die traditionell in den Sozialwissenschaften angesiedelt sind. Es ist jedoch offensichtlich, dass Sum und Jessop Williams nur oberflächlich gelesen haben. Sie argumentieren zum Beispiel, dass Williams »die Kultur ›innerhalb‹ der ökonomischen Basis angesiedelt habe, was tatsächlich, ob Williams es merkte oder nicht, eine Rückkehr zu Marx' und Engels' *deutscher Ideologie* markierte« (Sum und Jessop 2013, 117). Man hat den Eindruck, Sum und Jessop gehen davon aus, dass Williams zwar einen interessanten Ansatz verfolge, sich aber zu wenig mit den Werken von Marx beschäftigt habe. Eine solche Annahme beruht jedoch auf einer zu oberflächlichen Lektüre von Williams. Werke wie *Marxism and Literature* (1977) und *Marx on Culture* (1989, 195–225) gehören zu den gründlichsten Diskussionen von Marx' Ideen zur Kultur, einschließlich der *deutschen Ideologie*, und zeigen, dass Williams sich Satz für Satz tiefgehend mit Marx beschäftigt hat. Williams erörtert etwa ausführlich die spezifischen Bedeutungen, die Begriffe wie Ideologie und Kultur in Marx' Schriften annehmen. Sum und Jessop erwähnen keines der beiden Werke und übersehen auch (Sum und Jessop 2013, 120, Tabelle 3.1), dass Williams Antonio Gramsci nicht nur für die Einführung des Begriffs der Gefühlsstruktur (*structure of feeling*) benutzte, sondern dass er auch Gramscis Hegemoniebegriff für die Konzeptualisierung der Rolle der Kultur in der Gesellschaft verwendete (Williams 1977, 108–114).

Der Titel des Buchs von Sum and Jessop, *Towards a Cultural Political Economy*, impliziert, dass sich ein solcher Ansatz noch nicht durchgesetzt hat, was die Sache nur noch schlimmer macht: Jahrzehnte marxistischer Analysen der politischen Ökonomie von Kommunikation und Kultur werden indirekt für nicht existent erklärt. Man fragt sich, wie ein solcher Mangel an Einsicht möglich ist. Die einzige Antwort ist, dass Sum und Jessop die Medien- und Kommunikationswissenschaft nicht ernst nehmen. Und dieser Umstand ist ein verbreitetes Muster innerhalb der marxistischen Theorie. Medien-, Kommunikations- und Kulturwissenschaften werden oft als sekundäre und nicht reale Teile der marxistischen Theorie angesehen, die einen reinen Überbau darstellen. Dies ist einer der Gründe, warum wir einen medien- und kommunikationswissenschaftlichen Begleiter zu *Das Kapital Band 1* brauchen. Ein solches

Buch will den an Marx Interessierten nahebringen, dass Kommunikation und Kommunikationsmittel für das Verständnis des Kapitalismus genauso wichtig sind wie der Kapitalismus für das Verständnis der Kommunikation(smittel).

2.5. Die politische Ökonomie und kritische Theorie des Internets und digitaler Medien/Kommunikation

Seit dem Aufkommen des WWW Mitte der 1990er Jahre hat sich die Internetforschung zu einem eigenständigen interdisziplinären Bereich entwickelt (Consalvo und Ess 2012), der die wechselseitige Gestaltung des Internets einerseits und des Menschen in der Gesellschaft andererseits analysiert. Die Internetforschung ist insgesamt ein ziemlich positivistisches und administratives Feld. In jüngerer Zeit beschäftigt sich jedoch eine wachsende Zahl kritischer und marxistischer Theoretiker/innen und Forscher/innen mit der Analyse digitaler Medien und der Rolle des Internets in der kapitalistischen Gesellschaft.

1999 veröffentlichte Nick Dyer-Witheford das Buch *Cyber-Marx*, in dem er die Bedeutung der Marx'schen Theorie für ein kritisches Verständnis der Widersprüche des Internets im Kapitalismus und der Kämpfe im digitalen Zeitalter aufzeigt. Er schlägt einen »Marxismus für den Marx der Differenzmaschine« vor (1999, 2). Digitale Medien sind im digitalen Kapitalismus höchst widersprüchlich. Zum Verständnis der komplexen Beziehungen von Altem und Neuem, von Chancen und Risiken, Kontinuitäten und Diskontinuitäten, Praktiken und Strukturen, Produktion und Konsum, von Privatem und Öffentlichem, von Arbeit und Spiel, Freizeit und Arbeitszeit, Ware und Gemeingut im Zeitalter des Internets eignet sich Marx' dialektische Theorie gut als Grundlage. Marx erarbeitete in seinen Werken eine dialektische Analyse der Technologie im Kapitalismus, analysierte die neuen Medien seiner Zeit (wie den Telegrafen), wies auf die Bedeutung der Kommunikationsmittel für die Organisation, Beschleunigung und Globalisierung des Kapitalismus hin, diskutierte die Pressefreiheit und deren Grenzen in einer kapitalistischen Gesellschaft, nahm in seiner Analyse des *general intellect* die Entstehung der Informationswirtschaft und -gesellschaft vorweg und war selbst ein praktizierender investigativer Journalist, dessen scharfe Polemiken auch heute noch kritische Schriften inspirieren. Marx selbst war nicht nur Kapitalismuskritiker, sondern auch ein kritischer Medien- und Kommunikationssoziologe, was ein weiterer Grund ist, warum kritische Theoretiker/innen des Internets und digitaler Medien/Kommunikation Interesse an seinen Werken gefunden haben.

In den *Grundrissen* spricht Marx (1857/58, 161) von einem globalen Informationsnetz, durch das »jeder einzelne sich Auskunft über die Tätigkeit aller andren verschafft« und »Verhältnisse und Verbindungen« herbeigeführt werden. Eine solche Beschreibung klingt nicht nur wie eine Vorwegnahme des Internetkonzepts, sie ist auch ein Hinweis darauf, dass Marx' Denken für die Medien- und Kommunikationswissenschaft sowie für die Erforschung des Internets und der sozialen Medien relevant ist. Diese Passage in den *Grundrissen* ist ein Hinweis darauf, dass, obwohl es als Technologie ein Produkt des Kalten Krieges und der kalifornischen Gegenkultur war, Marx das Konzept Internet bereits im 19. Jahrhundert vorwegnahm: Karl Marx hat das Internet erfunden!

Als Vincent Mosco und ich einen Aufruf für eine Sonderausgabe der Zeitschrift *tripleC: Communication, Capitalism & Critique* unter dem Titel »Marx is Back: The Importance of Marxist Theory and Research for Critical Communication Studies Today« starteten, erhielten wir eine große Anzahl von Abstract-

Einreichungen; ein nicht geringer Teil davon konzentrierte sich auf marxistische Studien über das Internet und digitale Medien. Die Ausgabe wurde 2012 veröffentlicht (Fuchs und Mosco 2012). Im Jahr 2016 veröffentlichten wir eine überarbeitete Fassung der Sonderheftbeiträge zusammen mit zusätzlichen Artikeln in zwei Büchern mit insgesamt 1200 Seiten: *Marx and the Political Economy of the Media* (Fuchs und Mosco 2016a) und *Marx in the Age of Digital Capitalism* (Fuchs und Mosco 2016b). 16 der 34 Kapitel konzentrieren sich auf die marxistische Analyse der digitalen Medien. Sie bilden den gesamten zweiten Band, was darauf hindeutet, dass die digitalen Medien mittlerweile ein vorherrschendes Thema in der marxistischen Analyse von Medien und Kommunikation sind.

Wichtige Themen in der marxistischen Analyse der digitalen Medien und des Internets sind unter anderen (vgl. Fuchs 2012 für eine ausführliche Diskussion):

- die Dialektik des Internets
- der digitale Kapitalismus
- die Warenformen der Kommodifizierung und der digitalen Medien
- Arbeit, Wertschöpfung, Ausbeutung, Entfremdung und Klasse im digitalen Zeitalter
- die Globalisierung und das Internet
- die Ideologien des Internets und Ideologien im Internet
- die digitalen Klassenkämpfe
- die digitalen Commons/Gemeingüter
- die digitale Öffentlichkeit
- die digitalen Medien und der Sozialismus/Kommunismus
- die digitale Medienästhetik

Beispielstudien in Buchlänge zum digitalen Marxismus umfassen Analysen zur Online-Überwachung (Andrejevic 2007), zur

Geschichte des Computers und des Internets (Barbrook 2007), zu Internet-Ideologien (Mosco 2004, Dean 2010, Fisher 2010), zu Computerspielen (Dyer-Witheford und De Peuter 2009), zum Cybertariat (Huws 2003), zum digitalen Kapitalismus (Schiller 2000), zur Hacking-Kultur (Wark 2004, Söderberg 2008), zu den sozialen Medien (Fuchs 2015b, 2017d), zur digitalen Arbeit (Fuchs 2014a, Dyer-Witheford 2015, Huws 2015), zu Cloud Computing (Mosco 2014) oder zu digitaler Peer-Produktion (Moore und Karatzogianni 2009).

Eine Reihe von marxistischen Theorieansätzen wurde für die Untersuchung digitaler Medien verwendet, darunter der autonome Marxismus, die britischen Cultural Studies, marxistische Krisentheorien, der kulturelle Materialismus, die Frankfurter Schule, Gramscis Philosophie der Praxis, der humanistische Marxismus, die Theorie des Arbeitsprozesses, Freud'scher Marxismus, Hegel'scher Marxismus, die Arbeitswerttheorie, die Wertkritik, marxistischer Feminismus, marxistische Geografie, die Theorie des Monopolkapitalismus, postkolonialistische Theorie, Postmarxismus, die Smythe'sche Theorie der Publikumsarbeit, der Situationismus, struktureller Marxismus, Theorien des Imperialismus und des neuen Imperialismus. Mit dieser Aufzählung will ich deutlich machen, dass es nicht eine einzige, für das kritische Verständnis des Internets und der digitalen Medien am besten geeignete Interpretation und Lektüre von Marx gibt. Vielmehr sollte man in einer offenen Herangehensweise die Vielfalt des Digital- und Kommunikationsmarxismus schätzen und Solidarität und gegenseitige Hilfe zwischen seinen Vertreter/innen fördern, denn ein marxistischer Gelehrter zu sein bedeutet oft, sich mit verschiedenen Formen der Unterdrückung auseinandersetzen zu müssen (Lent und Amazeen 2015).

Das marxistische Studium des Internets und der Kommunikation ist sicherlich ein lebendiges Feld, das jedoch in der marxistischen Theorie und Politik insgesamt häufig nicht ernst genug genommen wird. Medien, Kommunikation, Kultur und das Digitale werden in der Mehrzahl der marxistischen Publikationen bestenfalls nebenbei erwähnt oder völlig ignoriert.

2.6. Marx mit David Harvey und Michael Heinrich lesen

Marx (1867, 11) räumte ein, dass die Lektüre des *Kapitals* Schwierigkeiten bereiten kann: »Aller Anfang ist schwer, gilt in jeder Wissenschaft. Das Verständnis des ersten Kapitels, namentlich des Abschnitts, der die Analyse der Ware enthält, wird daher die meiste Schwierigkeit machen.« Es ist einfacher, das *Kapital* in einer Gruppe zu lesen und zu diskutieren und ein Begleitbuch zu verwenden, das die Lektüre anleitet. Begleitbücher zum *Kapital* dienen einem ganz praktischen Zweck. Sie sind dazu gedacht, gemeinsam gelesen zu werden und das kritische Verständnis des Kapitalismus zu unterstützen, das Marx Schritt für Schritt entwickelt.

Neuere Begleitbücher zu Marx' *Kapital* sind David Harveys 2010 und 2013 erschienener zweiteiliger *Companion to Marx's Capital* (deutsche Übersetzungen 2011 und 2018) sowie Michael Heinrichs 2018 publizierte *Kritik der politischen Ökonomie. Eine Einführung*. Heinrichs kurze Einführung konzentriert sich in zwölf Kapiteln auf Schlüsselkategorien wie Kapitalismus, Kritik der politischen Ökonomie, Wert/Arbeit/Geld, Kapital/Mehrwert/Ausbeutung, Profit, Krise oder Kommunismus. Das Problem dieser Struktur besteht darin, dass sich die meisten Leserinnen und Leser mit dem Marx'schen *Kapital* sequenziell beschäftigen wollen und es Kapitel für Kapitel lesen.

Ein Begleitbuch ist daher nur dann hilfreich, wenn es als Lesebuch der Kapitelstruktur folgt.

Harvey diskutiert im Gegensatz zu Heinrich das *Kapital* überwiegend kapitelweise. Es gibt jedoch einige unnötige Abweichungen von diesem Ansatz: Er bespricht die Kapitel 6 und 7 von Band 1 in einem Abschnitt, was es unmöglich macht zu erkennen, welche Kategorien und Diskussionen zu welchem der beiden Kapitel gehören. Dasselbe tut er für die Kapitel 17 bis 20. Die Kapitel 15 und 16 überspringt Harvey mit der Bemerkung, dass diese »keine wesentlichen Fragen aufwerfen« (Harvey 2010a, 240). Damit will er lediglich sagen, dass diese Kapitel für seine besondere Interpretation der marxistischen Theorie »keine wesentlichen Fragen aufwerfen«. In meinem eigenen Begleitbuch zu *Kapital Band 1* (Fuchs 2016d) weise ich hingegen darauf hin, dass diese Kapitel hilfreich sind, um über die Profitrate, die Rate des Mehrwerts, die bezahlte und unbezahlte Arbeit in der Informationsindustrie nachzudenken.

Unterschiedliche Lesarten des *Kapitals* haben unterschiedliche Prioritäten, die sich aus der Tatsache ergeben, dass die marxistische Theorie ein breiter Ansatz ist, der verschiedene Schulen und Traditionen vereint, die verschiedene Aspekte der Kapitalismus- und Klassenkritik in den Vordergrund stellen. Harvey fasst die Kapitel 26–33 der englischen Ausgabe als Teil eines Kapitels zusammen. Dieser Schritt ist sicherlich angemessen, weil Marx in der deutschen Ausgabe die Kapitel 26–32 als ein langes Kapitel über die ursprüngliche Akkumulation behandelt, das sieben Abschnitte hat. In seinem *Companion, Volume 2* fasst Harvey zwischen zwei und elf Kapitel von Marx' *Kapital Band 2 und 3* in einzelnen Teilen zusammen.

Sowohl Harvey als auch Heinrich liefern besondere Marx-Interpretationen. Harveys Lebenswerk besteht darin, dass er die marxistische Theorie für die Auseinandersetzung mit Fragen der Geografie geöffnet hat. Der Raum, das Globale, das Land und das Urbane sind dank Harvey wichtige Themen der marxistischen Theoriebildung geworden. Harvey hat eine Sensibilität dafür geschaffen, dass für ein marxistisches Verständnis von Kapitalismus und Gesellschaft nicht nur Fragen der Zeit, wie Arbeitszeit und die Arbeitswerttheorie, sondern auch Fragen von Raum und Geografie von grundlegender Bedeutung sind. Raum und Zeit sind dialektisch miteinander verbunden. Harveys Begleitbuch zu *Das Kapital Band 1* erörtert relativ häufig Aspekte von Geografie und Raum. Raum ist eine wichtige Kategorie für eine kritische Theorie des Kapitalismus. Aber das gilt auch für Kommunikation und Kommunikationstechnologien, die Marx als Kommunikationsmittel bezeichnet.

2.7. Kommunikation und Kommunikationsmittel in David Harveys Arbeiten

Harvey hat der Rolle der Technik im Kapitalismus in seinen Arbeiten immer Aufmerksamkeit geschenkt. In *The Limits to Capital* (dt.: *Die Grenzen des Kapitals*), das im Jahr 1982 erstmals veröffentlicht wurde, trägt Kapitel 8 den Titel »Fixed Capital« (»Fixes Kapital«, Harvey 1982/2006, 204–238). Kapitel 4 setzte sich mit dem Thema »Technological Change, the Labour Process and the Value Composition of Capital« auseinander (»Technologischer Wandel, der Arbeitsprozess und die Wertzusammensetzung des Kapitals«, ibid., 98–136).

> »Marx' Analyse der widersprüchlichen ›Bewegungsgesetze‹ des Kapitalismus stützt sich in hohem Maße auf das Verständnis der schnell fließenden Strömungen und tiefen Störungen, die mit technologischem Wandel verbunden sind. Obwohl Marx' Begriff der Technologie sehr weit ge-

> fasst ist, räumt er den Arbeitsinstrumenten – insbesondere der Maschinerie – als Hauptwaffe im Kampf um die Erhaltung der Kapitalakkumulation eine gewisse Priorität ein. Solche Instrumente der Arbeit können im Konkurrenzkampf um den relativen Mehrwert, zur Steigerung der physischen und wertmäßigen Produktivität der Arbeitskraft und zur Verringerung der Nachfrage nach Arbeit eingesetzt werden (wodurch die Lohnsätze durch die Bildung einer industriellen Reservearmee nach unten gedrückt werden). Sie können auch eingesetzt werden, um die Macht vergangener, toter Arbeit über lebende Arbeit im Arbeitsprozess zum Tragen zu bringen, mit allen möglichen Konsequenzen für den Werktätigen [...]. Dies sind großartige Waffen, über die die Kapitalisten verfügen können, sobald sie die Kontrolle über die Produktionsmittel übernommen haben« (ibid., 204).

In *A Companion to Marx's Capital* widmet Harvey zwei Kapitel und insgesamt 47 Seiten dem 13. Kapitel von *Das Kapital Band 1* (Harvey 2010a, 189–235). Dieses trägt den Titel »Maschinerie und große Industrie« und gilt als das »Technologie-Kapitel« des *Kapitals* (Marx 1867, 391–530). Es ist mit 140 Seiten das längste Kapitel im Buch, woran erkennbar ist, dass Marx der Frage der Rolle der Technik im Kapitalismus große Bedeutung zumaß. In der deutschsprachigen Ausgabe ist Harveys Präsentation des 13. Kapitels von *Das Kapital Band 1* ebenfalls in der Form von zwei Kapiteln organisiert, die insgesamt 52 Seiten einnehmen (Harvey 2011, 215–266).

Harvey schlussfolgert, dass Marx »ganz klar glaubt, dass die Anwendung von Wissenschaft und Technologie progressive Auswirkungen haben kann. Aber das große Problem in diesem Kapitel besteht darin herauszufinden, wo genau diese progressiven Möglichkeiten liegen könnten und wie sie in dem Bestreben, eine sozialistische Produktionsweise zu schaffen, mobilisiert werden können. [...] Technologische und organisatorische Veränderungen sind kein deus ex machina, sondern tief eingebettet in die Koevolution unserer Beziehung zur Natur, zu Produktionsprozessen, gesellschaftlichen Verhältnissen, mentalen Konzepten der Welt und der Reproduktion des täglichen Lebens« (Harvey 2010a, 234–235).

Dass sich Technologie auf mentale Konzepte bezieht, bedeutet einerseits, dass sie im Kapitalismus oft die ideologische Form eines technologischen Fetischismus annimmt, wie dies beim technologischen Determinismus der Fall ist. Mentale Aspekte der Technik beziehen sich aber auch darauf, dass Informations- und Kommunikationstechnologien Mittel sind, um Daten und Wissen über raum-zeitliche Distanzen hinweg zu verbreiten und damit zur Organisation sozialer Beziehungen und gesellschaftlicher Verhältnisse (einschließlich der Verhältnisse zwischen Unternehmen und dem Kapital-Arbeit-Klassenverhältnis) beizutragen. Harvey hat den Kommunikationstechnologien als Attributen des Raumes immer wieder Aufmerksamkeit geschenkt.

So schreibt er zum Beispiel in *The Limits to Capital*: »Transport- und Kommunikationssysteme, die in weit gespannten Netzen rund um den Globus ausgedehnt sind, ermöglichen es, dass sich Information und Ideen sowie physische Güter und sogar Arbeitskräfte relativ leicht bewegen können« (Harvey 1982/2006, 373). Harveys Konzept der »Zeit-Raum-Kompression« liegt an der Schnittstelle zwischen dem Raumbegriff und den Konzepten der Kommunikations- und der Transportmittel.

Es gibt eine »Geschichte aufeinanderfolgender Wellen der Zeit-Raum-Kompression, die aus dem Druck der Kapitalakkumulation mit ihrer fortwährenden Suche nach der Vernichtung des Raumes durch die Zeit und der Verkürzung der Umschlagszeit entstanden ist« (Harvey 1990, 306–307).

Der Aufstieg des flexiblen Akkumulationsregimes des Kapitalismus seit Mitte der 1970er Jahre hat »eine neue Runde dessen mit sich gebracht, was ich ›Zeit-Raum-Kompression‹ nennen werde [...] in der kapitalistischen Welt – die Zeithorizonte sowohl der privaten als auch der öffentlichen Entscheidungsfindung sind geschrumpft, während Satellitenkommunikation und sinkende Transportkosten es zunehmend möglich gemacht haben, diese Entscheidungen unmittelbar über einen immer größeren und vielfältigeren Raum zu verteilen« (Harvey 1990, 147).

> »Bei der Kapitalakkumulation ging es immer um Beschleunigung (man betrachte die Geschichte der technologischen Innovationen in Produktionsprozessen, Marketing, Geldaustausch) und Revolutionen im Verkehrs- und Kommunikationswesen (Eisenbahn und Telegraf, Radio und Automobil, Jettransport und Telekommunikation), die einen Abbau räumlicher Barrieren bewirken. Die Erfahrung von Zeit und Raum hat sich periodisch radikal verändert. Wir sehen ein besonders starkes Beispiel für diese Art von radikaler Transformation seit etwa 1970: die Auswirkungen der Telekommunikation, des Jet-Frachttransports, der Containerisierung des Straßen-, Schienen- und Seetransports, der Entwicklung von Futures-Märkten, des elektronischen Bankwesens und computergestützter Produktionssysteme. Wir befinden uns in letzter Zeit in einer verstärkten Phase der, wie ich es nenne, ›Zeit-Raum-Kompression‹: Die Welt fühlt sich plötzlich viel kleiner an, und die Zeithorizonte, über die wir über soziales Handeln nachdenken können, werden viel kürzer« (Harvey 2001, 123).

In jüngerer Zeit hat sich Harvey in einzelnen Passagen auch zur Rolle der sozialen Medien und der digitalen Arbeit im zeitgenössischen Kapitalismus geäußert: »Das Kapital mobilisiert die Verbraucher, ihr eigenes Spektakel über YouTube, Facebook, Twitter und andere Formen der sozialen Medien zu produzieren« (Harvey 2014, 236).

> »Es ist auch interessant, dass einige der dynamischsten Entwicklungssektoren unserer Zeit – wie Google und Facebook und der Rest des digitalen Arbeitssektors – auf dem Rücken der freien Arbeit sehr schnell gewachsen sind« (Harvey 2017, 102).

> »Was ursprünglich als ein befreiendes Regime der kollaborativen Produktion von Open-Access-Commons gedacht war, hat sich in ein Regime der Überausbeutung verwandelt, von dem sich das Kapital gratis ernährt. Die hemmungslose Plünderung der von selbst ausgebildeten Arbeitskräften produzierten freien Waren durch das Großkapital (wie Amazon und Google) ist zu einem Hauptmerkmal unserer Zeit geworden« (Harvey 2017, 96).

Harvey lässt die genauen ökonomischen Prozesse offen, wie Social-Media-Unternehmen personalisierte Werbung als Kapitalakkumulationsmodell einsetzen und wie andere Digitalkonzerne Strategien anwenden und entwickeln, um Kapital zu akkumulieren. Man muss jedoch berücksichtigen, dass Harvey an einer allgemeinen Theorie des Kapitalismus arbeitet. Es ist sicherlich positiv zu sehen, dass er die Relevanz der digitalen Dimension des Kapitalismus anerkennt. Harvey betont, dass der kognitive und digitale Kapitalismus keine radikal neue Phase des Kapitalismus oder der Gesellschaft ist, sondern ältere Arbeitsformen wie die Fließbandarbeit erfordert (für eine detaillierte Analyse der internationalen Teilung der digitalen Arbeit siehe

Fuchs 2014a, 2016b): »Daher die Behauptung, dass wir in eine neue Phase des Kapitalismus eintreten, in der das Wissen an erster Stelle steht, und dass eine brillante Techno-Utopie, die auf diesem Wissen und all seinen arbeitssparenden Innovationen (wie Automatisierung und künstliche Intelligenz) beruht, vor der Tür steht oder, wie jemand wie Paul Mason behauptet, bereits da ist. Eine solche Neudefinition mag aus der Perspektive des Silicon Valley richtig aussehen, aber sie fällt in den zusammenbrechenden Fabriken von Bangladesch und in den von Selbstmord geplagten Arbeitszonen sowohl im industriel-

len Shenzhen als auch im ländlichen Indien, wo die Mikrofinanz ihr Netz ausgebreitet hat, um die Mutter aller Subprime-Kreditkrisen zu fördern, auf ihr Gesicht« (Harvey 2017, 104).

Entgegen der techno-deterministischen und techno-optimistischen Annahme, dass die Ereignisse des Arabischen Frühlings 2011 Facebook-Revolutionen und Twitter-Revolten waren, meint Harvey, dass »es die Körper auf der Straße und auf den Plätzen sind, die wirklich zählen, nicht das Gefühlsgewirr auf Twitter oder Facebook« (Harvey 2012, 162). Empirische Studien (Fuchs 2014b) haben gezeigt, dass sowohl techno-deterministische als auch techno-ignorante Darstellungen der Rolle von Social Media in gesellschaftlichen Kämpfen eindimensional sind: Es stimmt nicht, dass Aktivistinnen und Aktivisten dazu neigen, entweder nur von Angesicht zu Angesicht oder nur über Social Media zu kommunizieren; sie tun beides. Es gibt keinen Dualismus zwischen Online- und Offline-Protestkommunikation. Und mehr noch, es gibt tendenziell eine sich verstärkende Dialektik von Face-to-Face- und Social-Media-Kommunikation: Je aktiver die Protestierenden bei Besetzungen und Demonstrationen sind, desto größer ist tendenziell ihr soziales Netzwerk, desto mehr engagieren sie sich von Angesicht zu Angesicht gemeinsam mit anderen Aktivistinnen und Aktivisten, was auch ein Anreiz dafür ist, Protestkommunikation, -organisation und -mobilisierung in soziale Medien zu verlagern. Besetzte Plätze sind soziale Räume, die in und durch kommunikative soziale Beziehungen, die offline und online und als dialektische Verschränkung von beiden stattfinden, konstruiert, reproduziert, entwickelt und verteidigt werden. Es gibt eine komplexe Dialektik von Kommunikation und Gesellschaft.

In einer Passage von *A Companion to Marx's Capital* fragt David Harvey (2010a, 106): »Brauchen Sie heute wirklich ein Mobiltelefon?« Die Antwort von rund fünf Milliarden Menschen lautet: Ja, auf jeden Fall! Es geht nicht darum, das Mobiltelefon grundsätzlich in Frage zu stellen, sondern darum, die kapitalistische Organisation der Mobilität, die Menschen fast jederzeit und überall produktive Arbeit verrichten und die Grenzen zwischen Freizeit und Arbeit verschwimmen lässt, sowie die ausbeuterischen Produktionsbedingungen von Mobiltelefonen in der internationalen Arbeitsteilung des Kapitalismus abzuschaffen. Die Konvergenz von Arbeit und Freizeit ist nicht automatisch und an sich ein Problem. Sie ist durchwegs positiv, wenn sie dazu führt, dass Arbeit spielerischer, sozialer und selbstbestimmter wird. Das Problem im Neoliberalismus und im Kapitalismus besteht jedoch darin, dass die produktive Arbeit dazu neigt, in die Sphäre der Freizeit einzudringen und diese aufzusaugen, was zur Steigerung der Arbeitszeit, also zu einer absoluten Mehrwertproduktion führt. Freizeit wird immer mehr von der Arbeitszeit, die dem Kapital direkt durch die Warenproduktion nutzt, aufgesaugt und kolonialisiert.

Wenn David Harvey Kommunikationsmittel in den Werken von Marx diskutiert, neigt er dazu, diese als Attribute des Raumes zu sehen, was eine logische Folge seiner Betonung des

Raumbedarfs und der »geografischen Revolution« ist, die er in der marxistischen Theorie herbeigeführt hat.

Harvey kommentiert zum Beispiel Marx' Bemerkung, dass die »Umwälzung der Produktionsweise in einer Sphäre der Industrie [...] ihre Umwälzung in der andren« (Marx 1867, 404) bedinge, dahingehend, dass diese Passage »eines der anderen Themen einführt, die ich bei Marx äußerst interessant finde: das ist die Bedeutung dessen, was er in den *Grundrissen* als ›Vernichtung des Raumes durch die Zeit‹ bezeichnet« (Harvey 2010a, 206). Dieses Interesse von Harvey hat sich in der gesell-

schaftswissenschaftlichen Diskussion als sein Konzept der Informations- und Kommunikationstechnologien (IKT) als Mittel der Zeit-Raum-Kompression niedergeschlagen (Harvey 1990).

Informations- und Kommunikationstechnologien spielen sicherlich eine Schlüsselrolle bei der Beschleunigung der Zirkulation von Waren in der Raumzeit. Dies ist aber nicht ihre einzige Rolle. Medien vermitteln auch Ideologien, wie politische Ideologien und die Warenideologie, in Form von kommerzieller Werbung. Computer und Computernetzwerke sind nicht nur Organisatoren der Warenzirkulation, sondern auch die Produktionsmittel für die Schaffung von Informationsprodukten. Darüber hinaus sind sie die Plattformen für interne und externe Unternehmenskommunikation. Während Züge, Busse, Automobile, Schiffe, Lastwagen und Flugzeuge Personen und physische Güter transportieren, transportieren Computernetzwerke Informationen, Informationsprodukte und Kommunikationsflüsse. Der Computer ist eine universelle Maschine, die gleichzeitig ein Produktions-, Zirkulations- und Konsummittel ist.

Insgesamt ist es offensichtlich, dass Harvey Interesse an Fragen der Technologie, der Kommunikation(smittel) und des Digitalen hat und deshalb immer wieder auf diese Themen hinweist. Sein Ansatz kann sicherlich als eine der Grundlagen für eine marxistische Kommunikationstheorie dienen, doch sein Hauptaugenmerk liegt auf der Frage der räumlichen Verhältnisse des Kapitalismus. Eine Möglichkeit, mit Harvey über Harvey hinauszugehen, besteht darin, darüber nachzudenken, wie sich der Raum zur Kommunikation verhält (vgl. Fuchs 2019d; Fuchs 2020a, Kapitel 11).

Kommunikation ist nicht nur ein Attribut der Raum-Zeit. Soziale Beziehungen schaffen, reproduzieren und organisieren soziale Räume, was bedeutet, dass menschliche Kommunikation sozialen Raum und die Bedingungen des sozialen Raums produziert und reproduziert. Sozialer Raum ermöglicht und beschränkt Kommunikation, durch die wiederum sozialer Raum reproduziert und geschaffen wird, und so weiter. Für Harvey ist Kommunikation ein Attribut des Raumes. Aber es gibt meines Erachtens eine Dialektik von sozialem Raum und Kommunikation. Kommunikation ist weit mehr als ein Definitionsmerkmal des Raumes.

Der Mensch produziert soziale Beziehungen, die in sozialen Räumen organisiert und von diesen begrenzt sind. In der Produktion von sozialen Beziehungen produzieren und reproduzieren die Menschen soziale Strukturen, die die Praktiken in sozialen Systemen ermöglichen und einschränken. Spezifische soziale Systeme bilden die Schlüsselinstitutionen der Gesellschaft. Menschen produzieren und reproduzieren soziale Beziehungen, soziale Strukturen, soziale Systeme, Institutionen und soziale Räume, die in dialektischer Weise menschliche Praktiken bedingen, ermöglichen und einschränken und das Medium und Ergebnis solcher Praktiken sind. Kommunikation ist der Prozess, in dem Strukturen, soziale Systeme, Institutionen und soziale Räume von Menschen gelebt und dadurch konkret im Alltag reproduziert werden. Dabei bedienen sie sich bestimmter kommunikativer Produktionsmittel (verbale und nonverbale Codes und Sprachen, Informations- und Kommunikationstechnologien), die die Produktion und Reproduktion des Sozialen ermöglichen: Menschen produzieren soziale Beziehungen, indem sie sich wechselseitig bedeuten und die Gesellschaft bedeuten, wodurch Sinn produziert wird. Dadurch reproduzieren sie die Strukturen, Systeme, Institutionen und Räume, die ihre Kommunikation ermöglichen und einschränken. Kommunikation ist die Art und Weise, in der Menschen soziale Beziehungen leben und (re-)produzieren, die wiederum Strukturen, Systeme, Institutionen und Räume konstituieren. Kommunikation ist der alltägliche Prozess, der soziale Beziehungen herstellt und aufrechterhält. Sie ist die Produktion und Reproduktion sozialer Beziehungen. Menschen (re-)produzieren soziale Strukturen durch Kommunikation in ihrem Alltag und (re-)produzieren dadurch gesellschaftliche Strukturen, die die kommunikative Produktion im Alltag kontextualisieren, bedingen, ermöglichen und einschränken.

2.8. Kommunikation und Kommunikationsmittel in Michael Heinrichs Einführung in Marx' *Kapital*

Michael Heinrich argumentiert, dass sein Ansatz im »inhaltlichen Kontext dieser ›neuen Marx-Lektüre‹ steht« (Heinrich 2018, 26), die in den Arbeiten von Hans-Georg Backhaus und Helmut Reichelt grundgelegt wurde. »Die hier nur angedeuteten Differenzen zwischen der ›Kritik der politischen Ökonomie‹ und einer ›marxistischen politischen Ökonomie‹ werden im Folgenden deutlicher hervortreten« (ibid.). Heinrich hatte nicht die Absicht, eine Einführung zu schreiben, die das Lesen von Marx aus einer bestimmten thematischen Perspektive erleichtert, sondern er bediente sich eines spezifischen Ansatzes, nämlich der Denkschule der »neuen Marx-Lektüre« (zur Kritik dieses Ansatzes siehe z. B. die Beiträge in Reitter 2015): »Mit meiner Darstellung knüpfe ich also an bestimmte Interpretationen der Marxschen Theorie an, während andre verworfen werden« (Heinrich 2018, 10).

Heinrich behauptet, dass »es sich bei der Marxschen Werttheorie um eine monetäre Werttheorie handelt: Ware und Wert können nicht existieren und auch nicht begrifflich erfasst werden ohne Bezug auf Geld« (ibid., 165). Diese Annahme ist sicherlich keine allgemeingültige Interpretation des Marx'schen Wertbegriffs. Sie plädiert für eine monetäre Werttheorie, während eine andere mögliche Interpretation darin besteht, eine Werttheorie und eine Kritik des Geldes darzulegen, die in der Arbeitswerttheorie begründet ist. Das Problem ist, dass Heinrichs Buch die Leser/innen täuscht und den Eindruck erwecken könnte, dass eine bestimmte, von Backhaus, Reichelt, Heinrich und anderen vertretene Marx-Interpretation die ursprüngliche Version der Marx'schen Werttheorie ist.

Heinrich argumentiert: »Die Wertgegenständlichkeit ist an der einzelnen Ware gerade nicht zu fassen. Erst im Tausch erhält der Wert eine gegenständliche Wertform« (ibid., 54). Aus meiner Sicht impliziert Heinrichs Ansatz damit, dass keine Ausbeutung stattgefunden hat, wenn eine Ware nicht verkauft wird. Das halte ich für problematisch. Nehmen wir an, dass ein Unternehmen 100 Mitarbeiter beschäftigt, die 16 000 Stunden pro Monat arbeiten und in dieser Zeit 16 000 Fernsehgeräte sowie eine Marketing- und Markenstrategie und -kampagne produzieren. Sie stehen im Wettbewerb nicht gut da, weil der durchschnittliche Industriestandard die Produktion von 16 000 Geräten in 8000 Stunden umfasst. Daher verkauft das

Unternehmen keinen einzigen Fernseher, und die Beschäftigten werden nicht bezahlt. Sie produzieren aber immer noch Fernsehgeräte. Laut Heinrich werden all diese Arbeiterinnen und Arbeiter nicht ausgebeutet, und die Fernsehgeräte enthalten keinen Wert, weil sie nicht verkauft und somit nicht in die Geldform umgewandelt werden.

Eine alternative Interpretation ist die Unterscheidung zwischen zwei Formen des Wertes als durchschnittliche Arbeitszeit und Geldwert. In meinem Beispiel beträgt die durchschnittliche Arbeitszeit, die in der Fernsehindustrie sozial notwendig ist, um ein Fernsehgerät herzustellen, 30 Minuten. Der durchschnittliche Wert eines Fernsehers auf Unternehmensebene beträgt eine Stunde, was Wettbewerbsnachteile bei der Realisierung des Geldwertes darstellt. Unabhängig davon, ob die Beschäftigten in der Produktion und Werbung bezahlt werden oder nicht, und unabhängig davon, ob die von ihnen produzierten Waren verkauft werden oder nicht, hat ihre Arbeit Waren produziert, in denen sich ihre Arbeitszeit manifestiert und ihre Arbeit vergegenständlicht. Sie besitzen diese Waren, deren unmittelbare Produzenten sie sind, nicht. Sie sind daher produktive und ausgebeutete Arbeiterinnen und Arbeiter. Heinrichs Verständnis von Wert unterschätzt die Schwierigkeit, produktive Arbeit, Klasse und Ausbeutung zu konzeptualisieren.

Marx' »Maschinenfragment« in den *Grundrissen* hat in den letzten Jahren vor allem im autonomen Marxismus zu Diskussionen über Informationsarbeit und Technologie geführt. Heinrich (2014) steht dem Fragment skeptisch gegenüber und argumentiert vor allem in Bezug auf folgende Passage: »Damit bricht die auf dem Tauschwert ruhende Produktion zusammen, und der unmittelbare materielle Produktionsprozess erhält selbst die Form der Notdürftigkeit und Gegensätzlichkeit abgestreift« (Marx 1857/58, 705). Diese Formulierung hat immer wieder zu Kontroversen geführt. Heinrich interpretiert sie dahingehend, dass Marx sich in den *Grundrissen* eine »einseitige Krisenauffassung« (Heinrich 2014, 197) zu eigen machte und prognostizierte, dass der Einsatz von Maschinen im Kapitalismus »zur Folge haben sollte, dass die kapitalistische Produktion [...] zusammenbricht« (ibid., 207). Aber man muss in Betracht ziehen, dass Marx mit der Anschlussvokabel »damit« in Bezug auf den vorangegangenen Satz einen Zustand meint, in dem die »Surplusarbeit der Masse aufgehört [hat], Bedingung für die Entwicklung des allgemeinen Reichtums zu sein, ebenso wie die Nichtarbeit der wenigen für die Entwicklung der allgemeinen Mächte des menschlichen Kopfes« (Marx 1857/58, 601). Wenn er also von einem Zusammenbruch der kapitalistischen Produktion spricht, meint Marx nicht den automatischen Zusammenbruch des Kapitalismus, sondern vielmehr, dass der Tauschwert innerhalb des Kommunismus zusammenbricht und der Aufstieg der Wissensarbeit und die Automatisierung einen fundamentalen Antagonismus von notwendiger Arbeitszeit und Mehrarbeitszeit mit sich bringen. Die Errichtung des Kommunismus setzt jedoch eine bewusste Aufhebung des Kapitalismus voraus. Das »Maschinenfragment« formuliert keinen automatischen Zusammenbruch des Kapitalismus.

Heinrich verwirft nicht nur das »Fragment« und dessen Bedeutung für das Verständnis der heutigen Informationswirtschaft. In seiner Einführung in Marx' *Kapital* erwähnt er die Kommunikationsmittel nur einmal ganz kurz (Heinrich 2018, 210), das Internet einmal in einer Fußnote (ibid., Fußnote 70) und das Mobiltelefon und das World Wide Web nie. Heinrich scheint Information, Kommunikation und Kultur nicht als wichtige

Dimensionen für eine marxistische Kritik der politischen Ökonomie zu erachten.

Auch Heinrichs Kritik an der Krisentheorie und dem tendenziellen Fall der Profitrate wurde kontrovers diskutiert. Heinrich (2013) argumentierte, dass letztere Annahme fehlerhaft sei und marxistische Theorie Krisen ohne dieses Gesetz erklären müsse. »Im Gegensatz zu Marx können wir nicht von einem ›Gesetz des tendenziellen Falls der Profitrate‹ ausgehen« (Heinrich 2013, 153). Andere hielten dieser Ansicht entgegen, dass ein solches Gesetz konsistent im Sinne von Marx und entscheidend für das Verständnis der Widersprüche der kapitalistischen Wirtschaft sei und dass Heinrich versuche, die Krisentheorie zu eliminieren (siehe z. B. Kliman, Freeman, Potts, Gusey und Cooney 2013). Welche Position man auch immer in dieser Debatte einnimmt: die Diskussion zeigt, dass Heinrich eine bestimmte Marx-Interpretation vertritt, der von anderen widersprochen wird.

Angesichts der Tatsache, dass verschiedene Interpretationen von Marx möglich und notwendig sind, ist Heinrichs Partikularismus unproblematisch und willkommen. Das Problem ist jedoch die Aura der Universalität, die sein Buch durch den Titel *Kritik der politischen Ökonomie. Eine Einführung* heraufbeschwört. Mein eigenes Begleitbuch zu *Das Kapital Band 1* (Fuchs 2016d) erhebt nicht den Anspruch, eine universelle oder die einzig gültige Interpretation zu sein, und folgt nicht einer bestimmten Schule marxistischen Denkens wie der marxistischen Raumtheorie oder der neuen Marx-Lektüre.

2.9. In welcher Hinsicht brauchen wir Marx, um Kommunikation und die Kommunikationsmittel zu verstehen?

Marx war nicht nur ein kritischer Theoretiker, sondern auch ein kritischer Journalist, Politiker und Polemiker. Sein interventionistischer und kritischer Argumentationsstil ist etwas, das heute in der Öffentlichkeit fehlt. Marx war ein dialektischer Denker. Die Dialektik als Instrument des komplexen Denkens ermöglicht es uns, die Widersprüche der Medien im Kapitalismus zu verstehen. Denken Sie zum Beispiel an den Widerspruch zwischen den Nutzer/innen, die gerne digitale Inhalte ohne Bezahlung herunterladen, und den Medienkonzernen, die geistige Eigentumsrechte, Polizei, Zensur und Überwachung nutzen, um zu versuchen, den Online-Tausch von Dateien einzuschränken. Profite und Löhne werden im Kapitalismus jedoch dialektisch vermittelt, was einen weiteren Widerspruch hinzufügt, so dass auch einige Künstler/innen Filesharing als Bedrohung empfinden. Ein weiterer Widerspruch in der Kulturindustrie besteht zwischen den beiden Klassenfraktionen der Inhalts- und der Offenheitsindustrie: Die erste kommerzialisiert Inhalte, die zweite lebt von offenen Inhalten im Internet, die sie mit anderen Akkumulationsstrategien, wie etwa personalisierter Werbung, kombiniert. Kapitalistische Internet-Plattformen wie YouTube und Facebook sind nicht unbedingt gegen die gemeinsame Nutzung urheberrechtlich geschützter Inhalte, denn Offenheit kommt ihren Unternehmen zugute. Offenheit bedeutet in diesem Zusammenhang die Online-Verfügbarkeit von Inhalten ohne Bezahlung. Die Offenheitsindustrie nutzt andere Möglichkeiten der Kapitalakkumulation, insbesondere Werbung. Der Widerspruch zwischen der Offenheits- und der Inhaltsindustrie zeigt, dass die Online-Wirtschaft dialektisch ist: Sie ist voller Widersprüche.

Die Ware ist die »Elementarform« (Marx 1867, 49) des Kapitalismus. Marx' Warenanalyse und Warenkritik ermöglicht es uns, die Formen der Kommodifizierung der Medien zu verstehen. Information ist eine eigentümliche Ware: Sie wird im Konsum nicht verbraucht, kann leicht und schnell kopiert und verbreitet werden, hat hohe anfängliche Produktions- und niedrige Kopierkosten, birgt hohe Risiken und Unsicherheit darüber, ob sie verkauft werden kann oder nicht, ist im Konsum nicht konkurrenzfähig und erfordert besondere Schutzmaßnahmen, um zu einem knappen Gut zu werden, von dessen Konsum andere ausgeschlossen werden können. Die Kapitalakkumulation in der Informationsökonomie erfordert daher besondere Strategien wie z. B. die Kommodifizierung von Inhalten zusammen mit geistigen Eigentumsrechten und Urheberrechten, die Kommodifizierung des Zugangs zu Inhalten (z. B. Abonnements), die Kommodifizierung von Produktions-, Vertriebs- und Verbrauchstechnologien, die Kommodifizierung des Publikums in der Werbung, die Vervielfältigung von Medienformaten, die Wiederverwendung von Inhalten oder die Kommodifizierung der Benutzer/innen und der von ihnen erzeugten Daten bei personalisierter Online-Werbung.

Klasse ist eine Schlüsselkategorie in Marx' Analyse. Sie bezieht sich auf Begriffe wie Ausbeutung, Mehrwert, Arbeiterklasse/Proletariat und produktive Arbeit. Das Proletariat ist eine »Maschine zur Produktion des Mehrwerts«, die Kapitalist/innen bilden eine »Maschine zur Verwandlung dieses Mehrwerts in Mehrkapital« (Marx 1867, 621). Im Zeitalter des Internets und der Kulturindustrie ist Klasse immer noch eine entscheidende Kategorie, aber sie ist vielfältiger geworden. In Betracht gezogen werden müssen der Klassenstatus und die Interessen unbezahlter Praktikant/innen, freiberuflicher Online-

Arbeiter/innen, unbezahlter Nutzer/innen von Facebook und Google, die wirtschaftlichen Wert schaffen, verschiedener Formen von Wissensarbeiter/innen, eines neuen jungen Prekariats, das sich für die Arbeit in der Kulturindustrie interessiert, von Foxconn-Arbeiter/innen in China, die Mobiltelefone und Laptops zusammenbauen, von Bergarbeiter/innen in Afrika, die Mineralien abbauen, die die physische Grundlage der digitalen Medientechnologien bilden, und die unter sklavenähnlichen Bedingungen arbeiten, von Software-Ingenieur/innen, die hoch bezahlt werden und zahllose Überstunden machen. Sie alle sind Teil der internationalen Teilung der digitalen Arbeit (Fuchs 2014a; Fuchs 2015b, Kapitel 6).

Ideologie naturalisiert Herrschaft und Ausbeutung. Eine solche Naturalisierung ist nach Marx der Warenform selbst als Warenfetischismus immanent. Medien sind Schlüsselwerkzeuge für die Produktion, die Verbreitung und den Konsum von politischen und kapitalistischen Ideologien. »Es ist nur das bestimmte gesellschaftliche Verhältnis der Menschen selbst, welches hier für sie die phantasmagorische Form eines Verhältnisses von Dingen annimmt« (Marx 1867, 86). Die Werbung macht sich die Leere zunutze, die der Warenfetischismus hinterlässt, indem sie die Produktionsverhältnisse in der Ware selbst unsichtbar macht. Die Werbung füllt diese Leere durch Produktpropaganda aus. Wenn wir zum Beispiel an Facebook denken, dann ist der Warenstatus nicht sofort sichtbar, weil wir für den Zugang nicht bezahlen. Unsere unmittelbare Erfahrung ist die Sozialität, die wir auf der Plattform mit anderen genießen. Das Soziale verschleiert die Warenform von Facebook. Der Warenfetischismus nimmt auf Facebook eine umgekehrte Form an (Fuchs 2014a, Kapitel 11): Im regulären Warenfetischismus verschleiern die Dinge (Waren, Geld) die sozialen Beziehungen und gesellschaftlichen Verhältnisse. Bei kapitalistischen sozialen Medien sind soziale Beziehungen die unmittelbare und konkrete Erfahrung der Nutzer/innen, während sie die Warenform nicht direkt erleben. Der soziale Charakter dieser Plattformen verschleiert ihre Warenform. Facebook und Google verkaufen weder Zugang noch Kommunikation. Sie sind die weltweit größten Werbeunternehmen.

Marx betont, dass die Kommunikationstechnologien Medium und Ergebnis der wirtschaftlichen und gesellschaftlichen Globalisierung sind. Es gibt eine Dialektik von Globalisierung und Kommunikation. Marx entwickelte im *Kapital* und in den *Grundrissen* ein dialektisches Verständnis von Technologie. Er analysierte die Widersprüche der Technologie im Kapitalismus. Aus Marx' Analyse der Technologie können wir lernen, dass Kommunikations- und andere Technologien nicht als solche böse oder gut sind, sondern dass ihre Auswirkungen davon abhängen, wie sie innerhalb der Gesellschaft geplant, produziert, gestaltet und genutzt werden. Gleichzeitig können Technologien unvorhersehbare Folgen haben, insbesondere wenn es sich um hochkomplexe Systeme handelt. Marx nahm das Entstehen einer Informationswirtschaft vorweg, indem er erklärte, dass mit der Entwicklung der Produktivkräfte die Rolle von Wissen, Technologie und Wissenschaft in der Produktion zunehme. Sein Begriff des *general intellect* ist in diesem Zusammenhang von besonderer Bedeutung. Marx argumentierte, dass Technologie auch die Arbeit sozialisiere und vergesellschafte, was in Widerspruch zu den Klassenbeziehungen stehe. Heute können wir diesen Widerspruch in einer neuen Form beobachten, als Antagonismus zwischen den digitalen, vernetzten Produktivkräften und den Klassenbeziehungen. Ein Beispiel: Digitalisierung macht Wissen zu einem Geschenk, das online verteilt wird. Aber in einer kapitalistischen Gesellschaft sind die Menschen zum Überleben auf Löhne angewiesen, so dass die Online-Geschenk-Ökonomie unter kapitalistischen Klassenverhältnissen keinen demokratischen digitalen Sozialismus hervorbringt, sondern lediglich alternative Potenziale bietet. Sie führt unter kapitalistischen Bedingungen zur Prekarisierung der digitalen und kulturellen Arbeit. Es ist eine unter Linken umstrittene Frage, wie auf diesen Widerspruch zu reagieren sei. Einige sehen das Internet als einen Feind, dem sie sich widersetzen, andere feiern es als neue Form des Kommunismus, der nun auf einer digitalen Geschenk-Ökonomie basiere. Eine nuanciertere Einschätzung postuliert, dass es Potenziale gebe, Wissen in eine digitale Allmende zu verwandeln, aber dass es innerhalb des Kapitalismus auch wichtig sei, dass Kulturproduzent/innen auf der Grundlage eines Lohns überleben können, was neue Ideen eröffnet: zum Beispiel die Einführung eines universellen bedingungslosen Grundeinkommens oder einer partizipatorischen Mediengebühr, die aus der Körperschaftssteuer finanziert wird und die es den Bürger/innen über einen Bürgerhaushalt ermöglicht, an nichtkommerzielle Medienunternehmen zu spenden.

Die Widersprüche des Kapitalismus führen immer wieder zu Krisen. Als im Jahr 2000 die Dotcom-Blase platzte, gingen zahlreiche Internetfirmen in Konkurs. Die Online-Wirtschaft war schon damals hochgradig finanzkapitalgetrieben. Marx diskutiert die Finanzialisierung ausführlich in *Das Kapital Band 3*, wo er das Konzept des fiktiven Kapitals einführt. Er betont, dass der Kapitalismus eine inhärente Konzentrations- und Monopoltendenz habe. Die Informationsindustrien sind aufgrund von Mechanismen wie der Anzeigen-Auflagen-Spirale sehr anfällig für Konzentration: Medien mit einer großen Zahl von

Leser/innen, Zuschauer/innen, Zuhörer/innen und Nutzer/innen generieren tendenziell mehr Werbekundschaft, was ihnen Wettbewerbsvorteile verschafft, die zu einer weiteren Ausdehnung ihres Publikums und zu mehr Marktkonzentration führen können. In der Medienwelt hat Konzentration nicht nur mit wirtschaftlicher Macht zu tun, sondern aufgrund der Natur der Information auch mit ideologischer Macht, also der Konzentration von Macht zur Verbreitung von Ideen.

Marx stellte die Bedeutung der gesellschaftlichen Kämpfe für eine gerechte und faire Gesellschaft, also eine partizipative Demokratie, in den Vordergrund. Solange es Klassengesellschaften gibt, bleiben Klassenkämpfe eine Realität. Aktivistinnen und Aktivisten kommunizieren untereinander und mit der Öffentlichkeit. Kommunikationstechnologien sind daher wichtige Organisationsmittel in sozialen Bewegungen und politischen Parteien. Marx ermöglicht es uns, das Wesen der gesellschaftlichen Kämpfe in der modernen Gesellschaft besser zu verstehen. Nicht zuletzt hatte Marx eine Vision von einer Alternative zum Kapitalismus. Heute werden das Internet oder die Medien ganz allgemein als kapitalistische Unternehmen organisiert. Es gibt jedoch auch alternative Traditionen. Denken Sie an öffentlich-rechtliche Medien, die keine Werbung verwenden, an Wissen als Gemeingut auf Wikipedia, die Freeware-Bewegung, freie öffentliche WiFi-Initiativen oder gemeinnützige Online-Plattformen wie Freecycle oder Streetbank.

Marx' Idee des Sozialismus erinnert uns daran, dass die Warenform für grundlegende menschliche Aspekte der Gesellschaft wie Liebe, Bildung, Wissen und Kommunikation ungeeignet ist. Wenn die Warenform Ungleichheit impliziert, dann muss eine wirklich faire, demokratische und gerechte Gesellschaft auf Gemeingütern basieren. Kommunikationssysteme als Gemeingüter entsprechen dem Wesen von Menschlichkeit, Gesellschaft und Demokratie. Gemeingüter wie Wissen werden nicht von einzelnen Individuen produziert, sondern haben sozialen, historischen und kooperativen Charakter. Sie werden durch allgemeine Arbeit hervorgebracht: »Allgemeine Arbeit ist alle wissenschaftliche Arbeit, alle Entdeckung, alle Erfindung. Sie ist bedingt teils durch Kooperation mit Lebenden, teils durch Benutzung der Arbeiten Früherer« (Marx 1894, 113–114). Wann immer neue Informationen auftauchen, beziehen sie die gesamte gesellschaftliche Geschichte der Information ein, d. h., Informationen haben historischen Charakter. Information sollte ein allen frei zugängliches Gemeingut sein. Doch im globalen Informationskapitalismus ist Information zu einer wichtigen Produktivkraft geworden, die neue Formen der Kapitalakkumulation begünstigt. Sie wird heute oft nicht als öffentliches Gut und Allgemeingut behandelt, sondern als Ware. Es besteht aber ein Antagonismus zwischen Information als Gemeingut und als Ware.

2.10. Für eine Kommunikationsrevolution in der marxistischen Theorie

Die marxistische Theorie behandelt Kommunikation allzu oft als Überbau. Solchen Analysen widerspricht die Tatsache, dass Wissen und Kommunikation im 21. Jahrhundert nicht nur zu wichtigen Waren geworden, sondern auch durch einen Antagonismus zwischen kommunikativen Gemeingütern und Kommunikationswaren geprägt sind. Die Zeit ist reif für eine medien- und kommunikationsorientierte Revolution der marxistischen Theorie. Kommunikation ist nach wie vor einer der blinden Flecken des Marxismus, die nur eine medien- und kommunikationswissenschaftlich orientierte Lesart des *Kapitals* erhellen kann.

Marx diskutierte die Auswirkungen des Telegrafen auf die Globalisierung von Handel, Produktion und Gesellschaft, er war einer der ersten Philosophen und Techniksoziologen der modernen Gesellschaft, nahm die Rolle der Wissensarbeit und den Aufstieg der Informationsgesellschaft vorweg und war selbst ein kritischer Journalist. Dies zeigt, dass jemand, dem die Analyse von Medien und Kommunikation am Herzen liegt, viele Gründe hat, sich mit Marx auseinanderzusetzen. Marx betonte die Bedeutung des Sozialen: Er hob hervor, dass Phänomene in der Gesellschaft (wie Geld oder Märkte oder heute das Internet, Facebook, Twitter usw.) nicht einfach existieren, sondern das Ergebnis sozialer Beziehungen zwischen Menschen sind. Geld, Kapital, Waren oder Märkte existieren nicht automatisch und notwendigerweise; denn die Menschen können die Gesellschaft verändern. Die Gesellschaft und die Medien sind offen für Veränderungen und beinhalten die Möglichkeit einer besseren Zukunft. Wenn wir verstehen wollen, was das Soziale an sozialen Medien ist, dann kann uns die Lektüre von Karl Marx dabei helfen.

Heute ist viel von »sozialen Medien« die Rede, obwohl Facebook, Twitter und Google börsennotierte Unternehmen und damit Ausdruck eines possessiven Individualismus sind (Fuchs 2017d). Marx erinnert uns daran, dass der Kapitalismus unvollständig sozial ist. Echte soziale Medien können nur in einer auf Gemeingütern beruhenden partizipatorischen Demokratie existieren. Marx' Werke sind wichtige intellektuelle Werkzeuge im Kampf um eine auf Gemeingütern basierende Gesellschaft und auf Gemeingütern basierende Medien.

3. Karl Marx als kritischer Techniksoziologe

3.1. Einleitung

Die Aufgabe dieses Kapitels besteht darin, Marx' Konzept und kritische Soziologie der Technologie neu zu lesen, indem die Entwicklung seines Begriffs der Maschinerie und die Rolle der Technologie im Kapitalismus in seinen Werken von den 1840er Jahren bis zur Veröffentlichung von *Kapital Band 1* im Jahr 1867 nachgezeichnet wird.

Karl Marx sah die Technologie als ein wichtiges Merkmal der kapitalistischen Gesellschaft. Seine Analyse der Technologie oder dessen, was er auch als Produktionsmittel, fixes konstantes Kapital und Maschinerie bezeichnet, ist in mehrfacher Hinsicht dialektisch:

1. Indem Marx die Technologie auf der Grundlage einer Dialektik von Technologie und Gesellschaft analysiert, vermeidet er sowohl den technologischen Determinismus als auch den Sozialkonstruktivismus der Technik.
2. Marx ist weder ein Techno-Optimist noch ein Techno-Pessimist, betont aber, dass die Technologie in einer antagonistischen Gesellschaft antagonistische Wirkungen hat: In den meisten Fällen gibt es nicht nur eine Auswirkung der Technologie auf die Gesellschaft, sondern mehrere, die einander widersprechen.

3. Marx analysiert Technologie auf der Grundlage einer Dialektik von Ausbeutung und Befreiung: Im Kapitalismus ist Technologie ein Mittel der relativen Mehrwertproduktion und Kontrolle. Gleichzeitig treibt sie den Widerspruch zwischen den Produktivkräften und den Produktionsverhältnissen voran, so dass Keimformen einer auf Gemeingütern basierenden Gesellschaft entstehen. Dieser Widerspruch ist eine der Quellen der Krisen des Kapitalismus. Die Befreiung vom Kapital ist sowohl die Grundlage der Umgestaltung der Gesellschaft als auch der Neugestaltung der Technologie.

Diese drei Punkte werden in Kapitel 13, »Maschinerie und große Industrie«, des *Kapitals Band 1* (für eine ausführliche Diskussion siehe Fuchs 2016d, Kapitel 13) deutlich zum Ausdruck gebracht sowie im »Maschinenfragment« der *Grundrisse* (für eine ausführliche Diskussion siehe Fuchs 2016d, Anhang) formuliert. Wir können daher diese beiden Kapitel kurz vergleichen, bevor wir den Ursprüngen des Marx'schen Technologiebegriffs nachgehen.

3.2. Kapitel 13 in Marx' *Kapital Band 1* und das »Maschinenfragment« in den *Grundrissen*

»Maschinerie und große Industrie« ist mit 140 von insgesamt 802 Druckseiten (in der Ausgabe der Marx-Engels-Werke, exklusive Verzeichnis fremdsprachiger Zitate, Anmerkungen, Literaturverzeichnis, Personenverzeichnis, Verzeichnis literarischer, biblischer und mythologischer Namen, Erklärung von Fremdwörtern, Verzeichnis der Gewichte, Maße und Münzen, Abkürzungsverzeichnis, Sachregister, Inhaltsverzeichnis) das längste Kapitel von *Das Kapital Band 1* (Marx 1867, 391–530). Es macht 17,5 Prozent des Gesamtumfangs aus. Das Kapitel besteht aus zehn Abschnitten, die sich auf die Entwicklung von Maschinen (13.1), Maschinen und Wert (13.2), die Auswirkungen von Maschinen auf die Arbeit im Kapitalismus (13.3), die Maschine und die Fabrik (13.4), Maschinen und Klassenkampf (13.5), die Frage, ob die durch Maschinen ersetzte Arbeit durch neue Arbeitsplätze kompensiert werden kann, die durch den Einsatz neuer Technologien entstehen (13.6), Maschinen und die Attraktion und Repulsion der Arbeit (13.7), die Transformation früherer Arbeitsformen durch die moderne Industrie (13.8), Technologie und Gesetzgebung (13.9) und die Transformation der Landwirtschaft durch die moderne Industrie (13.10) beziehen.

Kapitel 13 verdeutlicht die Grundlagen einer kritischen Theorie der Technik, indem es die Rolle der Technik im Kapitalismus als widersprüchliches Produktionsmittel analysiert, das als Mittel der relativen Mehrwertproduktion und -kontrolle fungiert und den Antagonismus zwischen den Produktivkräften und den Produktionsverhältnissen reifen lässt. Das Kapitel zeigt, dass die Marx'sche Theorie nicht abstrakt ist, sondern auf einer Analyse der empirischen Realität beruht. Marx zitiert und analysiert Berichte von Fabrikinspektoren, um seine theoretischen Kategorien in der alltäglichen Realität der Arbeiter und Arbeiterinnen zu verankern. Darüber hinaus wird Konkretheit erreicht, indem die moderne Technik in Beziehung gesetzt wird zu den Kämpfen der Arbeiterklasse für die Verkürzung des Arbeitstages und zu Aspekten der Arbeitsgesetzgebung. Aus Kapitel 13 kann man lernen, dass die Auswirkungen der Technik auf die Gesellschaft nicht vorgegeben, sondern von Klassenkämpfen geprägt sind.

Marx beginnt die Analyse in Kapitel 13 auf einer abstrakten Ebene, indem er die Maschinerie als die Einheit der Bewegungsmaschine, des Transmissionsmechanismus und der Werkzeug- oder Arbeitsmaschine definiert (Marx 1867, 393). Aber das Abstrakte ist gleichzeitig konkret: Schon im ersten Absatz des ersten Abschnitts macht Marx deutlich, dass sich das Wesen der Maschine historisch zusammen mit dem Kapitalismus entwickelt hat, so dass Maschinen »Waren verwohlfeilern«, sie also verbilligen, und »Mittel zur Produktion von Mehrwert« sind (Marx 1867, 391). Durch eine dialektische Methode der Theorie und der empirischen Untersuchung arbeitet Marx den antagonistischen Charakter moderner Technologie heraus: Er zeigt, dass die Produktionsmittel nicht nur eine Dialektik von Kapitalismus und sozialistischen Potenzialen erzeugen, sondern dass diese Dialektik durch eine negative Dialektik vermittelt wird, in der Technologie als ein Mittel der Zerstörung wirkt, das die Antagonismen des Kapitalismus, einschließlich der Ausbeutung, der Arbeitslosigkeit, der prekären Arbeit und der Krisenpotenziale, vorantreibt. Marx beendet das Kapitel, indem er die Rolle der kapitalistischen Technik als Destruktionskraft betont. Sie fördert den »Zerstörungsprozess«, der »zugleich die Springquellen alles Reichtums untergräbt: die Erde und den Arbeiter« (Marx 1867, 529–530).

Das »Maschinenfragment« ist ein Abschnitt im sechsten und siebten Notizbuch der *Grundrisse* (Marx 1857/58, 590–609). Da die *Grundrisse* Marx' erster Entwurf für *Das Kapital* waren, können wir das »Fragment« als einen Entwurf des Kapitels 13 von *Kapital Band 1* ansehen. Pier Aldo Rovattis Artikel »The Critique of Fetishism in Marx's *Grundrisse*« aus dem Jahr 1973 ist die erste rückverfolgbare Verwendung des Begriffes »Fragment of Machines« im Englischen. Der Begriff »Maschinenfragment« stammt aus Renato Solmis Übersetzung des Abschnitts ins Italienische, die im Jahr 1964 unter dem Titel »Frammento sulle macchine« in der Zeitschrift *Quaderni Rossi* veröffentlicht wurde. Die Zeitschrift bildete eine der Grundlagen des autonomen Marxismus, einer Marx-Interpretation, die dem Klassenkampf und der Rolle von Technologie und Wissen besondere Aufmerksamkeit schenkt. Folglich spielt das »Fragment« eine wichtige Rolle im autonomen Marxismus (siehe z. B. Hardt and Negri 2000, Abschnitt I. 2; Negri 1991, Kapitel 7; Vercellone 2007, Virno 1996).

Im »Maschinenfragment« führt Marx den Begriff des *general intellect* ein (Marx 1857/58, 602), durch den er das Entstehen einer Informationswirtschaft als Ergebnis der Entwicklung der Produktivkräfte vorwegnahm. Darüber hinaus analysiert er den kapitalistischen Antagonismus zwischen notwendiger Arbeitszeit und Mehrarbeitszeit. Damit macht Marx einerseits deutlich, dass die Maschinerie ein Faktor ist, der kapitalistische Krisen und die Prekarität der Arbeiterklasse vorantreibt. Andererseits argumentiert er hier deutlicher als in anderen Werken, dass die moderne Technologie zur Schaffung der Grundlagen des Sozialismus beitrage, weil die mit ihr einhergehende Reduzierung der notwendigen Arbeitszeit durch die Erhöhung der Produktivität eine Gesellschaft ermögliche, in der »dann keineswegs mehr die Arbeitszeit, sondern die *disposable time* das Maß des Reichtums« (Marx 1857/58, 604) sei. Roman Rosdolsky (1968, 287–288) betont in seiner Analyse der *Grundrisse*, dass Marx mit seinem Konzept des *general intellect* Potenziale für die »künftige Befreiung« der Arbeiterklasse durch die »radikale Kürzung der Arbeitszeit« sah, was »erst in einer kommunistischen Gesellschaft verwirklicht werden« könne, »aber das Kapital treibt – gegen seinen Willen – in diese [...] Richtung!«

Unter kapitalistischen Bedingungen kann die Erhöhung der Produktivität durch Technologie kontraproduktiv sein; sie kann die Ausbeutung der Arbeiterklasse vertiefen und Wirtschaftskrisen vorantreiben, da das Kapital »die Arbeitszeit auf ein Minimum zu reduzieren strebt, während es andrerseits die Arbeitszeit als einziges Maß und Quelle des Reichtums setzt« (Marx 1857/58, 601). Die sozialistischen Potenziale der modernen Technologie werden im »Fragment« sicherlich viel klarer herausgearbeitet als in Kapitel 13 von *Das Kapital Band 1*. Das »Fragment« geht also in gewisser Hinsicht über Kapitel 13 hinaus. Zugleich ist Kapitel 13 historisch viel konkreter und folgt den Widersprüchen der Technologie in der Erfahrung der alltäglichen Kämpfe der Arbeiterklasse. Kapitel 13 geht also über das »Fragment« hinaus, genauso wie das »Fragment« über Kapitel 13 hinausgeht.

Bei der Diskussion über Marx und Technologie liegt der Schwerpunkt heute auf Kapitel 13 und dem »Fragment«. Aber Marx' Analyse der Maschinen begann schon früher und ist auch in anderen Werken präsent. Als nächstes werden wir die Entwicklung der Kategorien der Maschine und der Technologie in früheren Werken von Marx und Engels verfolgen.

3.3. Maschinen in den Werken von Marx und Engels in den 1840er Jahren

In den *Ökonomisch-philosophischen Manuskripten* aus dem Jahr 1844 argumentiert Marx, dass der Kapitalismus den Menschen auf den Status von Maschinen reduziere: Das Kapital drücke den Menschen »geistig und leiblich zur Maschine« herab (Marx 1844c, 474). »Die Maschine bequemt sich der *Schwäche* des Menschen, um den schwachen Menschen zur Maschine zu machen« (ibid., 548). Marx nimmt hier eine humanistische Perspektive ein und betont, dass der Kapitalismus unmenschlich sei und die Arbeiter/innen wie leblose Materie behandle, als Dinge und Instrumente, die benutzt und missbraucht werden können. Das Kapital verweigert den Arbeiter/innen ihre Menschlichkeit.

Ein Aspekt, der in den *Manuskripten* nur kurz erwähnt wird, ist die Analyse der Frage, wie der kapitalistische Einsatz von Maschinen die Arbeitsbedingungen prägt. Marx betont etwa die Konkurrenz von Mensch und Maschine im Kapitalismus: »Da der Arbeiter zur Maschine herabgesunken ist, kann ihm die Maschine als Konkurrent gegenübertreten« (ibid., 474).

Im Jahr 1844 veröffentlichte Friedrich Engels eine Serie von drei Artikeln unter dem Titel »Die Lage Englands«. Im zweiten dieser Artikel argumentierte er: »Seit der Anwendung der Dampfmaschine und der metallnen Zylinder beim Drucken tut ein Mann die Arbeit von zweihundert« (Marx 1844, 563). Engels fasste hier also das Phänomen der technologischen Produktivitätssteigerung zusammen, hatte aber kein spezielles theoretisches Vokabular dafür. Später führte Marx den Begriff der Maschine als fixes konstantes Kapital ein, das ein Mittel der relativen Mehrwertproduktion ist.

In seinem Buch *Die Lage der arbeitenden Klasse in England* aus dem Jahr 1845 stellte Engels fest: Die »Geschichte der arbeitenden Klasse in England beginnt mit der letzten Hälfte des vorigen Jahrhunderts, mit der Erfindung der Dampfmaschine und der Maschinen zur Verarbeitung der Baumwollle« (Engels 1845, 237). Engels beschrieb auch die negativen Folgen des Maschineneinsatzes unter kapitalistischen Bedingungen: »Jede Verbesserung der Maschine wirft Arbeiter außer Brot« (ibid., 361). In der *Deutschen Ideologie* (1845/46) argumentierten Marx und Engels, dass die Maschinerie in der internationalen Arbeitsteilung eine Rolle spiele: Eine in England erfundene Maschine könne »in Indien und China zahllose Arbeiter außer Brot setzen« (Marx und Engels 1845/46, 46). Doch ein Spezialvokabular zur Charakterisierung der Rolle der Technik im Kapitalismus fehlt in diesen Werken noch.

1847 veröffentlichte Marx *Das Elend der Philosophie*, eine Kritik an Pierre-Joseph Proudhons Buch *Das System der ökonomischen Widersprüche oder Philosophie des Elends* von 1846. Der zweite Abschnitt des zweiten Kapitels von Marx' Kritik an Proudhon trägt den Titel »Arbeitsteilung und Maschinen« und handelt von der Analyse der Technologie im Kapitalismus (Marx 1847b, 144–157). Der zugrundeliegende philosophische Unterschied zwischen Marx und Proudhon hat mit den jeweiligen Hegel-Interpretationen zu tun: Während für Proudhon eine dialektische Beziehung bedeutet, dass etwas eine gute und eine schlechte Seite hat, so dass man die erste bewahren und die zweite loswerden muss, versteht Marx unter »dialektischer Bewegung«, dass zwei Seiten einander widersprechen, zugleich verschieden und gleich sind, sich gegenseitig durchdringen und ineinander übergreifen, so dass die Lösung des Widerspruchs die Aufhebung und Negation der Negation ist, Dialektik also »das Nebeneinanderbestehen der beiden entgegengesetzten Seiten, ihr Widerstreit und ihr Aufgehen in eine neue Kategorie« bedeutet (Marx 1847b, 133).

Infolgedessen ist die Arbeitsteilung für Proudhon ein ewiges Merkmal der Gesellschaft, das im Kapitalismus eine gute und eine schlechte Seite hat, während für Marx die Arbeitsteilung Ausdruck von Klassenbeziehungen ist, die in Klassenkämpfen politisch aufgehoben werden müssen, um die Gesellschaft zu humanisieren. Für Proudhon »ist die Konzentration der Arbeitsinstrumente die Negation der Arbeitsteilung« (ibid., 153). So betont Proudhon nur die eine Seite der Maschinen, während Marx im *Elend der Philosophie* den dialektischen Charakter der modernen Maschinen hervorhebt. Maschinen haben gleichzeitig repressive Realität und emanzipatorische Potenziale. Der dialektische Charakter der modernen Maschinen hat damit zu tun, dass diese im Kapitalismus in das Klassenverhältnis zwischen Kapital und Arbeit eingebettet sind: »Alles in allem hat die Einführung der Maschinen die Teilung der Arbeit innerhalb der Gesellschaft gesteigert, das Werk des Arbeiters innerhalb der Werkstatt vereinfacht, das Kapital konzentriert und den Menschen zerstückelt« (ibid., 155). Der dialektische Charakter der Technologie ist ein Schlüsselmerkmal von Marx' Analyse. In seinen frühen philosophischen Werken »entdeckt«, wandte er dieses Prinzip in seinen späteren Werken auf die historische und theoretische Auseinandersetzung mit Technik an.

Im *Manifest der Kommunistischen Partei*, das im Februar 1848 veröffentlicht wurde, beschreiben Marx und Engels, wie die kapitalistische Anwendung der Maschinen den Produktionsprozess radikal verändert hat, so dass die große Industrie entstand. »Die Arbeit der Proletarier hat durch die Ausdehnung der Maschinerie und die Teilung der Arbeit allen selbständigen Charakter und damit allen Reiz für die Arbeiter verloren. Er wird ein bloßes Zubehör der Maschine« (Marx und Engels 1848, 468). Marx und Engels betonen die Einbettung des kapitalistischen Technologie-Einsatzes in den Antagonismus der Produktivkräfte und der Produktionsverhältnisse – »die Empörung der modernen Produktivkräfte gegen die modernen Produktionsverhältnisse« (ibid., 467) schaffe kapitalistische Krisen. Bereits in *Die deutsche Ideologie* sprachen Marx und Engels von der Entwicklung, dass »an die Stelle der früheren, zur Fessel gewordenen Verkehrsform eine neue, den entwickelteren Produktivkräften und damit der fortgeschrittenen Art der Selbstbetätigung der Individuen entsprechende gesetzt wird« (Marx und

Engels 1845/46, 72). Der Begriff »Verkehrsform« wurde später durch die Kategorie der »Produktionsverhältnisse« ersetzt.

Marx und Engels betonen, dass »die von der großen Industrie« erzeugten »Kommunikationsmittel [...] die Arbeiter der verschiedenen Lokalitäten miteinander in Verbindung setzen« (Marx und Engels 1848, 471). Es gibt eine Dialektik der modernen Kommunikationstechnologien und der Globalisierung von Produktion und Zirkulation. Kommunikationstechnologien prägen und werden durch den Wandel der gesellschaftlichen Raum-Zeit-Beziehungen geprägt. Zehn Jahre später präzisierte Marx diese Einsicht in den *Grundrissen*: »Das Kapital treibt seiner Natur nach über jede räumliche Schranke hinaus. Die Schöpfung der physischen Bedingungen des Austauschs – von Kommunikations- und Transportmitteln wird also für es in ganz andrem Maße zur Notwendigkeit – die Vernichtung des Raums durch die Zeit« (Marx 1857/58, 430).

1849 veröffentlichte Marx das Pamphlet *Lohnarbeit und Kapital*. In Fortführung seiner früheren Analyse argumentierte er in dieser Arbeit, dass der kapitalistische Einsatz von Maschinen »die Handarbeiter massenhaft auf das Pflaster« setze und »geschickte Arbeiter durch ungeschickte« (Marx 1849, 421) substituiere. Zum ersten Mal stellte Marx in diesem Aufsatz die Kompensationstheorie der Arbeit kritisch in Frage, die besagt, dass »die durch Maschinerie direkt aus der Arbeit Verdrängten und der ganze Teil der neuen Generation, der schon auf diesen Dienst lauerte, eine *neue Beschäftigung finden*« (ibid.).[1] Marx entwickelte hier eine Kritik an der Kompensationstheorie, der zufolge das Kapital alles Mögliche tun wird, um die Menge der beschäftigten Arbeit zu reduzieren und den Pro-

1 Alle Hervorhebungen in den Zitaten stammen aus dem Original.

fit zu maximieren. In Kapitel 13 von *Kapital Band 1* (»Maschinerie und große Industrie«) konzentrierte Marx den gesamten Unterabschnitt 13.6 auf die Kritik der Kompensationstheorie (Marx 1867, 461–470).

In der *Deutschen Ideologie* finden wir die bekannte Passage, in der Marx die Aufhebung der Arbeitsteilung und die Entwicklung wohlgerundeter Individuen – also von Menschen, die vielen verschiedenen Tätigkeiten ohne Arbeitszwang nachgehen – als einen Aspekt des Sozialismus definiert: Marx spricht von einer sozialistischen Gesellschaft, wo »jeder nicht einen ausschließlichen Kreis der Tätigkeit hat, sondern sich in jedem beliebigen Zweige ausbilden kann, die Gesellschaft die allgemeine Produktion regelt und mir eben dadurch möglich macht, heute dies, morgen jenes zu tun, morgens zu jagen, nachmittags zu fischen, abends Viehzucht zu treiben, nach dem Essen zu kritisieren, wie ich gerade Lust habe, ohne je Jäger, Fischer, Hirt oder Kritiker zu werden« (Marx und Engels 1845/46, 33).

Es gibt in diesem Abschnitt keinen Hinweis auf die Rolle der Technologie im Sozialismus. Marx geht davon aus, dass der Antagonismus der Produktionsverhältnisse und der Produktivkräfte die Grundlagen des Sozialismus schafft, aber er impliziert lediglich, dass der Sozialismus ein hohes Produktivitätsniveau und damit einen hochentwickelten Status der Maschinen als seine Voraussetzung benötige, um die Abschaffung der Lohnarbeit und der Arbeitsteilung in einer Nachknappheitsgesellschaft zu ermöglichen. Marx sagt über Technik im Sozialismus in der *Deutschen Ideologie*, dass die »Entwicklung der Produktivkräfte [...] eine absolut notwendige praktische Voraussetzung« (Marx und Engels 1845/46, 34) des Sozialismus ist und dass dieser »die universelle Entwicklung der Produktivkraft voraussetzt« (ibid., 35). Hochproduktive Maschinen, die die notwendige Arbeitszeit auf ein Minimum reduzieren, werden aber nicht erwähnt.

Im *Manifest der Kommunistischen Partei* schreiben Marx und Engels, dass der Sozialismus eine Gesellschaft ist, die den Kapitalismus transzendiert. Er ist ausgezeichnet durch »die Abschaffung des bürgerlichen Eigentums« (Marx und Engels 1848, 475). Auf die Rolle der Technik im Sozialismus weisen Marx und Engels andeutungsweise hin, wenn sie meinen, man müsse in einer solchen Gesellschaft »die Masse der Produktivkräfte möglichst rasch [...] vermehren« (ibid., 481). Das Kon-

zept der notwendigen Arbeitszeit und ihrer technologischen Reduzierung existiert im *Manifest* noch nicht. Aber es ist klar, dass die Einführung von einer »Assoziation, worin die freie Entwicklung eines jeden die Bedingung für die freie Entwicklung aller ist« (ibid., 482), hochproduktive Technologien erfordert, die die notwendige Arbeitszeit auf ein Minimum reduzieren und eine Nachknappheitsgesellschaft ermöglichen.

Ende der 1840er Jahre hatten Marx und Engels also eine dialektische Analyse der Technologie etabliert, die den antagonistischen und klassenmäßigen Charakter des Einsatzes von Maschinen im Kapitalismus betonte. Sie identifizierten kapitalistische Technologie als ein Mittel zur Produktivitätssteigerung und zur Kontrolle, Rationalisierung, Globalisierung und Ausbeutung, das in den Antagonismus zwischen Produktivkräften und Produktionsverhältnissen eingebettet ist. In den 1840er Jahren machte Marx deutlich, dass der Sozialismus die Abschaffung des Privateigentums und der Arbeitsteilung erfordert, aber er stellte kein klares Verständnis der Rolle der Technologie als eine der Grundlagen des Kommunismus auf. Eine solch detaillierte Analyse erarbeitete Marx erst in den *Grundrissen* in den späten 1850er Jahren.

3.4. Die 1850er Jahre: Die Entdeckung des Mehrwertes in den *Grundrissen*

1859 veröffentlichte Marx *Zur Kritik der politischen Ökonomie*. Zu diesem Zeitpunkt hatte er bereits die Kategorie des Mehrwerts »entdeckt«, als er 1857/58 die *Grundrisse*, den ersten Entwurf von *Das Kapital*, verfasst hatte. Die *Kritik der politischen Ökonomie* konzentriert sich auf die Analyse der Ware und des Geldes, nicht aber auf Kapital, Mehrwert und Profit. Daher fehlt hier auch die Analyse der Technologie im Kapitalismus als Mittel der relativen Mehrwertproduktion und des fixen konstanten Kapitals. Das Werk trägt nicht zur Analyse der Technologie im Kapitalismus bei. Es handelt sich um einen groben Entwurf spezifischer Aspekte des *Kapitals*, von dem vor allem das Vorwort bekannt ist, in dem Marx die Dialektik der Produktivkräfte und Produktionsverhältnisse zusammenfasst. Die dabei verwendete Sprache operiert auf der Ebene des kapitalistischen Systems und vernachlässigt sowohl das Thema der Arbeit als auch den Klassenkampf. Daher kann der Eindruck entstehen, dass das Kapital ein sich automatisch entwickelndes und zusammenbrechendes Subjekt ist. Da Marx in der *Kritik der politischen Ökonomie* den Mehrwert außer Acht lässt, löst er nicht das Rätsel der kapitalistischen Produktion, nämlich dass die Arbeit der Arbeiterklasse einen Mehrwert produziert, der in monetären Profit umgewandelt wird, den sich die Kapitalistenklasse aneignet.

In den *Grundrissen* führte Marx den Begriff des Mehrwerts und damit die Begriffe der notwendigen Arbeitszeit und der Mehrarbeitszeit ein: »Die Vermehrung der Produktivkraft der lebendigen Arbeit vermehrt den *Wert* des Kapitals (oder vermindert den Wert des Arbeiters) nicht dadurch, dass sie das Quantum der mit derselben Arbeit geschaffnen Produkte oder

Gebrauchswerte vermehrt – Produktivkraft der Arbeit ist ihre Naturkraft –, sondern weil sie die *notwendige* Arbeit vermindert, also in demselben Verhältnis, worin sie diese vermindert, *Surplusarbeit* oder, was dasselbe ist, Surpluswert schafft; weil der Mehrwert des Kapitals, den es durch den Produktionsprozess erlangt, überhaupt nur in dem Überschuss der Surplusarbeit über die *notwendige Arbeit* besteht. Die Vermehrung der Produktivkraft kann die Surplusarbeit nur vermehren – d. h. den Überschuss der im Kapital als Produkt vergegenständlichten Arbeit über die in dem Tauschwert des Arbeitstags vergegenständlichte Arbeit, soweit sie das Verhältnis der *notwendigen Arbeit* zur *Surplusarbeit* vermindert, und nur in dem Verhältnis, worin sie dies Verhältnis vermindert« (Marx 1857/58, 257).

Marx beschreibt hier eine enge Beziehung von Mehrwert und Technologie im Kapitalismus. Das Kapital strebt danach, die unbezahlte Arbeitszeit zu erhöhen, um den Profit zu maximieren. Ein wichtiges Mittel dazu ist die Steigerung der Produktivität durch den Einsatz arbeitssparender Technologien. Als Folge davon steigt der Anteil der unbezahlten Arbeitszeit (notwendige Arbeit) und sinkt der Anteil der bezahlten Arbeitszeit (Mehrarbeit). Die Einführung der Kategorie des Mehrwerts macht die Unterscheidung zwischen notwendiger und überschüssiger Arbeitszeit notwendig.

In den *Grundrissen* führt Marx auch die Unterscheidung zwischen konstantem und variablem Kapital ein. Er spricht von der »Teilung des Kapitals in einen konstanten – vor der Arbeit antidiluvianisch existierenden Teil, Rohstoff und Arbeitsinstrumente – und einen variablen Teil, nämlich die gegen lebendiges Arbeitsvermögen austauschbaren Lebensmittel« (Marx 1857/58, 367–368). Der Wert des konstanten Kapitals steigt nicht, er ist ein »invariabler Wert« (ibid., 302), der im kapitalistischen Produktionsprozess verbraucht und auf die Ware übertragen wird. Menschliche Arbeitskraft dagegen wird im Produktionsprozess als Ware eingesetzt, die neuartige Güter, neue Waren und damit neuen Wert schafft. Sie hat daher dynamischen, variablen Charakter.

Darüber hinaus formulierte Marx in den *Grundrissen* die Unterscheidung zwischen fixem und zirkulierendem Kapital. Maschinen sind fixes Kapital, weil sie für längere Zeit im Produktionsprozess angelegt sind. Sie werden nicht in der Produktion einer Ware verbraucht, sondern dienen über einen längeren Zeitraum hinweg immer wieder als Mittel zur Herstellung vieler Waren. »Da das *Capital fixe* also, sobald es in den Produktionsprozess eingetreten ist, in ihm bleibt, vergeht es auch in ihm, wird in ihm aufgezehrt« (Marx 1857/58, 581). »Das capital fixe, je mehr sein stoffliches Dasein seinem Begriff entspricht, je mehr seine stoffliche Existenzweise adäquat ist, umfaßt für seine Umschlagszeit einen Zyklus von Jahren« (ibid., 624).

In den *Grundrissen* stellt Marx die beiden grundlegenden Methoden vor, mit denen das Kapital mehr Mehrwert produziert:

a) die absolute Verlängerung des Arbeitstages, so dass absolut mehr unbezahlte Arbeitszeit geleistet wird;
b) die organisatorische Veränderung des Produktionsprozesses, so dass sich während desselben Zeitraums das Verhältnis zwischen bezahlter und unbezahlter Arbeitszeit so verschiebt, dass die notwendige Arbeitszeit ab- und die Mehrarbeitszeit zunimmt.

Die erste Methode nennt Marx absolute Mehrwertproduktion, die zweite relative Mehrwertproduktion: »Den absoluten Mehrwert betrachtet, so erscheint er bestimmt durch die absolute Verlängerung des Arbeitstags über die notwendige Arbeitszeit hinaus. […] In der zweiten Form des Mehrwerts aber, als relativer Mehrwert, die als Entwicklung der Produktivkraft der Arbeiter *in bezug auf den Arbeitstag als Verminderung der notwendigen Arbeitszeit* und in bezug auf die Population als *Verminderung der notwendigen Arbeitsbevölkerung* erscheint (dies ist die gegensätzliche Form), in dieser Form erscheint unmittelbar der industrielle und unterscheidend historische Charakter der auf das Kapital gegründeten Produktionsweise« (Marx 1857/58, 661).

Während die absolute Mehrwertproduktion mit der ursprünglichen Akkumulation, der formalen Schaffung von Lohn-

arbeit als Rechtsverhältnis und der Schaffung neuer Bereiche der Lohnarbeit zu tun hat, impliziert die relative Mehrwertproduktion die Transformation des Produktionsprozesses durch neue Technologie- und Organisationsformen. So stellt Marx in den *Grundrissen* erstmals einen klaren Zusammenhang zwischen dem kapitalistischen Technologie-Einsatz und der Kategorie der relativen Mehrwertproduktion her.

In den *Grundrissen* argumentiert Marx wie auch in früheren Arbeiten, dass die kapitalistische Technologie den Arbeiter entfremde. So schreibt er, ein »*automatisches System der Maschinerie*« und die kapitalistische Anwendung Wissenschaft wirken »durch die Maschine als fremde Macht auf ihn [den Arbeiter], als Macht der Maschine selbst« (Marx 1857/58, 592–593). Mit dem neuartigen theoretischen Begriff des *general intellect* nahm er die Entstehung einer Informationsökonomie vorweg: »Die Entwicklung des capital fixe zeigt an, bis zu welchem Grade das allgemeine gesellschaftliche Wissen, knowledge, zur *unmittelbaren Produktivkraft* geworden ist und daher die Bedingungen des gesellschaftlichen Lebensprozesses selbst unter die Kontrolle des general intellect gekommen und ihm gemäß umgeschaffen sind« (ibid., 602).

Das grundlegende Argument ist, dass der Kapitalismus die Entwicklung neuer Technologien zur Steigerung der Produktivität erfordert. Damit führt er ein zunehmendes Maß an wissenschaftlicher und wissensbasierter Arbeit in den Produktionsprozess ein, so dass zu einem bestimmten Zeitpunkt die zunehmende Quantität von Wissenschaft, Wissen und Technologie in der Produktion in eine neue Qualität übergeht – Wissen wird zu einer »unmittelbaren Produktivkraft«, die Wissensökonomie entsteht.

Nirgendwo sonst bringt Marx so deutlich zum Ausdruck, dass der Sozialismus hochproduktive Technologien benötigt, um die Lohnarbeit abzuschaffen und eine Gesellschaft zu ermöglichen, die auf freien Aktivitäten jenseits von Zwang und Notwendigkeit aufgebaut ist. So argumentiert er etwa: »Die wirkliche Ökonomie – Ersparung – besteht in Ersparung von Arbeitszeit; (Minimum (und Reduktion zum Minimum) der Produktionskosten); diese Ersparung aber identisch mit Entwicklung der Produktivkraft. [...] Die Ersparung von Arbeitszeit gleich Vermehren der freien Zeit, d. h. Zeit für die volle Entwicklung des Individuums, die selbst wieder als die größte Produktivkraft zurückwirkt auf die Produktivkraft der Arbeit« (Marx 1857/58, 607).

Ende der 1850er Jahre hatte Marx die Grundlagen einer kritischen Theorie der Technologie entwickelt, die Aspekte der entfremdeten Technologie und der Auswirkungen des kapitalistischen Technologiegebrauchs auf die Gesellschaft, des Antagonismus der Produktivkräfte und der Produktionsverhältnisse, von Technologie und Globalisierung, von Technologie und Rationalisierung, der modernen Technologie als fixes, konstantes Kapital und als Methode der relativen Mehrwertproduktion, des Begriffs des *general intellect* und die Analyse der Technologie im Sozialismus umfasste. Die *Grundrisse* sind ein unsystematisches Werk, das in Form von Notizbüchern niedergeschrieben wurde. Die Aufgabe, die einer kritischen Theorie der Technik blieb, bestand also darin, den Inhalt der *Grundrisse* systematischer zu gestalten und mit historischen Beispielen zu begründen. Obwohl diese Grundlagen geschaffen waren, blieb Marx' wichtigstes veröffentlichtes ökonomisches Werk aus den 1850er Jahren, *Zur Kritik der politischen Ökonomie*, hinsichtlich der Auseinandersetzung mit Technologie weit hinter den *Grundrissen* zurück, weil es sich auf die Konzepte der Ware und des Geldes konzentrierte und keine vollständige kritische Theorie des Kapitals etablierte.

3.5. Die 1860er Jahre: Von Entwürfen zu *Das Kapital Band 1*

In den Jahren 1861–1863 arbeitete Marx an einem weiteren Entwurf von *Das Kapital*. Daraus entstanden die Manuskripte *Theorien über den Mehrwert* (Bände 26.1, 26.2 und 26.3 der MEW) und das *Ökonomische Manuskript 1861–1863* (Bände 43 und 44 der MEW). Die *Theorien über den Mehrwert* werden manchmal auch als der vierte Band des *Kapitals* angesehen, in dem Marx seine kritische Bewertung der klassischen politischen Ökonomie ausarbeitete.

In einem Brief an Ferdinand Lassalle vom 22. Februar 1858 stellte Marx den Sechs-Bücher-Plan des *Kapitals* vor: »Das Ganze ist eingeteilt in 6 Bücher. 1. Vom Kapital (enthält einige Vorchapters). 2. Vom Grundeigentum. 3. Von der Lohnarbeit. 4. Vom Staat. 5. Internationaler Handel. 6. Weltmarkt« (Marx 1858, 551). Als er die *Grundrisse* schrieb, hatte Marx also diese Struktur für das Gesamtwerk vor Augen. Mitte der 1860er Jahre hatte sich der Plan geändert: Marx erwähnte eine vierbändige Version des *Kapitals* erstmals in einem Brief an Engels vom 31. Juli 1865 (Marx 1865a, 132). In einem Brief an Ludwig Kugelmann (ein deutscher Sozialdemokrat, der mit Marx und Engels befreundet und Mitglied der Internationalen Arbeiterassoziation war) vom 13. Oktober 1866 legte Marx (1866, 534) den Vier-Bücher-Plan des *Kapitals* vollständig dar, wobei Band 1 sich auf die Produktion des Kapitals konzentrierte, Band 2 auf die Zirkulation des Kapitals, Band 3 auf die Struktur des Kapitals insgesamt und Band 4 sich mit der »Geschichte der Theorie« auseinandersetzte. Die Einteilung in die drei Bände des *Kapitals* und die *Theorien über den Mehrwert* folgt dieser Struktur, obwohl natürlich umstritten ist, was in die Bände 2 und 3 und in die *Theorien über den Mehrwert* aufgenommen werden sollte und was nicht, da Marx bei der Zusammenstellung dieser Bücher bereits gestorben war und die Zusammenstellung und Herausgabe Engels vorbehalten war.

Im *Ökonomischen Manuskript 1861–1863* stellt Marx die Konzepte der formellen und reellen Subsumtion des Kapitals unter die Arbeit vor: »In der Tat findet sich historisch, dass das Kapital im Beginn seiner Bildung nicht nur den Arbeitsprozess überhaupt unter seine Kontrolle nimmt (unter sich subsumiert), sondern die besondren wirklichen Arbeitsprozesse, wie es sie technologisch fertig vorfindet und wie sie sich auf Grundlage nichtkapitalistischer Produktionsverhältnisse entwickelt haben. Den wirklichen Produktionsprozeß – die bestimmte Produktionsweise, findet es vor und subsumiert sie im Anfang nur *formell* unter sich, ohne etwas an ihrer technologischen Bestimmtheit zu ändern. Erst im Lauf seiner Entwicklung subsumiert das Kapital den Arbeitsprozeß nicht nur formell unter sich, sondern wandelt ihn um, gestaltet die Produktionsweise selbst neu und schafft sich so erst die ihm eigentümliche Produktionsweise. […] Dies *formelle* Subsumieren des Arbeitsprozesses unter sich, das Nehmen desselben unter seine Kontrolle, besteht darin, daß der Arbeiter als Arbeiter unter die Aufsicht und daher das Kommando des Kapitals oder des Kapitalisten gerät. Es wird Kommando über Arbeit, nicht in dem Sinne, worin A. Smith sagt, dass Reichtum überhaupt Kommando über Arbeit ist, sondern in dem Sinn, dass der Arbeiter als Arbeiter unter das Kommando des Kapitalisten tritt« (87).

Formelle Subsumtion bedeutet, dass aus bestimmten Arbeitsformen Lohnarbeitsverhältnisse werden, ohne die Produktionsweise zu verändern. Reelle Subsumtion hingegen meint

eine qualitative Veränderung der Produktionsweise, so dass radikalere organisatorische und technologische Veränderungen stattfinden. Marx erachtet formelle und reelle Subsumtion als »getrennte Formen der kapitalistischen Produktion« (Marx 1864b, 51). Sie entsprechen den Formen der kapitalistischen Produktion, die auf absoluter und relativer Mehrwertproduktion beruhen: »Die auf dem absoluten Surpluswert beruhende Form nenne ich *Formelle Subsumtion der Arbeit unter das Kapital*, weil sie sich nur *formell* von den frühern Produktionsweisen unterscheidet. […] Wie die Produktion des absoluten Mehrwerts als materieller Ausdruck der formellen Subsumtion der Arbeit unter das Kapital, so kann die Produktion des relativen Mehrwerts als die der reellen Subsumtion der Arbeit unter das Kapital betrachtet werden« (ibid.).

In der reellen Subsumtion verändern Wissenschaft und Technik den Produktionsprozess qualitativ: »Mit der realen Subsumtion der Arbeit unter das Kapital findet eine völlige (und sich beständig fortsetzende und wiederholende) Revolution in der Produktionsweise selbst statt, in der Produktivität der Arbeit und im Verhältnis von Kapitalist und Arbeiter. Bei der reellen Subsumtion der Arbeit unter das Kapital treten alle früher von uns entwickelten changes im Arbeitsprozess selbst ein. Es werden die *sozialen Produktivkräfte der Arbeit* entwickelt und es wird mit der Arbeit auf großer Stufenleiter die Anwendung von Wissenschaft und Maschinerie auf die unmittelbare Produktion. Einerseits schafft die *kapitalistische Produktionsweise*, die sich jetzt als eine Produktionsweise sui generis gestaltet, eine veränderte Gestalt der materiellen Produktion. Andrerseits bildet diese Veränderung der materiellen Gestalt die Basis für die Entwicklung des Kapitalverhältnisses, dessen adäquate Gestalt daher einem bestimmten Entwicklungsgrad der Produktivkräfte der Arbeit entspricht« (ibid., 61).

Im *Ökonomischen Manuskript* nimmt Marx das Thema der relativen Mehrwertproduktion wieder auf: »In diesem Falle also, wo der Mehrwert durch eine Verlängerung des Gesamtarbeitstags nicht weiter gesteigert werden kann, wie kann er überhaupt noch gesteigert werden? Durch *Verkürzung* der *notwendigen Arbeitszeit*« (Marx 1861–63, 227). Marx unterscheidet drei Methoden der relativen Mehrwertproduktion: Kooperation, Teilung der Arbeit und Maschinerie (ibid., 227–353). Deren Präsentation ist in drei Abschnitte gegliedert, die jeweils eine Methode vorstellen.

Kooperation hat für Marx eine allgemeine und eine spezifische Bedeutung. Im Allgemeinen bezieht sie sich auf »das *Zusammenwirken* vieler Arbeiter« (Marx 1861–63, 247). In spezifischer Hinsicht ist Kooperation »das Dasein der *Agglomeration*, der *Zusammenhäufung vieler Arbeiter* in *demselben Raum* (auf einem Platz)« (ibid.). Ein Beispiel dafür ist, dass Arbeiterinnen und Arbeiter, die Spielzeug individuell von zu Hause aus zusammenbauen, in einer Spielzeugfabrik zusammengefasst werden, damit ein Vorarbeiter sie überwacht und den Arbeitsprozess beschleunigt. Marx spricht hier auch von »einfache[r]

Kooperation« (ibid., 250, 251, 313, 316, 317, 335). Der zweite Typ ist die Arbeitsteilung innerhalb einer Werkstatt – die Manufaktur als »spezifisch der Teilung der Arbeit entsprechende Produktionsweise« (ibid., 291). In der Spielzeugmontage bedeutet dies, dass z. B. der erste Arbeiter den Schwanz eines Spielzeughundes an den Körper des Hundes montiert, der zweite den Kopf, der dritte das linke Ohr, der vierte das rechte Ohr, der fünfte die Schnauze usw. Die dritte Art der relativen Mehrwertproduktion ist der Einsatz von Maschinen. »Der Zweck der Maschinerie, ganz allgemein gesprochen, ist, den Wert der Ware, ergo ihren Preis, zu vermindern, sie zu verwohlfeilern, d. h., die zur Produktion einer Ware notwendige Arbeitszeit zu verkürzen, keineswegs aber, die Arbeitszeit zu verkürzen, während welcher der Arbeiter mit der Produktion dieser wohlfeilen Ware beschäftigt ist« (ibid., 314).

Die drei Abschnitte im *Ökonomischen Manuskript*, die von Kooperation, Arbeitsteilung und Maschinerie handeln, bilden Entwürfe für den vierten Teil von *Das Kapital Band 1*, der den Titel »Die Produktion des relativen Mehrwerts« hat und aus drei Kapiteln besteht. Jedes dieser Kapitel beschäftigt sich mit je einer Methode der relativen Mehrwertproduktion, so wie Marx dies im *Ökonomischen Manuskript* plante: Kapitel 11: Kooperation, Kapitel 12: Teilung der Arbeit und Manufaktur, Kapitel 13: Maschinerie und große Industrie.

In den Teilen der Werke aus den Jahren 1861–63, die als *Theorien über den Mehrwert* (Marx 1862/63) veröffentlicht wurden, beschäftigt Marx sich ausführlich mit der klassischen politischen Ökonomie in den Werken von James Denham-Steuart, Adam Smith, Jean Charles Léonard de Sismondi, Germain Garnier, Charles Ganilh, David Ricardo, James Frederick Ferrier, James Maitland (Eighth Earl of Lauderdale), Jean-Baptiste Say,

Antoine-Louis-Claude Destutt de Tracy, Heinrich Friedrich von Storch, Nassau William Senior, Pellegrino Rossi, Thomas Chalmers, Jacques Necker, François Quesnay, Simon-Nicolas Henri Linguet, Thomas Hobbes, William Petty, Dudley North, John Locke, David Hume, Joseph Massie, Louis-Gabriel Du Buat-Nançay, John Gray, Johann Karl Rodbertus, John Barton, Nathaniel Forster, Thomas Hopkins, Henry Charles Carey, Thomas Robert Malthus, James Deacon Hume, Thomas Hodgskin, James Anderson, Robert Torrens, James Mill, Samuel Bailey, John Ramsay McCulloch, Edward Gibbon Wakefield, Patrick James Stirling, John Stuart Mill, Piercy Ravenstone, John Francis Bray, George Ramsay, Antoine-Eliseé Cherbuliez, Richard Jones, Pierre-Joseph Proudhon oder Martin Luther. Maschinen spielen mitunter eine Rolle in der Diskussion bestimmter Theorien, aber es gibt kein Kapitel in den *Theorien über den Mehrwert*, das vollständig den Maschinen gewidmet ist. Marx bezieht sich in *Das Kapital* immer wieder auf einzelne Elemente aus der klassischen politischen Ökonomie. Die *Theorien über den Mehrwert* zeigen, wie sich Marx durch die klassische politische Ökonomie arbeitete, um eine Kritik daran zu entwickeln, die zum *Kapital* führte.

Die *Resultate des unmittelbaren Produktionsprozesses* (Marx 1864b) sind ein Text von über 100 Druckseiten, den Marx der Wissenschaft zufolge 1864 schrieb (Antonowa 1982). Marx greift hier erneut die Frage der formellen und reellen Subsumtion von Arbeit unter das Kapital auf und weist auf die Bedeutung der Maschinerie als Methode der relativen Mehrwertproduktion bei der reellen Subsumtion von Arbeit unter das Kapital hin: »Das allgemein Charakteristische der *formellen Subsumtion* bleibt, ist die direkte *Unterordnung des Arbeitsprozesses*, in welcher Weise technologisch immer betrieben, *unter das Kapital*.

Aber auf dieser Basis erhebt sich eine technologisch und sonstig *spezifische*, die *reale Natur des Arbeitsprozesses* und *seine realen Bedingungen umwandelnde Produktionsweise – kapitalistische Produktionsweise*. Erst sobald diese eintritt, findet statt *reale Subsumtion der Arbeit unter das Kapital*. […] Die reale Subsumtion der Arbeit unter das Kapital wird entwickelt in allen den Formen, die den relativen Mehrwert im Unterschied vom absoluten entwickeln. Mit der realen Subsumtion der Arbeit unter das Kapital findet eine völlige (und sich beständig fortsetzende und wiederholende) Revolution in der Produktionsweise selbst statt, in der Produktivität der Arbeit und im Verhältnis von Kapitalist und Arbeiter« (Marx 1864b, 60–61).

Michael Hardt und Antonio Negri haben die Konzepte der formellen und reellen Subsumtion der Arbeit unter das Kapital zum Konzept der formellen und reellen Subsumtion der Gesellschaft unter das Kapital weiterentwickelt (Negri 1991, 131, 142; Hardt und Negri 2010, 156; Hardt und Negri 2018, 228–232). Formelle Subsumtion bedeutet, dass nichtkapitalistische Beziehungen und nichtkapitalistische Sphäre innerhalb des Kapitalismus eine formelle Rolle spielen. So ist z. B. Hausarbeit nicht als Lohnarbeit organisiert, sondern reproduziert Arbeitskraft und ist damit produktive, wertschöpfende Arbeit, die den Wert der Ware Arbeitskraft (re-)produziert. In der reellen Subsumtion der Gesellschaft unter die Arbeit werden die ehemals nichtkapitalistischen Beziehungen direkt zur Ware. Beispiele dafür sind die Kommodifizierung von Land, Kultur, Natur, der Gemeinschaft, der sozialen Beziehungen, der Kommunikation oder der digitalen Gemeingüter.

David Harvey verwendet den Begriff der »Akkumulation durch Enteignung« für jenes Phänomen, das Hardt und Negri als die reelle Subsumtion der Gesellschaft unter das Kapital bezeichnen. Akkumulation durch Enteignung bedeutet die Kommodifizierung von (fast) allem durch Privatisierung, Finanzialisierung, Krisenmanagement und Krisenmanipulation sowie staatliche Umverteilungen (Harvey 2005a, 160–165). Sie ist eine fortgesetzte ursprüngliche Kapitalakkumulation: »Alle Merkmale der ursprünglichen Akkumulation, die Marx erwähnt, sind in der historischen Geographie des Kapitalismus bis heute mächtig präsent geblieben. [...] Die Privatisierung (des sozialen Wohnungsbaus, der Telekommunikation, des Verkehrs, der Wasserversorgung usw. in Großbritannien zum Beispiel) hat in den letzten Jahren weite Felder für überakkumuliertes Kapital geöffnet, auf die es zugreifen kann« (Harvey 2003, 145, 149).

Während Harvey den Begriff der ursprünglichen Akkumulation verwendet, um auf der Grundlage von Rosa Luxemburg den laufenden kapitalistischen Prozess der Akkumulation durch Enteignung zu charakterisieren, erachten Hardt und Negri (2018, Kapitel 11) die ursprüngliche Akkumulation als erste Entwicklungsphase des Kapitalismus (auf die die Phase der großen Industrie und die Phase der gesellschaftlichen Produktion folgten), formelle und reelle Subsumtion als Weiterführung dieser Prozesse: »Marx' Konzept der ›formellen Subsumtion‹ bietet gegenüber der ursprünglichen Akkumulation eine erweiterte Perspektive, insofern es Veränderungen der Produktionsweise in den Fokus rückt und so nicht zuletzt auch geografische und historische Differenzen und Diskontinuitäten aufzuzeigen erlaubt« (Hardt und Negri 2018, 230).

Neben diesen formalen Unterschieden in der Verwendung der Marx'schen Kategorien besteht die eigentliche Gemeinsamkeit von Harvey und Hardt/Negri darin, dass sie analysieren, wie der Kapitalismus versucht, alles zu instrumentalisieren, in Waren zu verwandeln und der Logik des Kapitals zu unterwerfen. »Ursprüngliche Akkumulation sowie formelle und reelle Subsumption sind nützliche Konzepte, um zu beschreiben, wie die gegenwärtige Dominanz von Extraktion in all ihren Facetten – von der Förderung von Erdöl und anderen Bodenschätzen bis zur Erfassung von Wert, den gesellschaftliche Kooperation und heutige Lebensformen hervorbringen – weder einen weiteren Abschnitt einer linear verlaufenden Geschichte noch die zyklische Rückkehr in die Vergangenheit markiert« (ibid., 232).

In der ersten Hälfte der 1860er Jahre schenkte Marx in Bezug auf die Technologie den Methoden der relativen Mehrwert-

produktion, der Wissenschaft in der kapitalistischen Produktion und der Unterscheidung zwischen formeller und reeller Subsumtion der Arbeit unter das Kapital besondere Aufmerksamkeit.

In *Das Kapital Band 1* widmet Marx Marx Teil 3 dem Thema »Die Produktion des absoluten Mehrwerts« (Kapitel 5–9), Teil 4 dem Thema »Die Produktion des absoluten Mehrwerts« (Kapitel 10–13) und Teil 5 dem Thema »Die Produktion des absoluten und relativen Mehrwerts« (Kapitel 14–16). In Kapitel 14 erwähnt Marx (1867, 533) die formelle und reelle Subsumtion als absolute und relative Mehrwertproduktion, aber diese Passage ist viel kürzer als die Darstellung in den *Resultaten des unmittelbaren Produktionsprozesses* und dem *Ökonomischen Manuskript 1861–1863*.

Kapitel 13, »Maschinerie und große Industrie« (Marx 1867, 391–530), des *Kapitals Band 1* ist mit 140 Seiten und zehn Abschnitten nicht nur das längste Kapitel des *Kapitals*, sondern auch Marx' detaillierteste Darstellung der Rolle der Technik im Kapitalismus (siehe Fuchs 2016d, Kapitel 13, für eine ausführliche Diskussion). Marx definiert die kapitalistische Maschinerie als fixes, konstantes Kapital, das ein Mittel der relativen Mehrwertproduktion ist: »Die Maschine produziert relativen Mehrwert, nicht nur, indem sie die Arbeitskraft direkt entwertet und dieselbe indirekt durch Verwohlfeilerung der in ihre Reproduktion eingehenden Waren verwohlfeilert, sondern auch, indem sie bei ihrer ersten sporadischen Einführung die vom Maschinenbesitzer verwandte Arbeit in potenzierte Arbeit verwandelt, den gesellschaftlichen Wert des Maschinenprodukts über seinen individuellen Wert erhöht und den Kapitalisten so befähigt, mit geringrem Wertteil des Tagesprodukts den Tageswert der Arbeitskraft zu ersetzen« (Marx 1867, 428–429).

Marx betont den dialektischen, widersprüchlichen Charakter der modernen Technologie: Sie ist an sich ein Mittel zur Schaffung von freier Zeit und Reichtum für alle, aber unter kapitalistischen Bedingungen ist sie ein Mittel zur Ausbeutung und Kontrolle der Arbeiter, das in den krisenerzeugenden Antagonismus der Produktivkräfte und der Produktionsverhältnisse eingebettet ist. Marx baut seine Analyse der Technologie im Kapitalismus auf Hegels Dialektik von Wesen (Technologie an sich) und Existenz (Technologie im Kapitalismus) auf: »Die von der kapitalistischen Anwendung der Maschinerie untrennbaren Widersprüche und Antagonismen existieren nicht, weil sie nicht aus der Maschinerie selbst erwachsen, sondern aus ihrer kapitalistischen Anwendung! Da also die Maschinerie an sich betrachtet die Arbeitszeit verkürzt, während sie kapitalistisch angewandt den Arbeitstag verlängert, an sich die Arbeit erleichtert, kapitalistisch angewandt ihre Intensität steigert, an sich ein Sieg des Menschen über die Naturkraft ist, kapitalistisch angewandt den Menschen durch die Naturkraft unterjocht, an sich den Reichtum des Produzenten vermehrt, kapitalistisch angewandt ihn verpaupert usw., erklärt der bürgerliche Ökonom einfach, das Ansichbetrachten der Maschinerie beweise haarscharf, daß alle jene handgreiflichen Widersprüche bloßer Schein der gemeinen Wirklichkeit, aber an sich, also auch in der Theorie gar nicht vorhanden sind. Er spart sich so alles weitre Kopfzerbrechen und bürdet seinem Gegner obendrein die Dummheit auf, nicht die kapitalistische Anwendung der Maschinerie zu bekämpfen, sondern die Maschinerie selbst« (ibid., 465).

Marx kommt in dieser Passage indirekt auf die Frage der hochproduktiven Technologie als Grundlage des Sozialismus zurück, aber die Darstellung in den *Grundrissen* ist sicherlich um einiges detaillierter. Marx bemerkt im *Kapital*, dass in einer sozialistischen Gesellschaft »die Maschinerie einen ganz andren Spielraum als in der bürgerlichen Gesellschaft« (Marx 1867, 414, Fußnote 116a) habe, und weist darauf hin, dass man in einer sozialistischen Gesellschaft nicht einfach alte Technologien ohne Veränderungen anwenden könne, sondern dass die Technologie mit der Umwandlung der Gesellschaft neu gestaltet werden müsse.

In Kapitel 13 widmet Marx der Maschinerie im Kontext von Klassenkämpfen besondere Aufmerksamkeit. Elend, Prekarität, Krisen und Arbeitslosigkeit, die durch das Kapital und den kapitalistischen Einsatz von Technologie verursacht werden, führen zu »periodischen Arbeiteraufständen, strikes usw. wider die Autokratie des Kapitals« (Marx 1867, 459). Die Maschinerie ist aber auch »das machtvollste Kriegsmittel zur Niederschlagung« der Streiks, Arbeiteraufstände usw. (ibid., 562). Während der Sozialismus in den *Grundrissen* ein zentraleres Thema ist als in Band 1 des *Kapitals*, liegt der Schwerpunkt in letzterem Werk auf Klassenkämpfen. Klassenkämpfe im Kapitalismus sind Kämpfe um Arbeitszeit und Löhne. Im *Kapital Band 1* widmet beschäftigt Marx sich intensiv mit den Kämpfen um die Verkürzung des Arbeitstages. So berichtet er, dass »die allmählich anschwellende Empörung der Arbeiterklasse den Staat zwang, die Arbeitszeit gewaltsam zu verkürzen und zunächst der eigentlichen Fabrik einen Normalarbeitstag zu diktieren« (ibid., 432). Aber solche Kämpfe seien ambivalent, denn »von diesem Augenblick also, wo gesteigerte Produktion von Mehrwert durch Verlängrung der Arbeitstags ein für allemal abgeschnitten war, warf sich das Kapital mit aller Macht und vollem Bewußtsein auf die Produktion von relativem Mehrwert durch beschleunigte Entwicklung des Maschinensystems« (ibid.).

Kapitel 13 hat nicht nur theoretischen, sondern auch empirischen Charakter. Marx benutzt Berichte von Fabrikinspektoren, um die Situation der Arbeit unter den Bedingungen der großen kapitalistischen Industrie zu dokumentieren und zu analysieren. Er beschreibt etwa die Auswirkungen der Einführung von Nähmaschinen: »Die neuen Arbeiterinnen der Nähmaschine, welche von ihnen mit Hand und Fuß oder mit der Hand allein, sitzend und stehend, je nach Schwere, Größe und Spezialität der Maschine, bewegt wird, verausgaben große Arbeitskraft. Ihre Beschäftigung wird gesundheitswidrig durch die Dauer des Prozesses, obgleich er meist kürzer [ist] als im alten System. Überall, wo die Nähmaschine, wie beim Schuh-, Korsett-, Hutmachen usw., ohnehin enge und überfüllte Werkstätten heimsucht, vermehrt sie die gesundheitswidrigen Einflüsse« (ibid., 496).

Ersetzt man in solchen Passagen das Wort »Nähmaschine« durch »Zusammenbau von Computerkomponenten in China«, dann erhält man eine Beschreibung davon, wie die Arbeitsbedingungen in den heutigen Foxconn-Fabriken aussehen (Qiu 2016). Im Zeitalter des digitalen Kapitalismus stehen die Arbeiterinnen und Arbeiter immer noch vor den Problemen langer Arbeitszeiten, prekärer Arbeit, von Überwachung, Kontrolle und hoher Ausbeutung.

3.6. Schlussfolgerungen

Dieses Kapitel zeichnete die Entwicklung des Marx'schen Technologiekonzepts in den 1840er, 1850er und 1860er Jahren nach. Es las Marx neu, indem es die Genealogie eines seiner Konzepte aufzeigte. Marx' nachhaltigste Analyse der Technologie findet sich im Kapitel 13 von *Das Kapital Band 1* und im »Maschinenfragment« der *Grundrisse*. Wir haben jedoch gesehen, dass die Technologie seit den 1840er Jahren ein wichtiges Konzept für Marx war, das er auch in Werken wie den *Ökonomisch-philosophischen Manuskripten*, der *Deutschen Ideologie*,

dem *Elend der Philosophie*, dem *Manifest der Kommunistischen Partei*, *Lohnarbeit und Kapital*, dem *Ökonomisches Manuskript 1861–1863* und den *Resultaten des unmittelbaren Produktionsprozesses* behandelte. Engels' frühe Werke wie *Die Lage der arbeitenden Klasse in England* beeinflussten sicherlich Marx' Gedanken über die Rolle der Technik im Kapitalismus.

Zusammengenommen können wir die folgenden Elemente einer kritischen Technologietheorie bei Marx identifizieren:

- *Entmenschlichung:*
  Der Kapitalismus entmenschlicht Individuen, indem er sie wie tote Dinge, Ressourcen und Maschinen behandelt.
- *Entfremdung:*
  Der kapitalistische Gebrauch von Maschinen ist in die Entfremdung der Arbeiter/innen eingebettet, so dass diese zu Anhängseln der Maschine werden. Die kapitalistische Technologie hat einen klassenmäßigen und entfremdeten Charakter.
- *Fixes konstantes Kapital:*
  Im Kapitalismus ist Technologie fixes, konstantes Kapital und ein Mittel der relativen Mehrwertproduktion und -kontrolle.

- *Relative Mehrwertproduktion:*
  Kooperation, Arbeitsteilung und Maschinen sind drei zentrale Methoden der relativen Mehrwertproduktion.
- *Die reelle Subsumtion der Arbeit unter das Kapital:*
  Die Unterscheidung zwischen der formellen und reellen Subsumtion der Arbeit unter das Kapital definiert zwei Formen kapitalistischer Produktion. In Letzterer spielt die Technologie als Mittel der relativen Mehrwertproduktion, die den Produktionsprozess qualitativ verändert, eine entscheidende Rolle.
- *Der Antagonismus der Produktivkräfte und der Produktionsverhältnisse:*
  Die kapitalistische Nutzung der Technologie ist eingebettet in den Widerspruch zwischen den Produktivkräften und den Produktionsverhältnissen, der eine der Quellen der kapitalistischen Krisen ist und diese fördert. Die moderne Technologie produziert einen Antagonismus zwischen notwendiger Arbeitszeit und Mehrarbeitszeit, der eine der Grundlagen des Sozialismus und einer allseitigen Individualität schafft, aber innerhalb der kapitalistischen Klassenverhältnisse eine Quelle von Krisen, prekärer Arbeit, Arbeitslosigkeit, Überlastung und ungleicher Verteilung der Arbeitszeit ist.
- *Der* general intellect:
  Die Entwicklung der modernen Technologie im Kontext des kapitalistischen Bestrebens, die Produktivität zu steigern, resultiert zu einem bestimmten Zeitpunkt in der Entstehung einer Informationswirtschaft, in der der *general intellect* – Wissenschaft und Wissen in der Produktion – zu einer unmittelbaren Produktivkraft geworden ist.

- *Die Arbeitsteilung:*
  Die kapitalistische Technologie ist eingebettet in die klassenförmige Arbeitsteilung. Dazu gehören die internationale Arbeitsteilung, die geschlechtsspezifische Arbeitsteilung, die Arbeitsteilung zwischen Stadt und Land, die Arbeitsteilung innerhalb einer Produktionseinheit, die Arbeitsteilung zwischen Arbeit und Management oder die Arbeitsteilung zwischen geistiger und manueller Arbeit.
- *Gesellschaftsprobleme:*
  Die kapitalistische Nutzung von Maschinen trägt zu sozialen Problemen wie Überlastung, Arbeitslosigkeit, Stress, Arbeitsunfällen, prekären Arbeitsverhältnissen oder Arbeitsüberwachung bei.
- *Technologie und Klassenkämpfe:*
  Technologie ist in Klassenkämpfe eingebettet. Sie ist nicht die Ursache, sondern Mittel und Ergebnis des sozialen und gesellschaftlichen Wandels. Die Anwendung moderner Technologie ist umstritten, und ihre Auswirkungen sind dem Ergebnis von Klassenkämpfen unterworfen.
- *Widersprüche der Technik, die Dialektik von Technik und Gesellschaft:*
  Technologie hat im Kapitalismus widersprüchliche Auswirkungen auf Wirtschaft und Gesellschaft.
- *Technologie und Sozialismus:*
  Der Sozialismus benötigt hochproduktive Technologien, um die Lohnarbeit abzuschaffen und eine Nachknappheitsgesellschaft zu erzeugen, die auf frei bestimmten Aktivitäten jenseits von Zwang und Notwendigkeit aufgebaut ist.

Es ist eine der Schlüsselerkenntnisse in der Techniktheorie von Marx, dass die Technologie im Kapitalismus widersprüchlich ist und in die Dialektik der Gesellschaft und in die gesellschaft-

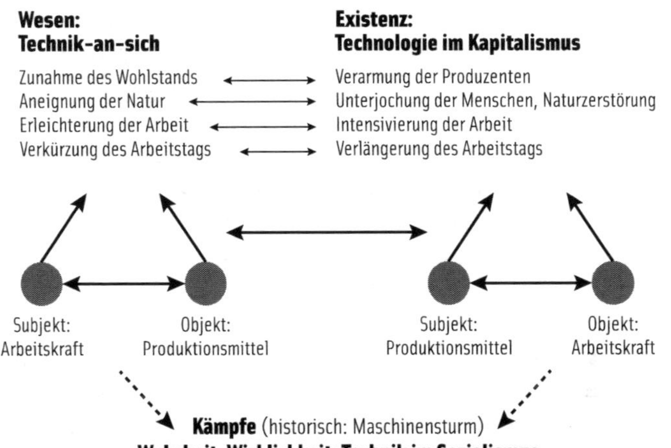

Abbildung 3.1: Der widersprüchliche Charakter der Technik

lichen Kämpfe eingebettet ist. Die Auswirkungen der Technologie auf die Gesellschaft sind nicht vorherbestimmt, sondern hängen von den Ergebnissen der Klassenkämpfe ab. Abbildung 3.1 veranschaulicht diesen dialektischen Charakter der Technologie.

Marx unterschied zwischen der Technologie als Produktions- (siehe dieses Kapitel) und als Kommunikationsmittel (siehe nächstes Kapitel). Heute hat sich diese Unterscheidung verwischt. Der vernetzte Computer ist eine Konvergenztechnologie, die sowohl ein Kommunikations- als auch ein Produktionsmittel ist; er ermöglicht die Produktion, die Verteilung und den Konsum von Informationen mit ein und derselben Technologie. Der Computer ist eine universelle Maschine. Er ist nicht nur ein Kommunikationsmedium, sondern auch ein Instrument für die Herstellung digitaler Güter, von Informationen, von Kommunikation und sozialen Beziehungen.

Die zeitgenössische Soziologie der digitalen Technologien wird seit dem Aufstieg des Computers von einer Kluft zwischen Technologie-Optimisten und Technologie-Pessimisten, Technologie-Deterministen und Sozialkonstruktivisten, Theorien des technologischen Strukturalismus und des technologischen Handelns beherrscht. All diese Epistemologien, Ontologien und Axiologien der Technologien sind eindimensional und fehlerhaft. Ihnen fehlt ein marxistisches Verständnis des

widersprüchlichen Charakters der zeitgenössischen Technologien, der Dialektik von Technologie und Gesellschaft und der Einbettung der Technologie in Klassenkämpfe und andere gesellschaftliche Kämpfe.

Digitale Maschinen sind innerhalb des digitalen Kapitalismus zu neuen Technologiefetischen geworden, die sich als Ideologien des Internets und Ideologien im Internet beobachten lassen. Ideologien des Internets über- oder unterschätzen die Rolle der digitalen Medien in der Gesellschaft, indem sie sie entweder als bestimmend für die Gesellschaft und Ursache für alles Gute oder Schlechte oder als Kommunikationsfaktor betrachten, der Teil des Überbaus, sekundär und gesellschaftlich unwesentlich ist. Mit Ideologien im Internet sind Online-Äußerungen ideologischen Inhalts (wie Nationalismus, Rassismus, Faschismus, technologischer Determinismus, instrumentelle Vernunft, Neoliberalismus usw.) gemeint, die darauf abzielen, Darstellungen der Realität zu manipulieren, zu verzerren und zu verbergen, so dass sie nicht der tatsächlichen Realität entsprechen und Ausbeutung und Herrschaft legitimieren. Die Verbreitung von Falschnachrichten (»Fake News«), die faktenorientierte und kritische Berichterstattung denunzieren und delegitimieren, ist ein Beispiel dafür.

Im Zeitalter des digitalen Kapitalismus können wir von Marx' kritischer Technologietheorie lernen, dass Mobiltelefone, das Internet, soziale Medien, Daten, Robotik, künstliche Intelligenz, digitale Automatisierung und andere digitale Technologien nicht an sich böse sind, aber gleichzeitig auch nicht automatisch eine bessere Gesellschaft hervorbringen. Der digitale Sozialismus erfordert demokratische und partizipatorische Formen der digitalen Medien, die die Reduzierung der notwendigen Arbeitszeit auf ein Minimum, ein Maximum an Freizeit und eine demokratische Öffentlichkeit ermöglichen. Die digitalen Medien müssen gemeinsam demokratisch gestaltet und in die Schaffung einer partizipativen Demokratie eingebettet werden, um die Grundlage für eine wirklich demokratische Gesellschaft zu bilden. Das bedeutet, dass wir die grundlegende Umgestaltung des digitalen Kapitalismus durch gesellschaftliche Kämpfe und radikale Reformen brauchen, damit eine partizipatorische digitale Demokratie, eine Gesellschaft der digitalen und sozialen Gemeingüter eine aktive Hoffnung ist, nach der wir uns nicht nur in unseren Träumen, sondern auch in unserer politischen Praxis sehnen.

4. Karl Marx als kritischer Kommunikationstheoretiker

4.1. Einleitung

Im Jahr 1918, anlässlich des 100. Geburtstages von Karl

Marx, schrieb der deutsche Sozialist und Historiker Franz Mehring, einer der ersten Marx-Biografen (Mehring 1936/2003): »Wie ein heller Sonnenstrahl, der durch düstere und scheinbar undurchdringliche Wolkenschichten bricht, so lenkt heute der hundertste Geburtstag von Karl Marx unseren Blick aus einer grauenvollen Gegenwart in eine hellere Zukunft [...] Die rast- und ruhelose Kritik [...] ist seine wirkliche Waffe gewesen [...] So fortzuarbeiten auf den unzerstörbaren Grundlagen, die er gelegt hat, ist die würdigste Huldigung, die wir [...] [ihm] an seinem hundertsten Geburtstage darbringen können« (Mehring 1918, 11, 15).

Angesichts der schrecklichen Gegenwart, in der wir heute leben und die von der Ausbreitung und Verfestigung von Nationalismen und Neofaschismen, der Gefahr eines neuen Weltkriegs, ökologischen, wirtschaftlichen und politischen Krisen geprägt ist, treffen Mehrings Worte ebenso auf die heutige Zeit zu.

Marx war in erster Linie ein Kritiker und kritischer Theoretiker, was zur Folge hatte, dass er als kritischer Ökonom, kritischer Philosoph, kritischer Politologe, kritischer Soziologe, kritischer Journalist und revolutionärer Aktivist publizierte. Die Aufgabe dieses Beitrags ist es zu zeigen, dass Marx auch ein kritischer Kommunikationswissenschaftler war. Dieser Umstand wird in der radikalen Theorie oft vergessen, weil Kommunikation häufig ignoriert oder als unwichtiger Überbau abgetan wird.

Dieses Kapitel zeigt in drei Schritten, wie Marx' Schriften eine kritische Theorie der Kommunikation begründen können: Der erste Abschnitt stellt Aspekte des kommunikativen Materialismus vor, danach werden Kommunikationsmittel und kommunikative Arbeit diskutiert. Im letzten Abschnitt liegt der Schwerpunkt auf den Grundlagen der Ideologiekritik, und schließlich werden zusammenfassende Schlussfolgerungen gezogen.

4.2. Die Materialität der Kommunikation: Der dialektische, kritische, kommunikative Materialismus

In den *Theorien über den Mehrwert* spricht Marx von der Existenz der »nichtmateriellen Produktion« (Marx 1862/63 [Band 1, MEW 26.1], 385), wozu die Produktion von Büchern und Gemälden, die Arbeit von Künstler/innen und Schriftsteller/innen, Ingenieur/innen oder »exekutiven Künstlern, Rednern, Schauspielern, Lehrern, Ärzten, Pfaffen etc« zählen (ibid., 386). In einem Zeitungsartikel spricht Marx von Waren als »*immateriellen* Waren« (Marx 1848, 432), die von Beamt/innen, Künstler/innen, Ärzt/innen, Richter/innen, Rechtsanwält/innen usw. produziert werden. In den *Grundrissen* meint Marx, dass der Wert »etwas Immaterielles« sei, etwas »Gleichgültiges gegen sein stoffliches Bestehn« (Marx 1857/58, 230).

Nach diesen Annahmen sind Information und ihre Produktion nicht Teil der »materiellen Basis«, sondern Teil des »Überbaus«. Eine solche Dichotomie zwischen Materialität und Immaterialität findet sich in der Tat in bestimmten Versionen des marxistischen Denkens. So definiert zum Beispel das *Kleine Wörterbuch des Marxismus-Leninismus* den Überbau als »*Anschauungen* (wie politische, juristische, wissenschaftliche, weltanschauliche, moralische, künstlerische)« (Buhr und Kosing 1979, 46). Der Überbau besteht aus den »*ideologischen* gesellschaftlichen Verhältnissen einer Gesellschaftsformation« (ibid.), und man spricht daher vom »institutionelle[n] und ideelle[n] Inhalt des Überbaus« (ibid., 47). Das Problem ist, dass die Frage nach der Materie eine Frage nach der Substanz und dem Grund der Welt ist. Wenn man davon ausgeht, dass es in der Welt etwas Immaterielles gibt, dann muss es zwei Substanzen geben – Materie und Geist. Die Implikation ist dann nicht nur religiös und esoterisch – nämlich dass der Geist eine Substanz des Universums ist –, sondern der menschliche Geist wird auch als unabhängig von der Materie betrachtet.

Marx verwendet den Begriff der Immaterialität nicht häufig und vor allem in Entwürfen. In *Das Kapital* sagt er hingegen, dass »das Ideelle nichts andres als das im Menschenkopf umgesetzte und übersetzte Materielle« (Marx 1867, 27) ist. Er schreibt auch über die »geistigen Potenzen des materiellen Produktionsprozesses« (ibid., 382). In der *Deutschen Ideologie* meint Marx, dass die »Produktion der Ideen, Vorstellungen, des Bewusstseins [...] zunächst unmittelbar verflochten [ist] in die materielle Tätigkeit und den materiellen Verkehr der Menschen, Sprache des wirklichen Lebens« (Marx und Engels 1845/46, 26). »Der ›Geist‹ hat von vornherein den Fluch an sich, mit der Materie ›behaftet‹ zu sein, die hier in der Form von bewegten Luftschichten, Tönen, kurz der Sprache auftritt« (ibid., 30).

Zusammengenommen implizieren diese Formulierungen, dass Information und Kommunikation Formen der Materie sind und dass die Produktion von Information Teil des materiellen Produktionsprozesses ist. Wenn Marx von »dem materiellen Verkehr der Menschen« spricht, dann beschreibt er nicht nur den individuellen Denkprozess, sondern auch den Vorgang, wie Menschen in der Kommunikation ihre Gedanken miteinander in Beziehung setzen und dadurch ein neues Ganzes erzeugen. Mit der Betonung, Kommunikation sei »Sprache des wirklichen Lebens«, macht Marx deutlich, dass Information und Kommunikation nicht unwirklich oder immateriell sind, sondern Teil der Produktions- und Reproduktionsprozesse des Menschen im Alltag.

Aber ebenso wie ein kommunikativer Idealismus, der Kommunikation als Überbau sieht, sollte auch ein vulgärer kommunikativer Materialismus vermieden werden. Stalins Schriften zur Sprachwissenschaft sind ein idealtypisches Beispiel hierfür:

> »Die Sprache unterscheidet sich in dieser Hinsicht grundlegend vom Überbau. Die Sprache ist nicht durch diese oder jene Basis, durch eine alte oder neue Basis, innerhalb einer gegebenen Gesellschaft, hervorgebracht worden, sondern durch den ganzen Gang der Geschichte der Gesellschaft und der Geschichte der Basen im Verlauf von Jahrhunderten« (Stalin 1950, 114).

Die Sprache »ist geschaffen worden, um die Bedürfnisse nicht irgendeiner Klasse allein, sondern die Bedürfnisse der ganzen Gesellschaft, aller Klassen der Gesellschaft zu befriedigen. Eben darum ist sie als eine für die Gesellschaft einheitliche und allen Mitgliedern der Gesellschaft gemeinsame Sprache des gesamten Volkes geschaffen worden. Infolgedessen besteht die dienende Rolle der Sprache als eines Mittels des menschlichen Verkehrs nicht darin, dass sie einer Klasse zum Schaden anderer Klassen dient, sondern darin, dass sie der ganzen Gesellschaft, allen Klassen der Gesellschaft in gleicher Weise dient« (ibid.).

> »Die Sprache dagegen ist mit der Produktionstätigkeit des Menschen unmittelbar verbunden, und nicht nur mit der Produktionstätigkeit, sondern auch mit jeder anderen Tätigkeit des Menschen in allen Bereichen seiner Arbeit, von der Produktion bis zur Basis, von der Basis bis zum Überbau. […] Daher ist der Wirkungsbereich der Sprache, die alle Tätigkeitsgebiete des Menschen umfasst, viel weiter und vielseitiger als der Wirkungsbereich des Überbaus« (ibid., 116).
>
> »Die Lautsprache oder Wortsprache war stets die einzige Sprache der menschlichen Gesellschaft, die imstande war, als vollwertiges Mittel des menschlichen Verkehrs zu dienen« (ibid., 133).

Diese Schriften über die Sprache erfüllten einen ideologischen Zweck: Stalin wollte betonen, dass die Sprache das konstituierende Merkmal der Nation ist. Schon in *Marxismus und nationale Frage* (1913, 163) hatte er betont, dass »nationale Gemeinschaft ohne gemeinsame Sprache undenkbar ist«.

Der humanistische Marxist Leo Kofler (1970) kritisierte Stalins Umgang mit der Sprache als reduktionistisch und mechanistisch:

> »Stalin bemerkt an der Sprache vornehmlich nur ihre zeichenhaft technische, ihre *phonetisch-morphologische*, also ihre relative *starre* Seite. Hingegen ist sein dialektisch ungeschultes Auge nicht in der Lage, das, was man sehr unzulänglich die ›Stilistik‹, etwas besser das ›*Leben*‹ der Sprache bezeichnet hat, in ihrer vollgültigen, ja das wahre Wesen der Sprache ausmachenden Bedeutung zu erkennen. In seiner Schrift wird diese Seite der Sprache vollkommen vernachlässigt. In diesem ›Leben‹ liegt aber das *veränderliche*, weil *ideologische*, oder besser das ideologische und deshalb

zwangsläufig veränderliche Moment der Sprache. Technik und Leben der Sprache verhalten sich zueinander wie Form und Inhalt« (Kofler 1970, 135–136).

Kofler argumentiert, dass Stalin sich nur auf die Syntax und Technologie der Sprache konzentriere und deren Gebrauch und Inhalt, deren Semantik und Pragmatik auslasse. Eine dialektische Herangehensweise an die Sprache müsse deren formale und semantische Seite, Aspekte der Technologie und Kultur, des Ökonomischen und Nichtökonomischen usw. berücksichtigen.

Eine ganze Reihe von Ansätzen, die heute weitgehend ignoriert, vergessen oder unentdeckt sind, haben innerhalb der marxistischen Theorie den materiellen Charakter der Kommunikation betont. Raymond Williams weist darauf hin, dass viele marxistische Ansätze Ökonomie und Kultur trennen und dass diese Ansätze daher nicht »materialistisch genug« seien (Williams 1977, 92, 97). Es sei idealistisch, die »›Kultur‹ vom materiellen gesellschaftlichen Leben zu trennen« (ibid., 19). In solchen idealistischen Ansätzen »erscheint die intellektuelle und kulturelle Produktion […] als ›immateriell‹« (Williams 1989c, 205). Williams kritisiert Herangehensweisen, die Materie und Ideen entweder zeitlich trennen, indem sie argumentieren, dass zuerst die »materielle Produktion, dann das Bewusstsein, dann Politik und Kultur« komme, oder räumlich voneinander scheiden, indem sie davon ausgehen, dass es Ebenen und Schichten gebe, die auf der ökonomischen Basis aufgebaut sind (Williams 1977, 78). Sprache und Kommunikation sind materielle Produktionspraktiken (ibid., 165). Williams spricht von »dem materiellen Charakter der Produktion einer kulturellen Ordnung« (ibid., 93; für eine detaillierte Diskussion darüber, wie der Kommunikationsbegriff mit Williams' kulturellem Materialismus zusammenhängt, siehe Fuchs 2017c).

Georg Lukács (1984, 1986) argumentiert mit seinem Konzept der teleologischen Setzung, dass die zielorientierte Produktion das Schlüsselmerkmal von Menschen und Gesellschaft ist. Sprache und Kommunikation sind für Lukács dabei wichtige Aspekte. Er sieht darin einen Komplex, der die soziale Reproduktion der Gesellschaft ermöglicht (für eine ausführliche Diskussion siehe Fuchs 2016a, Kapitel 2). Ferruccio Rossi-Landi (1983) betont den Arbeitscharakter der Kommunikation (siehe Fuchs 2016a, Kapitel 6). Horst Holzer (1975, 30) meint, »dass die Menschen *kommunizierend produzieren* und *produzierend* kommunizieren« (siehe auch Fuchs 2017b).

Derartige Ansätze stellen den materiellen Charakter der Kommunikation in den Vordergrund, der darin besteht, dass Kommunikation der materielle Produktions- und Reproduktionsprozess von sozialen Beziehungen, sozialen Systemen, Organisationen, Gruppen, Institutionen, Subsystemen, Gesellschaft und Sozialität ist. Kommunikation ist zugleich identisch und nicht identisch mit der Wirtschaft und dem Arbeitsprozess. Wie jede Produktion ist auch die Kommunikation zielgerichtet: Sie zielt darauf ab, soziale und gesellschaftliche Beziehungen zu produzieren und zu reproduzieren. Kommunikation unterscheidet sich aber auch von anderen Arbeitsprozessen: Sie schafft und verbreitet Bedeutungen und ist daher ein sinngebender Produktions- und Arbeitsprozess.

Abbildung 4.1 zeigt das Verhältnis zwischen Ökonomischem und Nichtökonomischem. Die Kommunikation ist ein Prozess, der sich über beide Dimensionen erstreckt und diese verbindet.

Dass Kommunikation eine besondere Art der Produktion ist, ist eines ihrer wichtigen Merkmale. Kommunikation ist darüber hinaus eine Form der sozialen Produktion. Wir produzieren und kommunizieren nicht allein und isoliert, wie Robin-

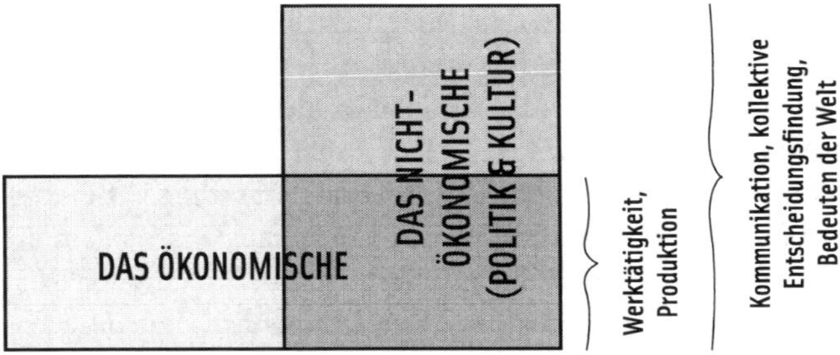

DAS ÖKONOMISCHE
DAS NICHT-ÖKONOMISCHE (POLITIK & KULTUR)
Werktätigkeit, Produktion
Kommunikation, kollektive Entscheidungsfindung, Bedeuten der Welt

Abbildung 4.1: Das Verhältnis zwischen Ökonomischem und Nichtökonomischem in der Gesellschaft

son Crusoe auf seiner Insel, sondern in Gesellschaft, gemeinsam und in Kooperationsprozessen. Marx betont den sozialen Charakter der Kommunikation:

> »Die Sprache ist so alt wie das Bewusstsein – die Sprache ist das praktische, auch für andre Menschen existierende, also auch für mich selbst erst existierende wirkliche Bewusstsein, und die Sprache entsteht, wie das Bewusstsein, erst aus dem Bedürfnis, der Notdurft des Verkehrs mit andern Menschen. Wo ein Verhältnis existiert, da existiert es für mich, das Tier ›verhält‹ sich zu Nichts und überhaupt nicht. Für das Tier existiert sein Verhältnis zu andern nicht als Verhältnis. Das Bewusstsein ist also von vornherein schon ein gesellschaftliches Produkt und bleibt es, solange überhaupt Menschen existieren« (Marx und Engels 1845/46, 30–31).

Dass Kommunikation und Sprache sozial sind, bedeutet auch, dass Menschen Namen für Weisen des Seins entwickeln, schaffen und kommunizieren, weil »sie praktisch diese Dinge gebrauchen«, was damit zu tun hat, »dass diese Dinge ihnen nützlich« sind (Marx 1879/80, 363). »Auf gewissem Grad der Fortentwicklung, nachdem unterdes auch ihre Bedürfnisse und die Tätigkeiten, wodurch sie befriedigt werden, sich vermehrt und weiterentwickelt haben, werden sie auch bei der ganzen Klasse diese erfahrungsmäßig von der übrigen Außenwelt unterschiednen Dinge sprachlich taufen. […] Aber diese sprachliche Bezeichnung drückt durchaus nur aus als Vorstellung, was wiederholte Bestätigung zur Erfahrung gemacht hat, nämlich dass den in einem gewissen gesellschaftlichen Zusammenhang bereits lebenden Menschen (dies der Sprache wegen notwendige Voraussetzung) gewisse äußere Dinge zur Befriedigung ihrer Bedürfnisse dienen. Die Menschen legen diesen Dingen nur einen besondern (generic) Namen bei, weil sie bereits wissen, dass dieselben zur Befriedigung ihrer Bedürfnisse dienen, weil sie ihrer durch mehr oder minder oft wiederholte Tätigkeit habhaft zu werden und sie daher auch in ihrem Besitz zu erhalten suchen; sie nennen sie vielleicht ›Gut‹ oder sonst etwas, was ausdrückt, dass sie praktisch diese Dinge gebrauchen, dass diese Dinge ihnen nützlich [sind], und geben dem Ding diesen Nützlichkeitscharakter als von ihm besessen« (ibid.).

Es ist eine von Marx' wichtigsten kritischen soziologischen Einsichten, dass im Kapitalismus und in der Gesellschaft im Allgemeinen alles, das existiert, eine soziale und gesellschaftliche Beziehung ist: die Ware, das Kapital, der Kapitalismus, die Arbeit, das Geld, der Wert, die Klassen, die Ausbeutung, die Herrschaft, die sozialen Kämpfe, der Kommunismus usw. Marx vergleicht in diesem Zusammenhang den Menschen mit der Ware:

> »In gewisser Art geht's dem Menschen wie der Ware. Da er weder mit einem Spiegel auf die Welt kommt noch als Fichtescher Philosoph: Ich bin ich, bespiegelt sich der Mensch zuerst in einem andren Menschen. Erst durch die Beziehung auf den Menschen Paul als seinesgleichen

> bezieht sich der Mensch Peter auf sich selbst als Mensch. Damit gilt ihm aber auch der Paul mit Haut und Haaren, in seiner paulinischen Leiblichkeit, als Erscheinungsform des Genus Mensch« (Marx 1867, 67, Fußnote 18).

Marx betont hier, dass die menschliche Spezies und das menschliche Wesen durch soziale und gesellschaftliche Beziehungen konstituiert werden. Der metaphorische Vergleich mit der Ware bedeutet weder, dass alle sozialen Beziehungen instrumentell und auf Profit ausgerichtet, noch, dass soziale Beziehungen eine Form des Austauschs sind. Marx argumentiert vielmehr, dass die Ware als gesellschaftliches und soziales Verhältnis etwas über den Kapitalismus und die Gesellschaft im Allgemeinen aussagt. Im Warenaustausch beziehen sich Käufer und Verkäufer aufeinander und tauschen Waren (wie Geld und bestimmte Güter) als Äquivalente aus, die unter bestimmten gesellschaftlichen Bedingungen entstanden sind. Es wird ein quantitatives Tauschverhältnis hergestellt. Gleichzeitig weist der Warentausch wie jede soziale Beziehung allgemeine Merkmale der menschlichen Sozialität auf, wie z. B. Mittel, Inhalt, Bedeutungen und Auswirkungen der Kommunikation.

Soziale Beziehungen müssen produziert und reproduziert werden. Kommunikation ist der Produktions- und Reproduktionsprozess der sozialen Beziehungen und damit der Gesellschaft. Marx betont, dass Sprache und Kommunikation soziale Beziehungen sind und dass sie soziale Beziehungen konstituieren. Gesellschaft ist möglich, weil sie auf dem sozialen Charakter von Sprache und Kommunikation und dem kommunikativen Charakter der sozialen Beziehungen beruht.

> »Nicht nur das Material meiner Tätigkeit ist mir – wie selbst die Sprache, in der der Denker tätig ist – als gesellschaftliches Produkt gegeben, mein *eignes* Dasein *ist* ge-

sellschaftliche Tätigkeit; darum das, was ich aus mir mache, ich aus mir für die Gesellschaft mache und mit dem Bewusstsein meiner als eines gesellschaftlichen Wesen« (Marx 1844c, 538).

»Die Produktion des vereinzelten einzelnen außerhalb der Gesellschaft – eine Rarität, die einem durch Zufall in die Wildnis verschlagnen Zivilisierten wohl vorkommen kann, der in sich dynamisch schon die Gesellschaftskräfte besitzt – ist ein ebensolches Unding als Sprachentwicklung ohne *zusammen* lebende und zusammen sprechende Individuen« (Marx 1857/58, 20).

»In bezug auf den einzelnen ist z. B. klar, dass er selbst zur Sprache als *seiner eignen* sich nur verhält als natürliches Mitglied eines menschlichen Gemeinwesens. Sprache als das Produkt eines einzelnen ist ein Unding. Aber ebensosehr ist es Eigentum. Die Sprache selbst ist ebenso das Produkt eines Gemeinwesens, wie sie in andrer Hinsicht selbst das Dasein des Gemeinwesens und das selbstredende Dasein desselben« (Marx 1857/58, 398).

Abbildung 4.2 zeigt ein Modell der Kommunikation als sozialer Produktionsprozess: Der Mensch produziert durch Kommunikation das Soziale, das in neue Kommunikationsprozesse eintritt, so dass Sozialität als offene Totalität betrachtet werden kann. Menschen produzieren und reproduzieren das Soziale (soziale Beziehungen, soziale Strukturen, soziale Systeme, Gruppen, Organisationen, Institutionen, Subsysteme, Gesellschaft) und die (re-)produzierten sozialen Strukturen treten immer wieder in neue Kommunikationsprozesse ein, die in selbstreflexiver Weise soziale Strukturen produzieren und reproduzieren. Anders ausgedrückt kann man sagen, dass die Gesellschaft ein Bereich ist, der ständig aus der Dialektik von Strukturen und

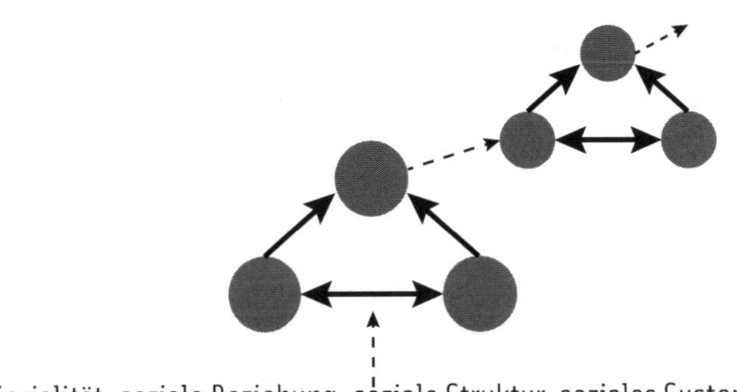

Sozialität, soziale Beziehung, soziale Struktur, soziales System, gesellschaftliche Beziehung, Gesellschaft

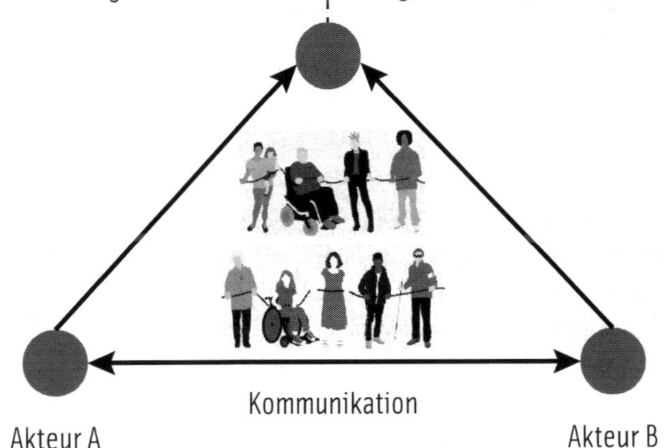

Abbildung 4.2: Modell der Kommunikation als sozialer Produktionsprozess

menschlichen Praktiken hervorgeht, in der Kommunikation der produktive Prozess der Vermittlung ist, in dem Menschen soziale Strukturen (ko-)produzieren, die menschliches Handeln ermöglichen und einschränken, so dass die Dialektik sich selbst, die menschliche Sozialität, die sozialen Strukturen und die Gesellschaft ständig dynamisch reproduziert. Kommunikation ist der produktive Vermittlungsprozess, in dem die Dialektik von Struktur und menschlichen Praktiken als offene Totalität organisiert wird.

Doch Marx analysierte nicht nur den Kommunikationsprozess, sondern auch die Rolle der Kommunikationsmittel und der kulturellen/kommunikativen Arbeit im Kapitalismus.

4.3. Die Kommunikationsmittel und Kommunikationsarbeit im Kapitalismus

Im Technologie-Kapitel »Maschinerie und große Industrie« in *Das Kapital Band 1* erörtert Marx (1867) den dialektischen Technologiebegriff und betont, dass die kapitalistische Technologie widersprüchlichen Charakter habe: Sie fördert neue Potenziale für Kooperation und die Produktion des Wohlstands für alle, ist aber unter kapitalistischen Bedingungen auch ein Mittel zur Ausbeutung und Beherrschung. Die kapitalistische Technologie ist ambivalent, zweideutig und widersprüchlich (für eine detaillierte Diskussion siehe Fuchs 2016d, Kapitel 13). Marx' dialektische Analyse von Technik und Gesellschaft erlaubt es uns heute – im Zeitalter von sozialen Medien, Big Data, des Internets der Dinge, des Cloud Computing, der mobilen Kommunikation, der Industrie 4.0, der künstlichen Intelligenz usw. –, einen Technik-Optimismus zu vermeiden, der jede technische Innovation abfeiert und die negativen Auswirkungen der Technik ausblendet. Zugleich ermöglicht die Dialektik, den Technik-Pessimismus zu vermeiden, der Technik an sich bekämpft und zu einer Gesellschaft ohne moderne Technik zurückkehren will, die von Mühsal und harter Arbeit geprägt ist. Der Sinn einer fortschrittlichen Technologie- und Kommunikationspolitik besteht darin, die Produktions- und Kommunikationsmittel in eine fortschrittliche Richtung zu lenken, sie zu transformieren und umzugestalten, was neben der technologischen auch eine gesellschaftliche Transformation erfordert.

So betont Marx die herrschaftsförmige Rolle der kapitalistischen Technologie:

> »Jede Entwicklung einer neuen Produktivkraft [ist] zugleich eine Waffe gegen die Arbeiter. Z. B. alle Verbesserungen in den Kommunikationsmitteln erleichtern die Konkurrenz der Arbeiter in verschiedenen Orten und machen aus einer lokalen Konkurrenz eine nationale usw« (Marx 1847a, 541).
>
> »Und so ist es jetzt in allen Ländern Europas eine Wahrheit, erwiesen für jeden vorurteilsfreien Geist und nur geleugnet durch die interessiert klugen Prediger eines Narrenparadieses, dass keine Entwicklung der Maschinerie, keine chemische Entdeckung, keine Anwendung der Wissenschaft auf die Produktion, keine Verbesserung der Kommunikationsmittel, keine neuen Kolonien, keine Auswanderung, keine Eröffnung von Märkten, kein Freihandel, noch alle diese Dinge zusammengenommen das Elend der arbeitenden Massen beseitigen können, sondern dass vielmehr umgekehrt, auf der gegenwärtigen falschen Grundlage, jede frische Entwicklung der Produktivkräfte der Arbeit dahin streben muss, die sozialen Kontraste zu vertiefen und den sozialen Gegensatz zuzuspitzen« (Marx 1864a, 9).

Andererseits argumentiert Marx, dass moderne Technologien angeeignet und transformiert werden können. So schreibt er, dass die »Aneignung« der »allgemeinen Produktivkraft« durch die Arbeiterklasse das Potenzial habe zur »Reduktion der notwendigen Arbeit der Gesellschaft zu einem Minimum, der dann die künstlerische, wissenschaftliche etc. Ausbildung der Individuen durch die für sie alle freigewordne Zeit und geschaffnen Mittel entspricht« (Marx 1857/58, 601).

Marx betont die Dialektik der zeitlichen und räumlichen Aspekte der Gesellschaft und der Entwicklung von Technologie und Kommunikationsmitteln. Technologien entwickeln sich nicht willkürlich. In Klassengesellschaften ist ihre Entstehung von Partikularinteressen und Machtstrukturen geprägt. Zugleich ist die Entwicklung und Nutzung von Technologien nicht determiniert, sondern einer gewissen Unvorhersehbarkeit unterworfen.

Der Kapitalismus stößt auf räumliche und zeitliche Grenzen, die er zu überwinden versucht, um Krisen zu vermeiden und die Akkumulation fortzusetzen. Das Kapital »ist der schranken- und maßlose Trieb, über seine Schranke hinauszugehn« (Marx 1857/58, 252).

Die Kapitalakkumulation erfordert:

1. Arbeitskräfte
2. Produktionsmittel (Rohstoffe, Technologien, Infrastruktur)
3. Rohstoffmärkte
4. Kapital und Kapitalinvestitionen

Globalisierung und Imperialismus sind Strategien des Kapitals, um den Zugang zu Arbeitskräften und Produktionsmitteln zu verbilligen sowie neue Rohstoffmärkte und Möglichkeiten für Kapitalexport und -investitionen zu erschließen. Neue Transport- und Kommunikationstechnologien sind Mittel und Ergebnis der Globalisierung des Kapitalismus: »Die Revolution in der Produktionsweise der Industrie und Agrikultur ernötigte namentlich aber auch eine Revolution in den allgemeinen Bedingungen des gesellschaftlichen Produktionsprozesses, d. h. den Kommunikations- und Transportmitteln. [...] Abgesehn von ganz umgewälztem Segelschiffbau, wurde das Kommunikations- und Transportwesen daher allmählich durch ein System von Flussdampfschiffen, Eisenbahnen, ozeanischen Dampfschiffen und Telegraphen der Produktionsweise der großen Industrie angepasst« (Marx 1867, 404–405). Es ist kein Zufall, dass das Internet in einer neuen Phase der Globalisierung des Kapitalismus so wichtig wurde.

Die Globalisierung der Produktion verlängert die Umschlagszeit des Kapitals, also die Gesamtzeit, die für die Produktion und den Verkauf von Waren benötigt wird, da die Waren von einem Ort zum anderen transportiert werden müssen. Infolgedessen ist der Kapitalismus bestrebt, technologische Innovationen im Transport- und Kommunikationswesen zu entwickeln, um die Produktion und Verteilung von Waren und die Zirkulation des Kapitals zu beschleunigen: »Ökonomie der Zeit, darin löst sich schließlich alle Ökonomie auf« (Marx 1857/58, 105).

Der Kapitalismus ist geprägt vom Streben nach Expansion und Akkumulation von Kapital und Macht. Der dem Kapitalismus innewohnende imperialistische Charakter erfordert, dass die Ausbeutung der Arbeit, der Warenverkauf und die politische Herrschaft über räumlich-zeitliche Distanzen hinweg organisiert werden. Der Kapitalismus treibt daher die Entwicklung von Technologien voran, die seine Organisation durch die Überwindung großer räumlicher Entfernungen in kurzer Zeit ermöglichen. Hinzu kommt die kapitalistische Beschleunigungstendenz. Beschleunigung beruht auf dem Prinzip der Akkumulation von wirtschaftlicher, politischer und kultureller Macht in kürzerer Zeit und bedeutet, dass in immer kürzeren Schritten mehr Waren produziert und konsumiert, mehr Entscheidungen getroffen und mehr Erfahrungen organisiert werden. Die kapitalistische Akkumulationslogik ruft Beschleunigungs-, Globalisierungs- und Finanzialisierungsprozesse als Strategien des Kapitals hervor. Dieses benötigt Mechanismen, die David Harvey (2003) als zeitliche, räumliche und raumzeitliche Fixierungen bezeichnet, die darauf abzielen, die dem Kapitalismus innewohnenden Krisentendenzen vorübergehend zu überwinden. »Die raum-zeitliche ›Fixierung‹ [...] ist eine Metapher für eine besondere Art der Lösung von kapitalistischen Krisen durch zeitliche Verschiebung und geographische Ausdehnung« (Harvey 2003, 115). Der Kapitalismus tendiert dazu, Krisen geografisch zu verlagern und in die Zukunft aufzuschieben. Diese Produktionsweise erreicht aber immer wieder ihre Grenzen, die sich als Krisen äußern. Die Entwicklung neuer Technologien ist eingebettet in die Suche des Kapitals nach raum-zeitlichen Fixierungen, um die dem Kapitalismus immanenten Krisen aufzuschieben.

Der Transport von Menschen, Information und Waren ist ein Schlüsselmerkmal des Kapitalismus. Transport- und Kommunikationsmittel spielen daher eine wesentliche Rolle bei der Organisation der Akkumulation. Die folgenden Zitate zeigen die Bedeutung, die Marx dem Phänomen der »Zusammendrängung von Zeit und Raum durch Kommunikations- und Transportmittel« (Marx 1865b, 127) beimaß:

> »Wenn einerseits mit dem Fortschritt der kapitalistischen Produktion die Entwicklung der Transport- und Kommunikationsmittel die Umlaufszeit für ein gegebnes Quantum Waren abkürzt, so führt derselbe Fortschritt und die mit der Entwicklung der Transport- und Kommunikati-

onsmittel gegebne Möglichkeit – umgekehrt die Notwendigkeit herbei, für immer entferntere Märkte, mit einem Wort, für den Weltmarkt zu arbeiten. Die Masse der auf Reise befindlichen und nach entfernten Punkten reisenden Waren wächst enorm, und daher absolut und relativ auch der Teil des gesellschaftlichen Kapitals, der sich beständig für längre Fristen im Stadium des Warenkapitals, innerhalb der Umlaufszeit befindet. Damit wächst gleichzeitig auch der Teil des gesellschaftlichen Reichtums, der, statt als direktes Produktionsmittel zu dienen, in Transport- und Kommunikationsmitteln und in dem für ihren Betrieb erheischten fixen und zirkulierenden Kapital ausgelegt wird« (Marx 1885, 254).

»Das Hauptmittel zur Verkürzung der Zirkulationszeit sind verbesserte Kommunikationen« (Marx 1894, 81).

»Je mehr die Produktion auf dem Tauschwert, daher auf dem Austausch beruht, desto wichtiger werden für sie die physischen Bedingungen des Austauschs – Kommunikations- und Transportmittel. Das Kapital treibt seiner Natur nach über jede räumliche Schranke hinaus. Die Schöpfung der physischen Bedingungen des Austauschs – von Kommunikations- und Transportmitteln – wird also für es in ganz andrem Maße zur Notwendigkeit – die Vernichtung des Raums durch die Zeit. Insofern das unmittelbare Produkt nur massenhaft verwertet werden kann auf fernen Märkten, im Maße als die Transportkosten abnehmen, und insofern andrerseits Kommunikationsmittel und Transport selbst nur Sphären der Verwertung, der vom Kapital betriebnen Arbeit abgeben können, insofern massenhafter Verkehr stattfindet – wodurch mehr als die notwendige Arbeit ersetzt wird –, ist die Produktion wohlfeiler Transport- und Kommunikationsmittel Bedingung für die auf das Kapital gegründete Produktion und wird *daher* von ihm hergestellt« (Marx 1857/58, 430–431).

Marx beschreibt nicht nur die Bedeutung der Kommunikationsmittel im Kapitalismus, sondern auch, wie sich die Wissens- und Kommunikationsproduktion aufgrund der Notwendigkeit des Kapitalismus entwickelt, die Produktivität zu steigern. Produktivitätssteigerung erfordert wissenschaftlichen Fortschritt und Expert/innenwissen in der Produktion. Die steigende Bedeutung von Wissen und kommunikativer Arbeit ist eine Folge der kapitalistischen Entwicklung der Produktivkräfte. Marx nimmt in den *Grundrissen* das Entstehen dessen vorweg, was einige heute als Informationskapitalismus, digitalen Kapitalismus oder kognitiven Kapitalismus bezeichnen. Er spricht vom *general intellect*: »Die Entwicklung des capital fixe zeigt an, bis zu welchem Grade das allgemeine gesellschaftliche Wissen, knowledge, zur *unmittelbaren Produktivkraft* geworden ist und daher die Bedingungen des gesellschaftlichen Lebensprozesses selbst unter die Kontrolle des *general intellect* gekommen und ihm gemäß umgeschaffen sind« (Marx 1857/58, 602).

Auch im *Kapital* betont Marx die Bedeutung der Kommunikationsindustrie im Kapitalismus. Er argumentiert, dass die »Kommunikationsindustrie«, die mit der »Übertragung […] von Mitteilungen, Briefen, Telegrammen etc.« beschäftigt ist, als Resultat des kapitalistischen Produktionsprozesses »ökonomisch wichtig« geworden sei (Marx 1885, 60), und beklagt, dass es die »miserabelste Sorte von Geldkapitalisten« ist, »die aus allen neuen Entwicklungen der allgemeinen Arbeit des menschlichen Geistes und ihrer gesellschaftlichen Anwendung durch kombinierte Arbeit den größten Profit zieht« (Marx 1894, 114). Diese Kapitalist/innen sind heute die CEOs, Manager/innen und Aktionär/innen transnationaler Kommunikationskonzerne wie zum Beispiel Apple, AT&T, Verizon, Microsoft, China Mobile, Google, Comcast, Nippon, Softbank, IBM, Oracle, Deutsche Telekom, Amazon oder Telefónica.

Theorien der Informationsgesellschaft, idealtypisch formuliert von Daniel Bell (1975), behaupten, dass die Informationsproduktion in der Wirtschaft dominant geworden sei und die Gesellschaft radikal verwandelt habe. Marxist/innen stehen solchen Behauptungen, die die Gefahr bergen, die Zusammenhänge des Kapitalismus zu übersehen oder herunterzuspielen, oft kritisch gegenüber. Neoliberale Ideolog/innen feiern die neuen Technologien oft als Mittel zur radikalen Umgestaltung der Gesellschaft, die große Vorteile mit sich bringen. Wenn Marxist/innen im Gegensatz dazu technologischen Determinismus und Idealismus vermeiden wollen, ignorieren sie häufig einfach die Rolle der Kommunikationstechnologien und der Informationsproduktion in Wirtschaft und Gesellschaft. Festzuhalten bleibt, dass wir heute die Interaktion vieler Kapitalismen erleben, die Interaktion des digitalen Kapitalismus, des kommunikativen Kapitalismus, des Finanzkapitalismus, des Mobilitätskapitalismus oder des hyper-industriellen Kapitalismus (Fuchs 2014a, Kapitel 5).

Der autonome Marxismus, insbesondere die von Michael Hardt und Antonio Negri vertretene Version hat, aufbauend auf dem Marx'schen Begriff des *general intellect*, den Aufstieg des Wissens im Kapitalismus betont. »›General Intellect‹ ist eine kollektive, soziale Intelligenz, die durch die Akkumulation von Wissen, Techniken und Know-How entsteht. Der Wert von Arbeit wird somit von einer neuen universellen und konkreten Arbeitskraft mittels Aneignung und freiem Gebrauch der neuen Produktivkräfte verwirklicht« (Hardt und Negri 2002, 372).

»So wie Lenin und andere Kritiker des Imperialismus in einer früheren Epoche die Verwandlung internationaler Konzerne in Quasi-Monopole (bei Eisenbahn, Banken, Energie etc.) feststellten, sind wir heute Zeugen eine Wettbewerbs unter transnationalen Konzernen, die Quasi-Monopole im Bereich der neuen Informationsinfrastruktur errichten und verteidigen wollen« (ibid., 311). Hardt und Negri gehören zu der begrenzten Zahl von radikalen Theoretiker/innen, die die Rolle der Kommunikation im Kapitalismus ernst genommen haben.

Marx sah die Schaffung des Internets voraus. Er stellte sich ein System vor, dass »Verbindungen« zwischen den Menschen herstellt und in dem »jeder einzelne sich Auskunft über die Tätigkeit aller andren verschafft« (Marx 1857/58, 94). Gibt Marx hier nicht eine perfekte Beschreibung des Internets? Können wir sagen, dass Karl Marx das Internet erfunden hat?

Ein weiterer wichtiger Beitrag, den Marx zu den Grundlagen einer kritischen Theorie der Kommunikation geleistet hat, ist die Ideologiekritik.

4.4. Ideologie als fetischisierte Kommunikation, Fetischismus als ideologische Kommunikation

Marx analysierte die Ideologie kritisch und formulierte eine Ideologiekritik der Religion, des bürgerlichen Denkens und des Kapitalismus. In seinen frühen Werken legte er dar, dass Ideologien Illusionen schaffen und Religion als Ideologie die Menschen täuscht:

> »Die Religion ist der Seufzer der bedrängten Kreatur, das Gemüt einer herzlosen Welt, wie sie der Geist geistloser Zustände ist. Sie ist das *Opium* des Volkes. Die Aufhebung der Religion als des *illusorischen* Glücks des Volkes ist die Forderung seines *wirklichen* Glücks. Die Forderung, die

Illusionen über seinen Zustand aufzugeben, ist die *Forderung, einen Zustand aufzugeben, der der Illusionen bedarf*« (Marx 1844b, 378–379).

Für Marx ist der religiöse Glaube der ideologische Ausdruck einer herrschaftsförmigen Gesellschaft. Er kritisierte linke Denker wie Bruno Bauer und Ludwig Feuerbach dafür, dass sie bei der Religionskritik stehen geblieben seien und nicht gesehen hätten, wie die Religionskritik mit dem Kapitalismus zusammenhänge und eine Kapitalismuskritik erfordere. Für Marx muss sich die »Kritik des Himmels [...] in die Kritik der Erde, die *Kritik der Religion* in die *Kritik des Rechts*, die *Kritik der Theologie* in die *Kritik der Politik*« verwandeln (Marx 1844b, 379).

Marx und Engels verfassten die *Deutsche Ideologie*, um ein Selbstverständnis für die damals zeitgenössische deutsche Philosophie und die linke Kritik ihrer Zeit zu gewinnen. In dem Werk argumentiert Marx, dass in der »Ideologie die Menschen und ihre Verhältnisse wie in einer Camera obscura auf den Kopf gestellt erscheinen« und dass »dies Phänomen ebensosehr aus ihrem historischen Lebensprozess hervor[geht], wie die Umdrehung der Gegenstände auf der Netzhaut aus ihrem unmittelbar physischen« (Marx und Engels 1845/46, 26). Hier wird deutlich, dass Marx Ideologie auf der Grundlage der Hegel'schen Dialektik von Wesen und Erscheinung konzipiert: Ideologien lassen die Welt anders erscheinen, als sie wirklich ist. Ideologie verbirgt das wahre Wesen und den wahren Zustand der Welt hinter falschen Erscheinungen und kommuniziert diese falschen Erscheinungen als Wahrheiten und Naturzustände. Die Ideologie lässt das Sein als unmittelbare, aber illusionäre Realität erscheinen, deren Einfachheit die zugrunde liegende Komplexität der Welt verbirgt, die nicht immer direkt erlebt werden kann. Für Hegel (1830, Zusatz zu § 112) ist die Erscheinung eine Art

»Rinde oder […] Vorhang, hinter welchem das Wesen verborgen ist«, die hinter dem Schein verborgenen Wahrheiten aber sind Teil der Logik der Welt. Im Gegensatz dazu ist für Marx der Prozess des Versteckens, Naturalisierens, Verbergens und Verschwindenlassens der Wahrheit ein immanenter Ausdruck und eine immanente Praxis der Klassengesellschaft.

Im *Kapital* entwickelte Marx (1867, 163–177) die Einsicht, dass Ideologie Machtverhältnisse verberge und Herrschaft naturalisiere. Er prägte dazu das Konzept des Warenfetischismus. Die Ware ist mystisch und »ein sehr vertracktes Ding« (ibid.,

85). »Das Geheimnisvolle der Warenform besteht also einfach darin, dass sie den Menschen die gesellschaftlichen Charaktere ihrer eignen Arbeit als gegenständliche Charaktere der Arbeitsprodukte selbst, als gesellschaftliche Natureigenschaften dieser Dinge zurückspiegelt, daher auch das gesellschaftliche Verhältnis der Produzenten zur Gesamtarbeit als ein außer ihnen existierendes gesellschaftliches Verhältnis von Gegenständen. Durch dies Quidproquo werden die Arbeitsprodukte Waren, sinnlich übersinnliche oder gesellschaftliche Dinge« (ibid., 86).

Die Struktur des Kapitalismus selbst lässt Waren, Kapital, Geld oder Klassen als natürliche Eigenschaften der Gesellschaft erscheinen. Aufgrund der Arbeitsteilung und des vermittelten Charakters des Kapitalismus erleben Produzent/innen und Konsument/innen nicht den gesamten Produktionsprozess der Ware. Im kapitalistischen Alltag sind wir vor allem mit Waren und Geld als Dingen konfrontiert, während der Produktionsprozess und seine Klassenverhältnisse verborgen bleiben. Damit ist der Kapitalismus an sich ideologisch. Die Ideologie ist Teil der Praktiken der kapitalistischen Produktion selbst. Der Fetischismus ist ebenso ideologisch, wie die Ideologie fetischistisch ist: Ideologie fetischisiert bestimmte veränderbare gesellschaftliche Verhältnisse und lässt sie als statische, unveränderliche, natürliche, dingähnliche Gebilde erscheinen.

Die Ware ist mit einer eigentümlichen kapitalistischen Form der Sprache und Kommunikation verbunden: »Die Ware ist an und für sich über jede religiöse, politische, nationale und sprachliche Schranke erhaben. Ihre allgemeine Sprache ist der Preis und ihr Gemeinwesen ist das Geld« (Marx 1859, 128). Im *Kapital* argumentiert Marx, dass der Preis einer Ware (der monetäre Ausdruck des Durchschnittswerts einer Ware) und deren Wert die Sprache der Ware sind:

> »Man sieht, alles, was uns die Analyse des Warenwerts vorher sagte, sagt die Leinwand selbst, sobald sie in Umgang mit andrer Ware, dem Rock, tritt. Nur verrät sie ihre Gedanken in der ihr allein geläufigen Sprache, der Warensprache. Um zu sagen, dass die Arbeit in der abstrakten Eigenschaft menschlicher Arbeit ihren eignen Wert bildet, sagt sie, dass der Rock, soweit er ihr gleichgilt, also Wert ist, aus derselben Arbeit besteht wie die Leinwand. Um zu sagen, dass ihre sublime Wertgegenständlichkeit von ihrem steifleinenen Körper verschieden ist, sagt sie, daß Wert aussieht wie ein Rock und daher sie selbst als Wertding dem Rock gleicht wie ein Ei dem andern. Nebenbei bemerkt, hat auch die Warensprache, außer dem Hebräischen, noch viele andre mehr oder minder korrekte Mundarten. Das deutsche ›Wertsein‹ drückt z. B. minder schlagend aus als das romanische Zeitwort valere, valer, valoir, dass Gleichsetzung der Ware B mit der Ware der eigne Wertausdruck der Ware A ist« (Marx 1867, 66–67).

Preisinformationen kommunizieren den Wert einer Ware. Der Kapitalismus hat eine besondere Form der kapitalistischen Kommunikation, bei der die Dinge zu den Menschen zu sprechen scheinen. Der Verkaufsprozess ist eine entmenschlichte Form der Kommunikation, bei der die Menschen nicht interagieren, sondern die Ware durch ihren Preis und ihre Werbung zu den Menschen spricht. Die Warenform ist ein kapitalistisches Kommunikationsmedium, das aufgrund seines fetischistischen Charakters die gesellschaftlichen Verhältnisse und Machtstrukturen verbirgt, in denen Menschen kommunikativ produzieren und produktiv kommunizieren sowie Klassenverhältnisse und Ausbeutung konstituieren und reproduzieren. Die Warenform ist eine verdinglichende und fetischistische Kommunikationsform, die den Menschen in Kategorien von Dingen und Preisen anspricht. Horst Holzer (1975, 45) erwähnt in diesem Zusammenhang, dass der »Kommunikativ-Charakter der Waren und der Warencharakter der Kommunikation« die »Basis einer scheinhaften gesamtgesellschaftlichen Synthese« bilden. Die Warenform kommuniziert nicht nur Preise, sondern auch, dass die Ware und das Kapital die natürlichen Organisationsformen der Gesellschaft als Ganzes sind. Angesichts des verdinglichten und entfremdeten Status der Ware im Kapitalismus erscheinen auch die Warenformen der Kommunikation (Werbung als Publikums-/Benutzerware, kommunikative Arbeitskraft als Ware, Zugang zu Information und Kommunikation als Waren, kommunikative Inhalte als Waren, Kommunikationstechnologien als Waren usw.) als natürliche Eigenschaften der Kommunikation.

»Die gesellschaftlichen Produktionsverhältnisse der Güter werden systematisch vor uns versteckt. In der kapitalistischen Produktion und im kapitalistischen Konsum werden die Güter ihrer wirklichen Bedeutung *entleert*« (Jhally 2006, 88). Durch den Warenfetischismus entfernt die kapitalistische Produktionsweise die wahre Bedeutung der Waren und macht die wirklichen Kommunikationsprozesse und die Machtstrukturen, durch die die Warenproduktion vermittelt wird und die diese vermitteln, unsichtbar. Die Werbung ist eine Form der fetischisierten Kommunikation, die Waren künstliche Bedeutungen verleiht und diese kommuniziert. »Die Produktion enleert. Die Werbung füllt« (ibid., 89). Werbung ist deshalb so mächtig, weil sie Geschichten über Waren erzählt und den Waren Bedeutungen gibt, die an das Alltagsleben der Menschen appellieren. Dazu bedient sie sich verschiedener Strategien, z. B. der Strategie der Schwarzen Magie, bei der »Personen plötzlichen physischen Transformationen unterzogen werden« und bei der Waren »benutzt werden, um andere Menschen zu bezaubern und zu verzücken« (ibid., 91). »Die eigentliche Funktion der Werbung besteht nicht darin, den Menschen Informationen zu geben, sondern sie dazu zu bringen, sich wohl zu fühlen« (ibid.). Werbung ist eine säkulare Form der Religion, ein magisches Kommunikationssystem (Williams 1980). Die Werbung ist ein System des Warenfetischismus: Sie verspricht Zufriedenheit und Glück durch den Konsum von Dingen (Jhally 2006, 102). Werbung ist Propaganda, die die Ideologie des menschlichen Glücks durch den Konsum von Waren propagiert. Aber Werbung ist nicht nur eine Form der ideologischen Kommunikation, die als Warenpropaganda fungiert. Sie ist auch selbst eine eigentümliche Ware, die durch die Ausbeutung der Arbeit des Publikums und der Nutzer/innen produziert wird, die Aufmerksamkeit und Daten schafft (Smythe 1977, Fuchs 2014a, 2015b).

In seinen Kommentaren zu James Mills Buch *Elements of Political Economy* sagt Marx (1844a), dass die Warensprache keine wahre Kommunikationsform ist, sondern eine für den Kapitalismus charakteristische, entfremdende und entfremdete Art der Kommunikation. Im Kapitalismus sind Sprache und Kommunikation ideologisch deformiert, fetischisierend und naturalisierend:

> »Die einzig verständliche Sprache, die wir zueinander reden, sind unsre Gegenstände in ihrer Beziehung aufeinander. Eine menschliche Sprache verständen wir nicht, und sie bliebe effektlos; sie würde von der einen Seite als Bitte, als Flehen und darum als eine *Demütigung* gewußt, empfunden und daher mit Scham, mit dem Gefühl der Wegwerfung vorgebracht, von der andren Seite als *Unverschämtheit* oder *Wahnwitz* aufgenommen und zurückgewiesen werden. So sehr sind wir wechselseitig dem menschlichen Wesen entfremdet, dass die unmittelbare Sprache dieses Wesens uns als eine *Verletzung der menschlichen Würde*, dagegen die entfremdete Sprache der sachlichen Werte als die gerechtfertigte, selbstvertrauende und sichselbstanerkennende menschliche Würde erscheint« (Marx 1844a, 461).

Der bedeutendste ideologische und gesellschaftliche Wandel, mit dem Gesellschaften in aller Welt heute konfrontiert sind, ist das Aufkommen neuer Nationalismen. Der neoliberale Kapitalismus hat sich in neue autoritäre Kapitalismen verwandelt, die durch neue Nationalismen und politische Phänomene gekennzeichnet sind. Ich erinnere nur an Politiker/innen wie Donald Trump (USA), Recep Tayyip Erdoğan (Türkei), Viktor Orbán (Ungarn), Heinz-Christian Strache und Norbert Hofer (Österreich), Narendra Modi (Indien), Rodrigo Duterte (Philippinen), Marine Le Pen (Frankreich), Geert Wilders (Niederlande), Nigel Farage (Großbritannien), Jarosław Kaczyński (Polen), Andrej Babiš (Tschechische Republik) oder Jair Bolsonaro (Brasilien) und an Parteien wie die AfD (Deutschland), die Basisfinnen, die Schwedendemokraten, die Dänische Volkspartei, die Goldene Morgenröte (Griechenland) oder Jobbik (Ungarn).[2]

Die Analyse neuer Formen des autoritären Kapitalismus ist eine Schlüsselaufgabe für die marxistische Kommunikations- und Ideologietheorie. Sie muss eine Analyse der Struktur der Ideologie beinhalten, der Art und Weise, wie rechte Ideologie kommuniziert wird, nicht nur über traditionelle Medien (Zeitungen, Reden, Fernsehen, Radio), sondern auch über soziale Medien und das Internet. Eine solche Analyse muss sich mit den gesellschaftlichen Ursachen rechter Ideologie und den gesellschaftlichen Kämpfen gegen den Rechtsextremismus befassen.

Zu den Merkmalen eines rechten Autoritarismus gehören hierarchische Führung, Freund-Feind-Schema, Patriarchat und Glaube an Militarismus und Law-and-Order-Politik als adäquate Mittel der Konfliktbewältigung (Fuchs 2018). Rechtsautoritäre Ideologie beinhaltet die Darstellung von Flüchtlingen, Immigrant/innen, Ausländer/innen, fremden Staaten, Sozialist/innen, Intellektuellen, Medien etc. als Feinde der Nation, die deren sozialen Zusammenhalt und deren Kultur bedrohen. Nationalismus ist eine Ideologie, die eine fiktive nationale Einheit von Kapital und Arbeit konstruiert, indem sie der Nation einen ausländischen Feind gegenüberstellt und dadurch die Aufmerksamkeit davon ablenkt, dass gesellschaftliche Probleme auf Klasse, Ausbeutung und Herrschaft beruhen. Der Nationalismus ist ein »Nebelschleier«; dieser Nebelschleier versteckt den geschichtlichen Inhalt der Nationen (Luxemburg 2016, 69). Der Nationalismus ist ein politischer Fetischismus,

2 Wir erleben heute auch die Ausbreitung linker Nationalismen wie zum Beispiel in Schottland und Katalonien, die jedoch nicht primär einen rassistischen Charakter annehmen.

der die Nation in Form einer »Wir«-Identität kommuniziert, die sich von ihren Feinden unterscheidet, welche als Eindringlinge, Ausländer, Untermenschen, Parasiten, Unzivilisierte usw. dargestellt werden.

Marx beschränkte die Analyse von Ideologie und Fetischismus nicht auf die Wirtschaft, sondern kritisierte auch politische Fetischismen wie den Nationalismus. So diskutierte er 1870 die Rolle des Nationalismus, der die Aufmerksamkeit vom Klassenkampf ablenke und die Interessen der herrschenden Klasse legitimiere. Er analysierte die Entstehung eines falschen Bewusstseins in der Arbeiterklasse, so dass diese migrantische Arbeiter/innen und Arbeiter/innen in den Kolonien hasst. Er ging auf diese Frage speziell in Bezug auf Irland ein:

> »Irland ist das bulwark [Bollwerk, Anm.] der *englischen Grundaristokratie*. Die Ausbeutung dieses Landes ist nicht nur eine Hauptquelle ihres materiellen Reichtums. Es ist ihre größte *moralische* Macht. […] Und das Wichtigste! Alle industriellen und kommerziellen Zentren Englands besitzen jetzt eine Arbeiterklasse, die in zwei *feindliche* Lager *gespalten* ist, englische proletarians und irische proletarians. Der gewöhnliche englische Arbeiter haßt den irischen Arbeiter als einen Konkurrenten, welcher den standard of life [Lebensstandard, Anm.] herabdrückt. Er fühlt sich ihm gegenüber als Glied der *herrschenden Nation* und macht sich eben deswegen zum Werkzeug seiner Aristokraten und Kapitalisten *gegen Irland*, befestigt damit deren Herrschaft *über sich selbst*. Er hegt religiöse, soziale und nationale Vorurteile gegen ihn. […] Dieser Antagonismus wird künstlich wachgehalten und gesteigert durch die Presse, die Kanzel, die Witzblätter, kurz, alle den herrschenden Klassen zu Gebot stehenden Mittel. *Dieser Anta-*

gonismus ist das *Geheimnis der Ohnmacht der englischen Arbeiterklasse*, trotz ihrer Organisation. Er ist das Geheimnis der Machterhaltung der Kapitalistenklasse. Letztre ist sich dessen völlig bewußt« (Marx 1870, 668–669).

Für Marx erfordert die Überwindung der Ideologie die Überwindung von Kapitalismus, Klassengesellschaft, Ausbeutung und Herrschaft.

4.5. Schlussfolgerungen

In Marx' Werken finden sich zahlreiche wichtige Elemente einer kritischen Theorie der Kommunikation, darunter die folgenden:

- Kommunikation ist ein materieller Prozess, in dem Menschen soziale Beziehungen, soziale Strukturen, soziale Systeme, Gruppen, Organisationen, Institutionen, Gesellschaft und Sozialität produzieren und reproduzieren.
- Kommunikation weist sowohl wirtschaftliche als auch nichtwirtschaftliche Merkmale auf.
- Marx stellte dem technologischen Determinismus eine Dialektik von Technik und Gesellschaft entgegen, die der Technik (einschließlich der Kommunikationsmittel) in Klassengesellschaften einen widersprüchlichen Charakter zuschreibt.
- Technologien entwickeln sich nicht willkürlich. In Klassengesellschaften ist ihre Entstehung von Partikularinteressen und Machtstrukturen geprägt. Gleichzeitig sind Entwicklung und Einsatz von Technologie nicht determiniert, sondern haben eine gewisse Unberechenbarkeit.
- Marx betonte die Dialektik der zeitlichen und räumlichen Aspekte der Gesellschaft und der Entwicklung von Technik und Kommunikationsmitteln.

- Mit dem Begriff des *general intellect* nahm Marx die Entstehung des kommunikativen, informativen, digitalen, kognitiven Kapitalismus vorweg.
- Marx theoretisierte die Ideologie kritisch als fetischistische Form der Kommunikation. Ideologie verbirgt das wahre Wesen und den wahren Zustand der Welt hinter falschen Erscheinungen und kommuniziert diese falschen Erscheinungen als natürliche Wahrheiten.
- Der Kapitalismus hat eine besondere Form der kapitalistischen Kommunikation, in der die Dinge zu den Menschen zu sprechen scheinen. Der Verkaufsprozess ist eine entmenschlichte und entmenschlichende Form der Kommunikation, bei der die Menschen nicht interagieren, sondern die Ware zu den Menschen spricht. Die Warensprache ist keine wahre Form der Kommunikation, sondern eine entfremdete und entfremdende Art der Kommunikation, die für den Kapitalismus charakteristisch ist.
- Der fetischistische Charakter von Sprache und Kommunikation im Kapitalismus bezieht sich nicht nur auf die Wirtschaft, sondern erstreckt sich auf die Bereiche Politik und Kultur, wo der Staat, die Bürokratie, die regierenden Parteien, die Nation, Nationalismus, Kriege oder Rassismus durch Ideologien als natürliche Formen menschlicher Kommunikation und Gesellschaft erscheinen.

Kämpfe für sozialistische Alternativen sind Kämpfe für die »*positive* Aufhebung des Privateigentums als *menschlicher Selbstentfremdung*«, die »wirkliche *Aneignung* des *menschlichen* Wesens durch und für den Menschen«, die »Rückkehr des Menschen für sich als eines *gesellschaftlichen*, d. h. menschlichen Menschen«, den »Humanismus«, »die *wahrhafte* Auflösung des Widerstreites zwischen dem Menschen mit der Natur und mit dem Menschen, die wahre Auflösung des Streits zwischen Existenz und Wesen, zwischen Vergegenständlichung und Selbstbestätigung, zwischen Freiheit und Notwendigkeit, zwischen Individuum und Gattung« (Marx 1844c, 536).

Eine solche Gesellschaft wäre eine wahre Kommunikationsgesellschaft, in der die sozialen Beziehungen nicht von asymmetrischen Machtstrukturen und Ausbeutung geprägt wären, sondern von der Gemeinschaft von Menschen kontrolliert würden, die in einer solchen Gesellschaft auf Grundlage der gemeinsamen Kontrolle über Wirtschaft, Politik und Alltag handeln, produzieren, entscheiden und gemeinsam leben. Auf Gemein-
gutorientierung basierende Kommunikation bedeutet, dass in einer Gemeinschaft unter den Prinzipien von Solidarität und Kooperation Gemeinsames erreicht wird.

Der Begriff Kommunikation leitet sich aus dem lateinischen Verb *communicare* und dem Substantiv *communicatio* ab. *Communicare* bedeutet »teilen, informieren, vereinen, teilnehmen« und wörtlich »etwas gemeinsam machen«. Eine herrschaftsförmige und klassenstrukturierte Gesellschaft beruht auf partikularistischer Kontrolle. Die Kämpfe um die Stärkung der Gemeingüter zielen dagegen darauf ab, Klasse und Herrschaft zu überwinden und die Gesellschaft zu einem Bereich gemeinsamer Kontrolle zu machen. In einer Wirtschaft der Gemeingüter sind die Produktionsmittel in kollektivem Besitz. In einem politischen Gemeinwesen kann jede/r die kollektive Entscheidungsfindung direkt mitgestalten und daran teilnehmen. In einer Kultur der Gemeingüter wird jede/r anerkannt. In einer solchen partizipatorischen Demokratie sprechen und kommunizieren die Menschen als eine gemeinsame Stimme. Sie besitzen und entscheiden gemeinsam und erkennen einander an. Trotz aller Unterschiede wird im demokratischen Sozialismus das Gemeinsame der Menschen erkannt, praktiziert und organisiert.

Eine Kommunikationsgesellschaft ist keine Gesellschaft, in der Menschen kommunizieren, weil sie kommunizieren müssen, um zu überleben. Eine kommunikative Gesellschaft ist auch keine Informationsgesellschaft, in der Wissen und Informations-/Kommunikationstechnologien strukturierende Prinzipien sind. Eine Kommunikationsgesellschaft ist eine Gesellschaft, in der die ursprüngliche Bedeutung von Kommunikation als etwas Gemeinsames das Leitprinzip ist. Die Gesellschaft und damit auch die Existenz der Kommunikation entspricht dann dem Wesen der Kommunikation. Eine Kommunikationsgesellschaft ist eine Gesellschaft, die von den Menschen gemeinsam kontrolliert und gestaltet wird, so dass die Kommunikation vom allgemeinen Prozess der Produktion von Sozialität zum eigentlichen Prinzip wird, auf dem die Gesellschaft beruht. Eine Kommunikationsgesellschaft verwirklicht die Identität von *communicare* (kommunizieren, gemeinsam machen) und *communis* (Gemeinschaft). Die Gesellschaft wird zu einer Gemeinschaft der Gemeingüter. Eine solche Gesellschaft ist gemeingutorientiert. Gemeingutorientierte Medien ermöglichen Kommunikation, deren »erste Freiheit […] darin« besteht, »kein Gewerbe zu sein« (Marx 1842, 71)

5.
Industrie 4.0: Die digitale *deutsche Ideologie*

5.1 Was ist die Industrie 4.0?

In den letzten Jahren wurde viel über die »Industrie 4.0«
und das »industrielle Internet« gesprochen und behauptet, dass es sich dabei um die vierte industrielle Revolution handle. Insbesondere in Deutschland hat sich eine lebhafte öffentliche Debatte über diese Begriffe entwickelt, die durch Regierungsstrategien, Investitionen, Weiß- und Grünbücher, Berichte, Studien, den Aufbau einer industriellen Lobbygruppe (Plattform Industrie 4.0, siehe http://www.plattform-i40.de), öffentliche Debatten, Forschungsprojekte und eine Unzahl von Publikationen geprägt ist (siehe zum Beispiel Aichholzer et al. 2015; Austrian Institute of Technology, WIFO und Fraunhofer Austria Research 2017; Bitkom 2015, Bundesminsterium für Arbeit und Soziales 2015, Bundesministerium für Bildung und Forschung 2013, Bundesministerium für Wirtschaft und Energie 2015; Forschungsunion Wirtschaft – Wissenschaft und Deutsche Akademie der Technikwissenschaften 2013; Holtgrewe, Riesenecker-Caba und Flecker 2015; Spath et al. 2013). Zu den deutschen Unternehmen, die eine Rolle in der Industrie 4.0 spielen, gehören unter anderen SAP, Siemens, die Software AG, Diebold Nixdorf Holding, PSIpenta, Seeburger, Bosch, die Felten Group, die KUKA AG und die Festo SE & Co. KG.

Was aber ist die Industrie 4.0? Es handelt sich dabei um ein Konzept, das die Kombination des Internets der Dinge, Big Data, sozialer Medien, Cloud Computing, von Sensoren, künstlicher Intelligenz und Robotik sowie die Anwendung von Kombinationen dieser Technologien auf die Produktion, Distribution und Konsumtion physischer Güter propagiert. Zentral dabei sind cyber-physische Computersysteme, die in industriell produzierte Komponenten und Güter eingebettet werden. Mikrochips werden in verarbeitete Industriegüter eingepflanzt, so dass diese vernetzt werden und mit dem Internet verbunden

sind. Die Vernetzung der Menschen über soziale Medien und die Produktion von Big Data wird auf Maschinen ausgeweitet, so dass Netzwerke von kommunizierenden Maschinen entstehen. Im Extremfall bedeutet Industrie 4.0, dass ein Gut vollautomatisch ohne menschliche Intervention produziert, ausgeliefert, benutzt, repariert, entsorgt und wiederverwertet wird. Das deutsche Bundesministerium für Bildung und Forschung argumentiert, dass in der Industrie 4.0 »Anlagen, Maschinen und einzelne Werkstücke […] kontinuierlich Informationen« austauschen, was dazu führt, dass in Zukunft »viele Prozesse in Echtzeit über große Entfernungen gesteuert und koordiniert« werden (Bundesministerium für Bildung und Forschung 2013, 6). »Intelligente« Fabriken und »intelligente« Produkte sind demnach die Folge der Industrie 4.0.

Dieses Kapitel umreißt eine marxistische Perspektive auf die Industrie 4.0. Abschnitt 5.2 rekapituliert die Positionen von Marx und verschiedenen Marxist/innen zur Automatisierung. In Abschnitt 5.3 wird argumentiert, dass die vierte industrielle Revolution eine Ideologie ist. Abschnitt 5.4 umreißt die wirtschaftspolitischen Überlegungen, warum das deutsche Kapital die Industrie 4.0 vorantreiben will. Abschnitt 5.5 formuliert zehn Argumente, warum man der Industrie 4.0 skeptisch gegenüberstehen sollte. In Abschnitt 5.6 werden einige Schlussfolgerungen gezogen.

5.2. Die Automatisierung bei Marx und in der marxistischen Theorie

Die Anwendung des Computers in kapitalistischen Volkswirtschaften hat seit den 1960er Jahren zu marxistischen Analysen der computerisierten Formen der Automatisierung geführt. Harry Braverman, André Gorz und David F. Noble haben einflussreiche Beiträge zur marxistischen Analyse der Automatisierung vorgelegt.

Harry Braverman: Automatisierung und die Degradierung der Arbeit

Harry Braverman (1974/1998) argumentiert, dass die Automatisierung im 20. Jahrhundert zu einer Degradierung der Arbeit geführt hat. Dazu gehören Entqualifizierung, Dequalifizierung, Proletarisierung, steigende Arbeitslosigkeit, Überwachung und Kontrolle. Braverman fasst seine grundlegende Einsicht zusammen:

> »So ist die Tendenz der kapitalistischen Produktionsweise von ihren Anfängen vor etwa 200 oder 250 Jahren bis zur Gegenwart, wo diese Tendenz zu einem wilden Laufen geworden ist, die unaufhörliche Zerlegung der Arbeitsprozesse in vereinfachte Operationen, die den Arbeitern [sic!] als Aufgaben gelehrt werden. Dies führt dazu, dass die größtmögliche Masse an Arbeit in Arbeit der elementarsten Form umgewandelt wird, Arbeit, aus der alle konzeptuellen Elemente entfernt worden sind und mit ihnen die meisten Fertigkeiten, das meiste Wissen und das meiste Ver-

> ständnis von Produktionsprozessen. Je komplexer also der Prozess wird, desto weniger versteht der Arbeiter. Je mehr Wissenschaft in die Technologie integriert wird, desto weniger Wissenschaft besitzt der Arbeiter; und je mehr Maschinen als Hilfsmittel für die Arbeit entwickelt wurden, desto mehr wird die Arbeit zum Diener der Maschinen« (Braverman 1974/1998, 319).

Braverman (ibid., 324) stellt außerdem eine Zunahme der Arbeitslosigkeit als Folge der Automatisierung im 20. Jahrhundert fest: »Das Auffälligste, was sich aus einer Untersuchung

der Arbeitslosenstatistiken vom Zweiten Weltkrieg bis zur Gegenwart ergibt, ist der langfristige Trend einer allmählichen, aber anhaltenden Erweiterung des Pools der offiziell gezählten Arbeitslosen.«

Der Computer als Automatisierungstechnologie hat den Abbau von Arbeit vorangetrieben. Ein Beispiel ist die Informatisierung der Büro- und Angestelltenarbeit: »Das nach diesen Prinzipien arbeitende Computersystem ist das wichtigste, wenn auch nicht das einzige Instrument der Mechanisierung des Büros« (ibid., 226). »Und mit den durch das Computersystem und die Forcierung der Arbeitsintensität ermöglichten Ökonomien kommen Entlassungen, die selektiv die Tendenz zu fabrikähnlicher Arbeit verstärken« (ibid., 231). Die Angestellten im Zeitalter der Computerisierung würden »die Schaffung eines großen Proletariats in einer neuen Form« (ibid., 245) erleben.

André Gorz: Automatisierung und postindustrieller Sozialismus

Während Braverman sich vorwiegend auf die Analyse negativer Effekte der Automatisierung innerhalb des Kapitalismus konzentriert, hat André Gorz (1982) eine optimistischere Sicht auf die Automatisierungstechnologien. Gorz stimmt Bravermans Analyse zu, dass Computerisierung und Automatisierung unter kapitalistischen Bedingungen negative Auswirkungen auf die Arbeitskraft haben:

> »Automatisierung und Computerisierung haben die meisten Fertigkeiten und Initiativmöglichkeiten beseitigt und sind dabei, das, was von den qualifizierten Arbeitskräften (ob Arbeiter oder Angestellte) übrig geblieben ist, durch einen neuen Typ von ungelernten Arbeitern zu ersetzen« (Gorz 1982, 28).
>
> »Die Mechanisierung hat zu einer Fragmentierung und Dequalifizierung der Arbeit geführt und es ermöglicht, die Arbeit nach rein quantitativen Maßstäben zu messen« (ibid., 38).
>
> »Die Zersplitterung der Arbeit, der Taylorismus, die wissenschaftliche Leitung und schließlich die Automatisierung haben dazu geführt, dass die Handwerksberufe und die Facharbeiter, deren ›Stolz auf eine gut ausgeführte Arbeit‹ ein gewisses Bewusstsein ihrer praktischen Souveränität erkennen ließ, abgeschafft wurden« (ibid., 46).

Über Braverman hinaus betont Gorz auch die Möglichkeit, dass »der Zeitaufwand für heteronome Arbeit auf ein Minimum reduziert« werden soll, so dass »die Masse der gesellschaftlichen notwendigen Arbeit [...] so auf die Gesamtbevölkerung verteilt wird, dass der durchschnittliche Arbeitstag auf wenige Stunden reduziert wird« (ibid., 101).

Gorz plädiert für die Reduzierung der gesellschaftlich notwendigen Arbeitszeit durch Automatisierung, die Schaffung von Freizeit, die in selbstverwalteten Genossenschaften, die alternative Technologien nutzen, für nichtmarktwirtschaftliche Aktivitäten genutzt wird, und die Schaffung eines garantierten

Grundeinkommens. Diese Utopie nennt er postindustriellen Sozialismus. Eine solche Gesellschaft basiert auf dem Prinzip: »Weniger arbeiten, mehr leben!« (ibid., 134). »Erst mit dem Kapitalismus wird Arbeit bzw. die heteronome Produktion von Tauschwerten zu einer Vollzeitbeschäftigung und die Selbstversorgung mit Gütern und Dienstleistungen (durch die Familie oder Gemeinschaft) zu einer marginalen und nachrangigen Tätigkeit. Eine Umkehrung dieses Verhältnisses wird das Ende der politischen Ökonomie und das Aufkommen des ›postindustriellen Sozialismus‹ oder Kommunismus bedeuten« (ibid., 82).

Gorz plädiert für »die Abschaffung der Arbeit«, unter der er die »Unterdrückung der Notwendigkeit [versteht], das Recht auf Leben (das fast gleichbedeutend mit dem Recht auf einen Lohn ist) zu erwerben, durch die Entfremdung unserer Zeit und unseres Lebens« (ibid., 2). »Es ist möglich, den nichtmarktwirtschaftlichen Bereich der autonomen, selbstverwalteten und selbstmotivierten Tätigkeit zu erweitern, indem man die autozentrierte Produktion und Ausbildung fördert und einige der Dienstleistungen, die gegenwärtig von kommerziellen Organisationen oder bürokratischen Verwaltungen erbracht werden, durch gegenseitige Hilfe, Zusammenarbeit und Teilen ersetzt« (ibid., 98).

Gorz vertritt die Auffassung, dass das politische Ziel der Linken nicht eine Gesellschaft mit »Vollbeschäftigung« sein sollte, sondern »eine Gesellschaft, in der jeder das Recht auf die Befriedigung seiner Bedürfnisse als Gegenleistung für eine Menge gesellschaflich notwendiger Arbeit hat, die nur einen kleinen Bruchteil eines Lebens in Anspruch nimmt« (ibid., 123). In einer solchen Gesellschaft werden »alternative Technologien« eingesetzt, »um mehr, besser und mit weniger zu tun, während gleichzeitig die Autonomie des Einzelnen und der lokalen Gemeinschaften erhöht wird« (ibid., 124). Jedem »Individuum soll als Gegenleistung für 20 000 Stunden gesellschaftlich nützlicher Arbeit ein lebenslanges soziales Einkommen garantiert werden« (ibid.).

Gorz (1989) stellt sich die Entstehung eines Reichs autonomer Aktivitäten in einer postindustriellen sozialistischen Gesellschaft vor. Dieser Bereich ist nicht mehr von instrumenteller ökonomischer Vernunft geprägt:

> »Nichtarbeitszeit ist nicht mehr notwendigerweise Zeit für Ruhe, Erholung, Vergnügen und Konsum [...] Würde die Arbeitswoche auf unter fünfundzwanzig oder dreißig Stunden verkürzt, *könnten* wir unsere verfügbare Zeit mit Tätigkeiten füllen, die kein wirtschaftliches Ziel haben und die das Leben sowohl des Einzelnen als auch der Gruppe bereichern: Kulturelle und ästhetische Aktivitäten, deren Ziel es ist, Freude zu bereiten und zu schaffen und unsere unmittelbare Umgebung aufzuwerten und zu ›kultivieren‹; Hilfs-, Betreuungs- und Hilfstätigkeiten, die ein Netz sozialer Beziehungen und Formen der Solidarität in der Nachbarschaft oder lokal schaffen; die Entwicklung von Freundschaften und affektiven Beziehungen; erzieherische und künstlerische Aktivitäten; die Reparatur und Herstellung von Gegenständen und der Anbau von Nahrungsmitteln für den Eigenbedarf, ›zum Vergnügen‹, etwas selbst herzustellen, Dinge zu bewahren, die wir schätzen und an unsere Kinder weitergeben können; Tauschgenossenschaften usw. Auf diese Weise wird es möglich sein, dass ein beachtlicher Teil der Dienstleistungen, die heute von Fachleuten, kommerziellen Unternehmen oder öffentlichen Einrichtungen erbracht werden, auf freiwilliger Basis von Einzelpersonen selbst als Mitglieder von Basisgemeinschaften ent-

sprechend den von ihnen selbst definierten Bedürfnissen erbracht werden können« (Gorz 1989, 233–234).

Nick Srnicek und Alex Williams[3] haben Gorz' Ansatz in einer techno-optimistischen Weise fortgesetzt. Sie plädieren dafür, die Vollautomatisierung zusammen mit einer Politik voranzutreiben, die eine postkapitalistische Gesellschaft als eine Welt ohne Arbeit herbeiführt.

> »Die jüngste Welle der Automatisierung schafft die Möglichkeit, dass riesige Schwaden langweiliger und erniedrigender Arbeit dauerhaft beseitigt werden können« (Srnicek und Williams 2015, 1–2).

> »Die Träume von der Raumfahrt, die Entkarbonisierung der Wirtschaft, die Automatisierung der stumpfsinnigen Arbeit, die Verlängerung des menschlichen Lebens usw. sind alles große technologische Projekte, die auf verschiedene Weise durch den Kapitalismus behindert werden. Der expansive Prozess der Technologie kann, einmal von kapitalistischen Fesseln befreit, sowohl positive als auch negative Freiheiten potenzieren. Er kann die Grundlage für eine vollständig postkapitalistische Wirtschaft bilden, die einen Wandel weg von Knappheit, Arbeit und Ausbeu-

3 Paul Mason (2015) liefert in seinem Buch *PostCapitalism* eine andere Version der Analyse von Automatisierung und Technologie, die mit den in diesem Abschnitt vorgestellten vergleichbar ist (Braverman, Gorz, Noble). Er argumentiert, dass die computerisierte Automatisierung und das Internet zu Produkten mit Null-Kosten und zur Zerstörung der ökonomischen Wertbasis des Kapitalismus geführt haben, so dass eine neue lange Welle des Wirtschaftswachstums nicht entstehen könne und der Kapitalismus zusammenbrechen müsse. Masons Ansatz ähnelt Henryk Grossmans (1929/1992) Zusammenbruchstheorie des Kapitalismus (siehe Fuchs 2016c).

tung und hin zur vollen Entfaltung der Menschheit ermöglicht« (ibid., 179).

David F. Noble: Automatisierung und Klassenkampf

Der marxistische Technikhistoriker David F. Noble studierte die Geschichte der Automatisierung vom 19. Jahrhundert bis zur Phase der computerisierten Automatisierung. Ihm zufolge stellt die computerisierte Automatisierung die zweite industrielle Revolution dar und führt unter kapitalistischen Bedingungen zu Krisen und Instabilität:

> »Diese neuesten Geräte verleihen dem Kapital eine neue Mobilität und ermöglichen es den Kapitalisten, aus dem weltweiten Reservoir zu wählen: Gesellschaften und Völker, die auf der Suche nach den billigsten und unterwürfigsten Händen gegeneinander ausgespielt werden. Darüber hinaus bieten diese neuen technischen Systeme die Aussicht, nicht einfach aus den Menschen Roboter zu machen, sondern Menschen durch Roboter zu ersetzen und ganz auf menschliche Arbeitskraft zu verzichten – alles im Namen des wirtschaftlichen und technischen Fortschritts. Kein Wunder also, dass dieser zweite Übergang wie der erste von sozialer Instabilität und wirtschaftlicher Krise gekennzeichnet ist, wobei die Nachfrage nach Arbeit und Arbeitnehmern gleichermaßen zurückgegangen ist« (Noble 1995, 44).

> »Als Ergebnis sehen wir nicht die Wiederbelebung der industriellen Basis der Nation, sondern ihre weitere Erosion; nicht die Vergrößerung der Ressourcen, sondern ihre Erschöpfung; nicht die Wiederauffüllung unersetzbarer menschlicher Fähigkeiten, sondern ihr endgültiges Verschwinden; nicht den größeren Wohlstand der Nation,

> sondern ihre stetige Verarmung; nicht die Erweiterung der Demokratie und der Gleichheit, sondern eine Konzentration der Macht, eine Verschärfung der Kontrolle, eine Stärkung der Privilegien; nicht die hoffnungsvollen Hymnen des Fortschritts, sondern die düsteren Klänge von Verzweiflung und Beunruhigung« (Noble 1984/2011, 353).

Noble stellt die »Ideologie des technischen Fortschritts in Frage, nach der der technologische Fortschritt als unausweichlich vorteilhaft für die Gesellschaft angesehen wird« (ibid., 351). Er plädiert für die Förderung einer alternativen Vision der Gesellschaft durch Klassenkämpfe. Seine Position ist im Wesentlichen eine Form des Marxismus, der die Notwendigkeit von Klassenkämpfen zur Humanisierung der Gesellschaft betont. »Es ist wesentlich, alternative Träume zu träumen, eine Vision einer humaneren Zukunft zu entwerfen, aber zu glauben, dass diese Technologien unter den gegenwärtigen politischen Bedingungen zu humanen Zwecken eingesetzt werden könnten, ist eine gefährliche Illusion« (ibid.). Gesellschaftliche Kämpfe um Alternativen müssen die Ideologie des technischen Fortschritts in Frage stellen:

> »Das Problem ist politisch, moralisch und kulturell, ebenso wie die Lösung: eine erfolgreiche Herausforderung eines Herrschaftssystems, das sich als Fortschritt tarnt. Eine solche Herausforderung wird zweifellos Widerstand gegen die Technologie in ihrer gegenwärtigen Form erfordern – um Zeit zu gewinnen und den gegenwärtigen Angriff zu lähmen. Und sie wird politische Mobilisierung und Visionen, kulturellen Erfindungsgeist und Verjüngung sowie eine Wiederbelebung des Vertrauens der Menschen erfordern. Aber es wird auch ein für allemal eine Transzendenz der irrationalen und infantilen Ideologie des technischen

Fortschritts erfordern, die das westliche Denken seit mindestens zwei Jahrhunderten begründet hat – eine Ideologie, die zu lange die Realitäten der Macht in der Gesellschaft verdunkelt hat und denjenigen, die sie ausüben, Legitimation und kulturelle Sanktionen verschafft und jegliche Opposition gelähmt hat« (ibid.).

Marx über die Automatisierung

Braverman, Gorz und Noble haben die Marx'sche Theorie auf die Automatisierungstechnologien des 20. Jahrhunderts angewandt. Marx hat ihr Denken auf unterschiedliche Weise beeinflusst. Aber was hat Marx selbst über die Automatisierung gesagt?

Der Arbeitsprozess besteht aus einer Abfolge von Handlungen. Je höher der Anteil der Handlungen im Produktionsprozess ist, der von Maschinen ausgeführt wird, desto höher ist der Grad der Automatisierung. Automatisierung bedeutet, dass eine Maschine unabhängig vom menschlichen Handeln Operationen im Arbeitsprozess ausführt:

> »Sobald die Arbeitsmaschine alle zur Bearbeitung des Rohstoffs nötigen Bewegungen ohne menschliche Beihilfe verrichtet und nur noch menschlicher Nachhilfe bedarf, haben wir ein automatisches System der Maschinerie, das indes beständiger Ausarbeitung im Detail fähig ist. So sind z. B. der Apparat, der die Spinnmaschine von selbst stillsetzt, sobald ein einzelner Faden reißt, und der selfacting stop, der den verbesserten Dampfwebstuhl stillsetzt, sobald der Spule des Weberschiffs der Einschlagsfaden ausgeht, ganz moderne Erfindung« (Marx 1867, 402).

In vergleichbarer Weise argumentiert Friedrich Pollock: »Die Ziele und Methoden der Automatisierung können vorläufig als eine Produktionstechnik definiert werden, deren Ziel es ist, den Menschen durch Maschinen zu ersetzen, sowohl bei der Bedienung und Steuerung der Maschinen als auch bei der Kontrolle des Outputs der herzustellenden Produkte« (Pollock 1957, 5).

In *Das Kapital Band 1* betont Marx, dass die kapitalistische Nutzung der Technologie darauf abzielt, die Arbeiter zu kontrollieren und ihre Arbeitskraft durch automatisierte Maschinen zu ersetzen. Infolgedessen sind Maschinen und Automatisierung im Kapitalismus Instrumente der Herrschaft:

> »Mit dem Arbeitswerkzeug geht auch die Virtuosität in seiner Führung vom Arbeiter auf die Maschine über. Die Leistungsfähigkeit des Werkzeugs ist emanzipiert von den persönlichen Schranken menschlicher Arbeitskraft. Damit ist die technische Grundlage aufgehoben, worauf die Teilung der Arbeit in der Manufaktur beruht. An die Stelle der sie charakterisierenden Hierarchie der spezialisierten Arbeiter tritt daher in der automatischen Fabrik die Tendenz der Gleichmachung oder Nivellierung der Arbeiten, welche die Gehilfen der Maschinerie zu verrichten haben« (Marx 1867, 442).

> »Aller kapitalistischen Produktion, soweit sie nicht nur Arbeitsprozeß, sondern zugleich Verwertungsprozeß des Kapitals, ist es gemeinsam, daß nicht der Arbeiter die Arbeitsbedingung, sondern umgekehrt die Arbeitsbedingung den Arbeiter anwendet, aber erst mit der Maschinerie erhält diese Verkehrung technisch handgreifliche Wirklichkeit. Durch seine Verwandlung in einen Automaten tritt das Arbeitsmittel während des Arbeitsprozesses selbst dem Arbeiter als Kapital gegenüber, als tote Arbeit, welche die lebendige Arbeitskraft beherrscht und aussaugt« (ibid., 446).

In *Das Kapital Band 1* gibt Marx eine Analyse der Automatisierung, die Braverman und die Braverman'sche Tradition der Arbeitsprozessanalyse beeinflusst hat. Marx' Frage lautet: Wie ersetzt, entmenschlicht, entfremdet und kontrolliert die Automatisierung den Arbeiter?

In den *Grundrissen*, dem ersten Entwurf von *Das Kapital*, gibt Marx eine Definition der Automatisierung, die jener in *Das Kapital Band 1* ähnlich ist:

> »In den Produktionsprozess des Kapitals aufgenommen, durchläuft das Arbeitsmittel aber verschiedne Metamorphosen, deren letzte die *Maschine* ist oder vielmehr ein *automatisches System der Maschinerie* (System der Maschinerie; das *automatische* ist nur die vollendetste adäquateste Form derselben und verwandelt die Maschinerie erst in ein System), in Bewegung gesetzt durch einen Automaten, bewegende Kraft, die sich selbst bewegt; dieser Automat, bestehend aus zahlreichen mechanischen und intellektuellen Organen, so dass die Arbeiter selbst nur als bewußte Glieder desselben bestimmt sind« (Marx 1857/58, 592).

Marx beschreibt in den *Grundrissen* ebenso wie im *Kapital*, wie die Automatisierung im Kapitalismus als Technologie der Kontrolle wirkt:

> »Sondern die Maschine, die für den Arbeiter Geschick und Kraft besitzt, ist selbst der Virtuose, die ihre eigne Seele besitzt in den in ihr wirkenden mechanischen Gesetzen und zu ihrer beständigen Selbstbewegung, wie der Arbeiter Nahrungsmittel, so Kohlen, Öl etc. konsumiert (matieres instrumentales). Die Tätigkeit des Arbeiters, auf eine bloße Abstraktion der Tätigkeit beschränkt, ist nach allen Seiten hin bestimmt und geregelt durch die Bewegung der Maschinerie, nicht umgekehrt. Die Wissenschaft, die die

> unbelebten Glieder der Maschinerie zwingt, durch ihre Konstruktion zweckgemäß als Automat zu wirken, existiert nicht im Bewußtsein des Arbeiters, sondern wirkt durch die Maschine als fremde Macht auf ihn, als Macht der Maschine selbst« (ibid., 593).

Zugleich argumentiert Marx in den *Grundrissen*, dass der Sozialismus sich Maschinen und die Automatisierungstechnik aneignen und diese umgestalten muss.

Der Kapitalismus basiert auf der Aneignung menschlicher Arbeit durch das Kapital, die durch Technologie vermittelt wird

(objektivierte Arbeit):

> »Die Aneignung der lebendigen Arbeit durch die vergegenständlichte Arbeit – der verwertenden Kraft oder Tätigkeit durch den für sich seienden Wert, die im Begriff des Kapitals liegt, ist in der auf Maschinerie beruhnden Produktion als Charakter des Produktionsprozesses selbst auch seinen stofflichen Elementen und seiner stofflichen Bewegung nachgesetzt. Der Produktionsprozess hat aufgehört, Arbeitsprozess in dem Sinn zu sein, dass die Arbeit als die ihn beherrschende Einheit über ihn übergriffe« (Marx 1857/1858, 593).

Die moderne Technologie bildet das Herzstück des kapitalistischen Antagonismus zwischen Produktivkräften und Produktionsverhältnissen. Dieser Antagonismus fördert gleichzeitig Krisentendenzen und die Entstehung sozialistischer Potenziale, die aus der Vergesellschaftung der Arbeit hervorgehen. Im Gegensatz zur kapitalistischen Aneignung bedeutet sozialistische Aneignung »freien Austausch von Individuen, die assoziiert sind auf der Grundlage der gemeinsamen Aneignung und Kontrolle der Produktionsmittel« (ibid., 92).

In »Maschinenfragment«, einem Teil der *Grundrisse*, beschreibt Marx die Entstehung einer Informationsökonomie als Folge der Entwicklung der Produktivkräfte des Kapitalismus. Er argumentiert, dass aufgrund der Entwicklung der Produktivkräfte eine Phase kommen muss, in der »das allgemeine gesellschaftliche Wissen«, das er auch als *general intellect* bezeichnet, »zur unmittelbaren Produktivkraft« geworden ist (Marx 1857/1858, 602). Marx sah eine computerisierte Gesellschaft voraus.

Nur in einer solchen Gesellschaft wird es möglich, die menschliche Mühsal und die notwendige Arbeitszeit so zu minimieren, dass ein Raum der Freiheit entsteht, in dem der Mensch frei tätig sein kann und unabhängig von Zwangsarbeit und Lohnarbeit ist.

Es ist die Tendenz des Kapitals, »einerseits disposable time zu schaffen, andrerseits to convert it into surplus labour« (Marx 1857/58, 604). Unter kapitalistischen Bedingungen neigt die Automatisierung dazu, auf der einen Seite Arbeitslosigkeit und prekäre Arbeit zu fördern, die von Überlastung auf der anderen Seite begleitet werden. Es besteht ein kapitalistischer Antagonismus zwischen notwendiger Arbeitszeit und Mehrarbeitszeit. Dieser kann nur durch Klassenkämpfe überwunden werden, die auf eine Gesellschaft abzielen, in der sich die »Arbeitermasse selbst ihre Surplusarbeit« aneignet (Marx 1857/58, 604).

> »Hat sie das getan – und hört damit die *disposable time* auf, gegensätzliche Existenz zu haben –, so wird einerseits die notwendige Arbeitszeit ihr Maß an den Bedürfnissen des gesellschaftlichen Individuums haben, andrerseits die Entwicklung der gesellschaftlichen Produktivkraft so rasch wachsen, dass, obgleich nun auf den Reichtum aller die Produktion berechnet ist, die *disposable time* aller wächst. Denn der wirkliche Reichtum ist die entwickelte Produktivkraft aller Individuen. Es ist dann keineswegs mehr die

> Arbeitszeit, sondern die disposable time das Maß des Reichtums« (Marx 1857/58, 604).

So betont Marx in der *Grundrissen* auch das Element, das für André Gorz' Arbeiten charakteristisch ist, nämlich die sozialistischen Potenziale moderner Technologien zur Abschaffung der Mühsal und zur Reduzierung der gesellschaftlich notwendigen Arbeitszeit. Diese Position fragt: Wie kann Technologie eine humanistische Kraft in einer sozialistischen Gesellschaft sein? Wie kann Technologie sozialistische Potenziale fördern? Eine sozialistische Gesellschaft ist eine Gesellschaft, die von der Freizeit als der wahren Quelle des Reichtums geprägt ist:

> »Die wirkliche Ökonomie – Ersparung – besteht in Ersparung von Arbeitszeit; (Minimum (und Reduktion zum Minimum) der Produktionskosten); diese Ersparung aber identisch mit Entwicklung der Produktivkraft. [...] Die Ersparung von Arbeitszeit gleich Vermehren der freien Zeit, d.h. Zeit für die volle Entwicklung des Individuums, die selbst wieder als die größte Produktivkraft zurückwirkt auf die Produktivkraft der Arbeit« (Marx 1857/58, 607).

Für Marx ist Freizeit nicht die Zeit, in der man nicht arbeitet, da eine solche Freizeit eine entfremdete Arbeitssphäre voraussetzt, aus der man fliehen muss. Vielmehr ist Freizeit frei bestimmte Zeit jenseits der Notwendigkeit, also freie Zeit. Der Sozialismus ist für Marx (1894, 828), wie er in *Das Kapital Band 3* argumentiert, das Reich der Freiheit jenseits der notwendigen Arbeit. »Die Verkürzung des Arbeitstags ist die Grundbedingung« (Marx 1894, 828). »Hinter all den unmenschlichen Aspekten der Automatisierung, wie sie im Kapitalismus organisiert ist, erscheinen ihre wirklichen Möglichkeiten: die Entstehung einer technologischen Welt, in der sich der Mensch endlich vom Apparat seiner Arbeit zurückziehen kann, diesen verlassen kann und ihn nur mehr beaufsichtigt, um frei damit zu experimentieren« (Marcuse 1968/2009, xxiii).

Marx' Analyse der Automatisierung ist dialektisch. Weder begrüßt noch verwirft er die Automatisierung als solche, sondern argumentiert, dass Charakter, Form, Gestaltung, Gebrauch und Auswirkungen der Automatisierung von den Macht- und Klassenverhältnissen abhängen. In der kapitalistischen Gesellschaft werden die Kapitalist/innen versuchen, die Automatisierung zur Förderung ihrer Profitinteressen zu nutzen. Da der Kapitalismus eine Gesellschaft ist, in der Profitinteressen über den Interessen der Menschen und des menschlichen Lebens stehen, müssen Kapitalist/innen prekäre Arbeit, prekäres Leben, Ungleichheiten, Arbeitslosigkeit usw. akzeptieren und fördern, um die Kapitalakkumulation voranzutreiben. Marx vertritt weder eine positive noch eine negative Analyse und Bewertung der Automatisierung, sondern eine dialektische Position, die betont, dass die Automatisierung im Kapitalismus eingebettet ist in die Antagonismen zwischen Produktivkräften/Produktionsverhältnissen und notwendiger Arbeitszeit/Mehrarbeitszeit. Er befürwortet eine klassenkämpferische Perspektive auf die Automatisierung. Das bedeutet, dass die Frage nach den Folgen der Automatisierung von den Ergebnissen der Klassenkämpfe abhängt.

Wenn wir eine marxistische Perspektive auf die neueste Welle von Automatisierungstechnologien einnehmen, d. h. Technologien, die mit künstlicher Intelligenz, Big Data, Cloud Computing, sozialen Medien und dem Internet der Dinge zu tun haben, bedeutet das, dass wir diese Technologien auf der Grundlage der Analyse der heutigen Klassenkämpfe erklären müssen. Solche Kämpfe schließen den Versuch der bürgerlichen Klasse ein, immer neuere Methoden zur Steigerung und

Intensivierung der Aneignung von Mehrwert zu finden. Eine klassenkämpferische Perspektive betont die Bedeutung von Arbeiter/innen, Gewerkschaften, sozialen Bewegungen und Parteien, die Klassenkämpfe von unten führen, die darauf abzielen, die Macht des Kapitals zurückzudrängen und sich die Produktionsmittel, einschließlich der neuesten Technologien, anzueignen. Eine solche sozialistische Aneignung zielt darauf ab, Technologien zu transformieren, alternativ zu gestalten, zu entwerfen und zu nutzen und diese als Gemeingüter zu etablieren, also als Technologien, die sich im Besitz, unter

der Kontrolle und in der Selbstverwaltung der unmittelbaren Produzent/innen befinden und Vorteile für alle produzieren. Gemeingutorientierte Technologien erfordern und weisen hin auf eine Gesellschaft der Gemeingüter. Das Ziel einer sozialistischen Technologie- und Automatisierungspolitik ist es, »die Automatisierung in eine freie und demokratische Gesellschaft zu integrieren. Erfolg in einer solchen Planung würde bedeuten, […] ein Gesellschaftssystem zu errichten, das auf Vernunft beruht« (Pollock 1957, 253).

5.3. Die vierte Industrielle Revolution als neue Ideologie

Es ist ein oft wiederholtes Argument, dass es sich bei der Industrie 4.0 um die vierte industrielle Revolution handelt (siehe Abbildung 5.1), die auf Revolutionen folgt, die durch Wasser- und Dampfkraft (Industrielle Revolution 1.0), elektrische Energie (Industrielle Revolution 2.0) und die Computerisierung (Industrielle Revolution 3.0) verursacht wurden. Man sollte Behauptungen, dass Revolutionen unvermeidlich sind und bald bevorstehen, skeptisch begegnen. Zum Beispiel meint eine Studie des Fraunhofer-Instituts für Arbeitswirtschaft und Organisation: »Die vierte industrielle Revolution wird re-

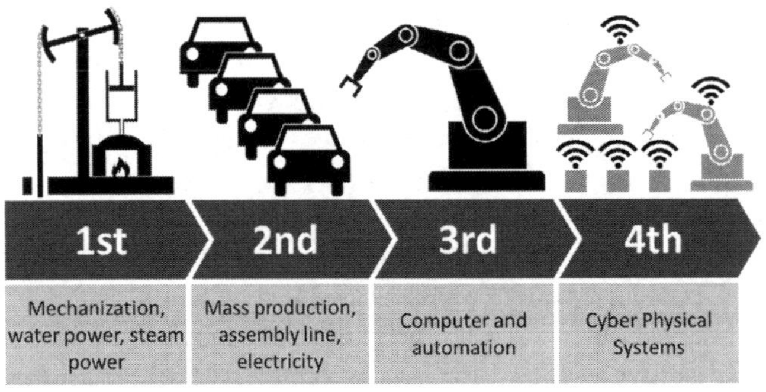

Abbildung 5.1: Industrie 4.0 als vierte industrielle Revolution, Quelle: Christoph Roser, AllAboutLean.com, CC BY-SA 4.0, Wikimedia Commons

volutionäre Auswirkungen auf die Produktion in Deutschland haben« (Spath et al. 2013, 134). Solche Thesen sind nicht nur technikdeterministisch (Technik wird als Faktor gesehen, der die wirtschaftliche Entwicklung bestimmt) und lassen Aspekte des Klassenkampfes und der politisch-ökonomischen Entwicklung außer Acht, sondern sie rufen auch eine Revolution aus, die noch gar nicht stattgefunden hat. Bei der Industrie 4.0 handelt es sich um den Versuch, ein neues technologisches Paradigma ideologisch herbeizureden.

Industrie 4.0 verspricht Wirtschaftswachstum: Das deutsche Bundesministerium für Wirtschaft und Energie schätzt, dass die entsprechenden Technologien (Internet der Dinge, digitale Intelligenz, Robotik, Cloud Computing etc) über zehn Jahre hinweg ein Marktpotenzial von fast 45 Billionen Euro aufweisen (Bundesministerium für Wirtschaft und Energie 2015, 8). Diese Zahl beruht lediglich auf Umfragen. Dabei werden weder notwendige Investitions- und Erhaltungskosten einberechnet noch wird dem Umstand Rechnung getragen, dass Industrievertreter/innen Umfragen gerne für Marketingzwecke benutzen und daher die potenziell positiven Wirtschaftseffekte überschätzen.

5.4. Die politische Ökonomie der Industrie 4.0

Warum wird so viel über Industrie 4.0 geredet? Und warum in Deutschland? In den Vereinigten Staaten hat der Anteil der verarbeitenden Industrie an der gesamten Wertschöpfung von 23,3 Prozent im Jahr 1970 auf 12,3 Prozent im Jahr

2015 abgenommen. In Großbritannien gab es im selben Zeitraum einen Rückgang von 27,0 auf 9,8 Prozent. In Deutschland beträgt der Anteil der verarbeitenden Industrie an der Wertschöpfung hingegen fast 25 Prozent, während der Anteil des FIRE-Sektors (Finance/Insurance/Real Estate [Finanzwesen, Versicherungswesen, Immobilienwirtschaft]) deutlich niedriger ist als in den USA und Großbritannien (siehe Tabelle 5.1). Deutschlands Wirtschaft ist weniger finanzialisiert als jene der USA und Großbritanniens, die Fertigungsindustrie wesentlich stärker ausgeprägt. Da Deutschland und Europa nicht mit der US-Internetwirtschaft konkurrieren können, ist es das Ziel der deutschen Industrie, führend bei der kapitalistischen Anwendung digitaler Technologien in der verarbeitenden Industrie zu sein und dazu die Wettbewerbsvorteile des Landes in der exportorientierten Produktion von Autos, Maschinen, chemischen und pharmazeutischen Produkten, Elektrogeräten, Metallen, Plastik- und Gummierzeugnissen auszunutzen. Die Europäische Union hat im Rahmen der Lissabon-Strategie versucht, die Führungsrolle der USA in der Entwicklung digitaler Technologien in Frage zu stellen und die Vereinigten Staaten bis 2010 zu überholen. Diese Strategie ist misslungen. Deutschland versucht es nun mit der Digitalisierung und Vernetzung der verarbeitenden Industrie, um mit digitalen Riesenkonzernen wie Google zu konkurrieren. Ob Volkswagen, BMW und Daimler/Mercedes zu einer europäischen Version von Google werden, ist jedoch zweifelhaft.

Industrie	**USA**	**Großbritannien**	**Deutschland**
Land- und Forstwirtschaft, Fischerei	1,1 %	0,7 %	0,6 %
Verarbeitende Industrie	12,3 %	9,8 %	23,1 %
Bauwesen	4,2 %	6,2 %	4,6 %
Information und Kommunikation	6,1 %	6,5 %	4,7 %
Finanz- und Versicherungswesen	7,3 %	7,2 %	4,1 %
Immobilienwirtschaft	12,5 %	13,0 %	10,9 %
FIRE (Finanzwesen, Versicherungswesen, Immobilienwirtschaft)	19,7 %	20,2 %	15,0 %
Dienstleistungen	78,9 %	79,9 %	68,9 %

Tabelle 5.1: Anteil bestimmter Industrien an der gesamten Wertschöpfung (für das Jahr 2015), Datenquelle: OECD STAN

In den letzten Jahrzehnten haben neoliberale Regierungen, Ökonom/innen, Manager/innen, Intellektuelle und Berater/innen den Informations- und Kommunikationssektor, der aus Bereichen wie dem Verlagswesen, dem Rundfunk, der Telekommunikation, Software- und IKT-Dienstleistungen besteht, als Hauptquelle des Wirtschaftswachstums abgefeiert. In Deutschland war das Wachstum dieses Wirtschaftszweiges aber geringer als in vielen anderen Ländern. Sein Anteil an der gesamten Wertschöpfung nahm von 3,5 Prozent im Jahr 1991 auf nur 4,7 Prozent im Jahr 2015 zu (siehe Tabelle 5.2). Der Anteil der Löhne der verarbeitenden Industrie an der deutschen Gesamt-

Industrie	W 1991	W 2015	p 1991	p 2015	v 1991	v 2015	k 1991	k 2015
Land- und Forstwirtschaft, Fischerei	1,2 %	0,6 %	1,8 %	0,7 %	0,9 %	0,5 %	1,7 %	1,5 %
Verarbeitende Industrie	27,4 %	23,1 %	19,6 %	20,3 %	30,7 %	25,0 %	22,1 %	19,0 %
Bauwesen	6,0 %	4,6 %	4,4 %	6,4 %	7,7 %	5,0 %	2,0 %	1,1 %
FIRE	13,4 %	15,0 %	26,0 %	24,7 %	5,5 %	5,3 %	27,9 %	32,1 %
Dienstleistungen	61,9 %	68,9 %	71,3 %	69,5 %	57,3 %	67,4 %	67,5 %	74,3 %
Information und Kommunikation	3,5 %	4,7 %	3,4 %	5,8 %	3,1 %	4,4 %	4,8 %	4,2 %
IKT-Herstellung und -Dienstleistungen	4,4 %	5,0 %	4,0 %	5,5 %	3,8 %	4,8 %	6,0 %	4,8 %

Tabelle 5.2: Anteil bestimmter deutscher Industrien an der Gesamtwertschöpfung (W), am Gesamtprofit (p), an den gesamten Arbeitskosten (v) und am neu investierten konstanten Kapital (k), Datenquelle: OECD STAN

lohnsumme betrug im Jahr 2015 25,0 Prozent, während der Anteil dieses Wirtschaftssektors am Gesamtprofit nur 19,6 Prozent ausmachte (Tabelle 5.2). Dieser Umstand ist ein Anzeichen dafür, dass Industriearbeit eher teuer ist, wodurch Grenzen für die Profitabilität der verarbeitenden Industrie Deutschlands gegeben sind.

Die Arbeitsproduktivität in der deutschen verarbeitenden Industrie hat seit den frühen 1990er Jahren deutlich zugenommen. Beim Monetären Ausdruck der Arbeitszeit[4] (MAAZ) handelt es sich um eine Variable, die das Verhältnis des Gesamtwertes in Geldeinheiten und Arbeitsstunden misst. MAAZ ist ein Maß der Arbeitsproduktivität, das den durchschnittlich pro Stunde produzierten Gesamtwert angibt, wobei der Gesamtwert den neu geschöpften Wert und den auf die Ware übertragenen Wert inkludiert. In der verarbeitenden Industrie Deutschlands hat MAAZ von 25,9 Euro pro Stunde im Jahr 1991 auf 59,6 Euro pro Stunde im Jahr 2016 zugenommen (Quelle aller Daten, die den Berechnungen in diesem Absatz zugrunde liegen: OECD-STAN-Datenbank). Die jährliche Gesamtanzahl der in der verarbeitenden Industrie verausgabten Arbeitsstunden hat sich während desselben Zeitraums von 15,2 Milliarden auf 10,9 Milliarden reduziert. Dadurch ist der Gesamtanteil der Arbeitsstunden in der Fertigungsindustrie an den gesamtwirtschaftlichen Arbeitsstunden von 27,4 Prozent auf 22,9 Prozent gesunken. Die MAAZ-Arbeitsproduktivität hat sich über einen Zeitraum von 25 Jahren um einen Faktor von 2,5 vervielfacht. Der MAAZ der deutschen Gesamtwirtschaft hat sich von 23,8 Euro pro Stunde im Jahr 1991 auf 47,8 Euro im Jahr 2016

4 Im Englischen spricht man von »Monetary Expression of Labour Time« (MELT).

erhöht. Die Zunahme der Arbeitsproduktivität war also in der verarbeitenden Industrie Deutschlands deutlich höher als der allgemeine Produktivitätszuwachs. Zugleich betrug die Lohnsumme als Anteil des Gesamtwerts der verarbeitenden Industrie (die industrielle Lohnquote) im Jahr 2016 60,8 Prozent, während die gesamtwirtschaftliche Lohnsumme mit einem Wert von 56,4 Prozent deutlich geringer war.

Arbeit in der deutschen Fertigungsindustrie ist hochproduktiv und im Vergleich zur Gesamtwirtschaft relativ teuer. Das deutsche Kapital scheint darauf abzuzielen, durch die Entwick-

lung von Industrie-4.0-Automatisierungstechnologien die Arbeitskosten in der verarbeitenden Industrie zu senken, so dass die Profite in Zukunft einen höheren Anteil des pro Stunde produzierten Geldwerts ausmachen, als dies im Moment der Fall ist. Es ist dabei aber nicht bekannt, ob Fortschritte und Innovationen der Industrie 4.0 die fixen konstanten Kapitalkosten, also die Kosten zum Ankauf und zur Instandhaltung digitaler Maschinen erhöhen, was negative Effekte auf die Profitrate hat, wenn es dem Kapital nicht gelingt, die Lohnkosten drastisch zu reduzieren. Die Industrie 4.0 ist der Versuch des deutschen Industriekapitals, seine Profite zu erhöhen, indem die Industriearbeit automatisiert und ihre Macht geschwächt wird.

Seit dem Beginn der neuen Weltwirtschaftskrise im Jahr 2008 hat die allgemeine Profitrate der deutschen Wirtschaft (also das Verhältnis von Profiten zu Investitionen in der Gesamtökonomie) von 27,4 Prozent (2008) auf 24,3 Prozent (2016) abgenommen. Während die Profitrate im Informations- und Kommunikationssektor deutlich über dem Wert der allgemeinen Profitrate liegt, ist die Profitrate der deutschen verarbeitenden Industrie wesentlich geringer als die allgemeine Profitrate (siehe Abbildung 5.2). Da die Profitrate der deutschen IKT-Wirtschaft

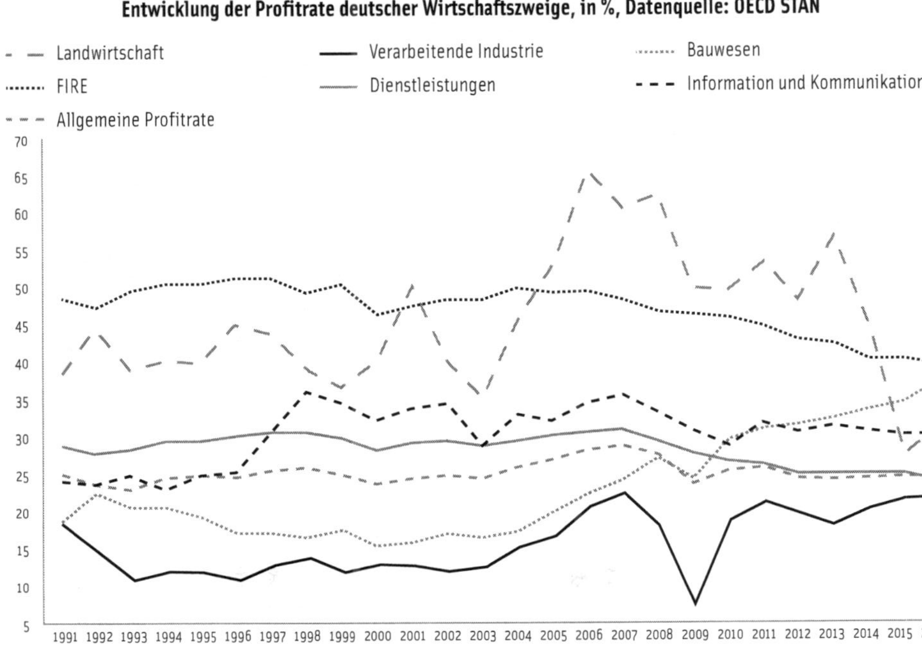

Abbildung 5.2: Die Entwicklung der Profitrate in Deutschland

hoch, ihr Anteil an der Gesamtwirtschaft aber gering ist, bietet dieser Sektor nicht genug Potenzial zur großangelegten Ausweitung der Kapitalakkumulation. Die deutsche Fertigungsindustrie hat eine viel höhere absolute Größe als der IKT-Sektor, aber eine geringe Profitrate. Die Industrie 4.0 ist daher ein Ausdruck der strategischen Hoffnung deutscher Kapitalinteressen, die hohe Profitrate der Digitalwirtschaft auf den Bereich der verarbeitenden Industrie zu übertragen und dadurch den Fall der allgemeinen Profitrate aufzuhalten und umzukehren.

5.5. Zehn Gründe, warum man der Industrie 4.0 kritisch gegenübertreten sollte[5]

Erstens ist es unwahrscheinlich, dass sich das komplexe Verhältnis von Deindustrialisierung und Reindustrialisierung sowie von technologisch induzierter Arbeitslosigkeit und der Schaffung neuer Arbeitsplätze unter den Bedingungen der Kapitalakkumulation und den dem Kapitalismus inhärenten Krisenpotenzialen positiv entwickelt. Automation ist ein widersprüchlicher Prozess, dessen Auswirkungen nicht vorherbestimmt sind und der von den Ergebnissen von Klassenkämpfen geprägt wird. Es besteht kein Zweifel daran, dass die Humanisierung der Arbeit die Abschaffung entmenschlichter Formen der Werktätigkeit wie Lagerarbeit, Lebensmittelverpackung, Kloputzen, Müllabfuhr, Fließbandarbeit bei der Montage von Elektrogeräten und in der Bekleidungsindustrie sowie jede Form gesundheitsgefährdender und monotoner Arbeit umfassen soll.

5 Kritische Überlegungen zur Industrie 4.0 finden sich zum Beispiel bei Brödner (2015), Butollo und Engel (2015), Dörre (2016, 2015), Hirsch-Kreinsen und ten Hompel (2016), Igelsböck et al. (2016), Pfeiffer (2017), Pfeiffer und Suphan (2015), Schwarzbach (2018).

Unter dem Imperativ der Profitmaximierung hat das Kapital jedoch das materielle Interesse, die Arbeitskosten zu reduzieren und die Menschen zu Rädern der (digitalen) Maschinen zu machen, so dass die wahrscheinlichste Auswirkung der Industrie 4.0 unter kapitalistischen Bedingungen eine Zunahme der technologisch bedingten Arbeitslosigkeit und der Verlust der menschlichen Kontrolle über die Produktionsmittel ist. Dabei werden digitale Maschinen als Mittel genutzt, mit deren Hilfe das Kapital die Arbeiter und Arbeiterinnen kontrolliert und überwacht und versucht, die Autonomie und Entscheidungsmacht der Arbeitenden im Produktionsprozess einzuschränken. Roboter widersprechen nicht, stellen keine Gehaltsforderungen, verlangen keine besseren Arbeitsbedingungen, streiken nicht und arbeiten nach Vorschrift. Sie sind daher für das Kapital ein interessantes Mittel, um die Möglichkeit von Arbeitskämpfen einzuschränken.

Die Humanisierung der Arbeit bedarf der Kämpfe für die Autonomie der Arbeit vom Kapital, wozu auch der Kampf um die Kontrolle und die Gestaltung digitaler Maschinen und digitaler Automation zählt. Kapital und Arbeit haben im Automationsprozess entgegengesetzte Interessen: Während das Kapital die Arbeitskosten reduzieren und die Profite maximieren möchte, hat die Arbeit das objektive Interesse, die universelle, kollektive Kontrolle des Wohlstands und der Produktion zu maximieren, die harte Arbeit zu minimieren und ein gutes Leben für alle zu verwirklichen. Digitale Automation bedeutet im Kapitalismus einen Antagonismus zwischen Profitinteressen und menschlichen Interessen.

Analysen und Berichte über die Industrie 4.0 fordern in der Regel, dass Roboter, Algorithmen und andere digitale Maschinen den Menschen nicht kontrollieren und ersetzen, sondern die Arbeit unterstützen, erleichtern und ergänzen sollten. Ob dieser Ansatz Wirklichkeit wird, hat mit der Einbettung der Automation in die materiellen Interessen und Kämpfe des Kapitalismus zu tun. Die verarbeitende Industrie hatte im Jahr 2015 einen Anteil von 25,0 Prozent an den Gesamtarbeitskosten in Deutschland, jedoch nur einen Anteil von 20,3 Prozent am gesamtwirtschaftlichen Profit (siehe Tabelle 5.2). Die deutsche Fertigungsindustrie ist relativ arbeitsintensiv: Während die allgemeine Lohnquote (der Anteil der Lohnsumme an der Wertschöpfung) im Jahr 2016 56,4 % in der deutschen

Gesamtwirtschaft betrug, war ihr Wert in der verarbeitenden Industrie 60,7 %. Diese Größe ist in der verarbeitenden Industrie höher als in der Landwirtschaft (45,6 %), im Bauwesen (58,5 %), dem FIRE-Sektor (20,1 %), dem Dienstleistungsbereich (55,6 %) und der Informations- und Kommunikationsbranche (Berechnungen basierend auf Daten aus der OECD STAN-Datenbank). Da die Gesamtlohnkosten und die Arbeitsintensität in der verarbeitenden Industrie Deutschlands relativ hoch sind, gibt es ein materielles Interesse des deutschen Kapitals, Technologien der Industrie 4.0 einzusetzen, um die menschliche Arbeitskraft zu ersetzen und deren Rolle im Produktionsprozess zu reduzieren. Da das menschliche Arbeitsvermögen komplex ist, bestehen Zweifel, ob es überhaupt möglich ist, Arbeit in der verarbeitenden Industrie zu einem signifikanten Grad durch Technologien der Industrie 4.0 zu ersetzen (Pfeiffer und Suphan 2015). Unabhängig davon sollte man aber keinen Zweifel daran haben, dass das materielle Interesse des Kapitals, die Arbeitskosten zu reduzieren, um Profite zu erhöhen, auch die Entwicklung und Einführung der neuesten Technologien in der verarbeitenden Industrie bestimmt. Bei der Industrie 4.0 handelt es sich um den neuesten strategischen Versuch des Klassenkampfes von oben im Bereich des Technikeinsatzes und der Technikentwicklung.

Zweitens muss beachtet werden, dass durch die Vernetzung der Produktion und der Industriegüter über das Internet und deren Einbettung in Big-Data-Ströme viele Fragen über Privatsphäre, Datenschutz und Überwachung von Arbeitenden und Konsument/innen aufgeworfen werden. Das Kapital versucht, Arbeitende und Konsument/innen mithilfe intelligenter Technologien und intelligenter Güter besser zu kontrollieren.

Drittens entstehen neue Risiken und komplizierte ethische Fragen: Technische Systeme sind fehleranfällig. Komplexe technische Systeme erzeugen Potenziale für Unfälle und Katastrophen. Je weniger Kontrolle der Mensch ausübt, desto schwieriger wird es, Katastrophen in Krisensituationen zu vermeiden. Wenn ein selbstfahrender Bus, der sich mithilfe von Google Maps steuert, einen Unfall mit 100 Toten verursacht, gegen wen wird dann Anklage erhoben? Gegen den Erzeuger des Busses? Gegen Google? Gegen den Verein, der den Bus gemietet hat, um einen Ausflug seiner Mitglieder zu organisieren? Gegen den fehlerhaften Algorithmus? Gegen niemanden?

Viertens können neue Formen der Entfremdung entstehen, wenn Menschen durch intelligente digitale Maschinen unterstützt werden: Mit einem Roboter kann man nicht wie mit manchen Arbeitskolleg/innen sinnhafte Gespräche führen. Das Verhalten von Künstliche-Intelligenz-Systemen ist zu einem bestimmten Grad unvorhersehbar, wodurch Frustrationen auf Seiten der Arbeitenden entstehen können, wenn sie ihre Ziele nicht durch zielgerichtetes Handeln erreichen können, da sie in ein- und derselben Arbeitssituation von einer Maschine zu verschiedenen Zeitpunkten zu unterschiedlichen Reaktionen angeleitet werden. Durch den Einsatz intelligenter digitaler Maschinen kann es leicht zu solchen Situationen kommen, da diese eine Unzahl von Kontextvariablen berechnen und überblicken, die für die Arbeitenden nicht erfahrbar und nicht sichtbar sind.

Die nächste Phase der Computerisierung benötigt massive Investitionen, die nur durch Großkonzerne getätigt werden können. Daher stellt die Verschärfung der Kapitalkonzentration und der Monopolisierung eine *fünfte* potenzielle Auswirkung dar.

Da Roboter täglich 24 Stunden ohne Pause arbeiten können, aber zumindest Aufsicht benötigen, entstehen *sechstens* neue

Fragen der Arbeitszeitregelung und der Work-Life-Balance im Kontext der menschlichen Arbeit mit Robotern.

Siebentens kann es zur Deindustrialisierung des globalen Südens kommen, wenn die Industrie 4.0 als Form der Deglobalisierung praktiziert wird, um Produktionsauslagerungen in Entwicklungsländer rückgängig zu machen und die Produktion in die Länder des kapitalistischen Zentrums zu verlagern. Dadurch kann es zu einem Anstieg globaler Ungerechtigkeit kommen. Die Gesamtanzahl der weltweiten Arbeitenden im Industriesektor hat von 550 Millionen im Jahr 1991 auf fast 800 Millionen im Jahr 2017 zugenommen (siehe Tabelle 5.3). In den entwickelten Ländern hat die Zahl dieser Arbeiter/innen in diesem Zeitraum von 187 Millionen auf 160 Millionen ab-, in den Entwicklungsländern hingegen von 369 Millionen auf 636 Millionen zugenommen. Zu beachten ist vor allem der Anstieg in Indien (von 51,6 Millionen auf 125,2 Millionen) und China (von 176,2 Millionen auf 208,9 Millionen). Wenn eines der Ziele der Industrie 4.0 also darin besteht, die Bandbreite der in Deutschland und anderen westlichen Ländern produzierten und montierten Güter zu vergrößern, könnte es dadurch zur Deindustrialisierung und zum Verlust von Arbeitsplätzen im globalen Süden kommen. Das iPad würde dann nicht mehr von jungen, schlecht bezahlen ländlichen Migrant/innen in den chinesischen Foxconn-Fabriken in Shenzen montiert, sondern von einem Roboter in München. Im Kontext einer internationalen kapitalistischen Arbeitsteilung würde dies für chinesische Arbeiter und Arbeiterinnen Klassenmobilität nach unten bedeuten, also einen Abstieg vom Klassenstatus hochausgebeuteter Industriearbeit in die Arbeitslosigkeit.

Achtens ist zu beachten, dass der Individualverkehr einen der wichtigsten Anwendungsbereiche der Industrie 4.0 darstellt (selbstfahrende Autos) und fossile Brennstoffe die Hauptenergiequelle dieser Art des Transportes sind. Unter dem Regime des fossilen Kapitalismus ist es daher wahrscheinlich, dass die Industrie 4.0 die negativen Umwelteffekte des Individualverkehrs verstärken wird.

Neuntens entstehen durch die Vernetzung der Produktion von physischen und anderen Gütern über das Internet neue Sicherheitsrisiken im Kontext der Industriespionage, des Hackens, der Cyber-Kriminalität und des Cyber-Terrorismus.

Zuletzt darf als *zehnter Punkt* die Rolle der Technik in den Krisentendenzen des Kapitalismus nicht unterschätzt werden. In den vergangenen Jahrzehnten hat die Computerisierung die fixen Kapitalkosten erhöht, was in vielen Ländern die Profitrate negativ beeinflusst hat, so dass das Kapital die Löhne gedrückt hat, um dem tendenziellen Fall der Profitrate entgegenzuwirken. Hochtechnologische digitale Maschinen sind teuer. Setzt sich dieser Trend fort, so können wir weitere Versuche des Kapitals erwarten, die Lohnquote, also den Anteil der Lohnsumme am produzierten Gesamtwert, zu verringern. Lohndrückerei im Zusammenhang mit der Industrie 4.0 ist der Versuch, dem Fall der Profitrate entgegenzuwirken. Technologische Hypes haben

Region	1991	2016
Osteuropa	57,9	45,1
Nord-, Süd- und Westeuropa	60,9	48,1
USA	31,9	31,6
Kanada	3,4	4,1
Australien und Neuseeland	2,4	3,2
Japan	22,6	17,3
Südkorea	7,1	6,8
Singapur	0,5	0,5
Vereinigte Arabische Emirate	0,3	2,8
Entwickelte Länder insgesamt	187,0	1595
Arabische Länder (ohne Vereinigte Arabische Emirate)	3,9	12,1
Nordafrika	95	199
Afrika südlich der Sahara	16,9	46,1
Zentral- und West-Asien	11,3	20,1
Südostasien und Pazifikregion (ohne Australien, Neuseeland und Singapur)	28,6	72,4
Lateinamerika, Karibik und Mexiko	45,5	796
Südasien	68,9	1692
Ostasien (ohne Japan und Südkorea)	183,6	216,7
Entwicklungsländer insgesamt	368,2	636,1

Tabelle 5.3: Die Entwicklung der Beschäftigung im sekundären Wirtschaftssektor (Industrie) in bestimmten Weltregionen, in Millionen, 1991 und 2016,
Datenquelle: International Labour Organization, World Employment Social Outlook, http://www.ilo.org/wesodata

sich oft als reine Ideologien herausgestellt, die Kapitalinvestitionen in bestimmte Wirtschaftssektoren fördern wollten, aber die realen Krisentendenzen des Kapitalismus unterschätzt haben. So hat zum Beispiel der erste Internetboom in den 1990er Jahren zur Dotcom-Krise des Jahres 2000 geführt, in der viele Internetkonzerne zusammenbrachen. Es wird heute viel darüber gemutmaßt, welche Potenziale Industrie-4.0-Technologien haben, um das Wirtschaftswachstum massiv zu steigern, während über deren mögliche Auswirkungen auf die fixen Kapitalkosten kaum gesprochen wird.

5.6. Warum nicht Joseph Schumpeter, sondern Karl Marx der Theoretiker des digitalen Zeitalters ist

Joseph Schumpeter und seine Theorie der langen Wellen sind die besten Freunde der Ideolog/innen der Industrie 4.0. Diese gehen mit Schumpeter davon aus, dass neue Technologien eine neue lange Welle der Wirtschaftsentwicklung einleiten. Aber Schumpeter wird bis heute vom Gespenst Karl Marx heimgesucht. In den Jahren 1845 und 1846 schrieben Karl Marx und Friedrich Engels *Die Deutsche Ideologie*, in der sie einige der damals führenden deutschen Philosophen – wie zum Beispiel Ludwig Feuerbach, Bruno Bauer und Max Stirner – für deren Vernachlässigung des Kapitalismus kritisierten. »Keinem von diesen Philosophen ist es eingefallen, nach dem Zusammenhange der deutschen Philosophie mit der deutschen Wirklichkeit, nach dem Zusammenhange ihrer Kritik mit ihrer eignen materiellen Umgebung zu fragen« (Marx und Engels 1845/46, 20).

Mehr als 170 Jahre später leben wir im Zeitalter des digitalen Kapitalismus, der eigentümliche Formen der Ideologie geschaffen hat. Industrie 4.0 ist die neue deutsche Ideologie, die digitale deutsche Ideologie. Ist es keinem dieser Berater und Ideologen der Industrie 4.0 eingefallen, nach dem Zusammenhang deutscher Ideen mit der deutschen Wirklichkeit, nach dem Zusammenhang der Ideologie mit ihrer eigenen materiellen Umgebung zu fragen? Sie propagieren Industrie 4.0 als neues kapitalistisches Allheilmittel, als neue digitale Version von Gott, von der gesagt wird, dass sie alle wirtschaftlichen (und anderen) Probleme lösen werde. Die reale widersprüchliche Klassenstruktur des Kapitalismus und seine divergierenden Interessen werden dabei ignoriert. In der *deutschen Ideologie* heißt

es weiter: »Auch die Nebelbildungen im Gehirn der Menschen sind notwendige Sublimate ihres materiellen, empirisch konstatierbaren und an materielle Voraussetzungen geknüpften Lebensprozesses« (Marx und Engels 1845/46, 26). Industrie 4.0 ist eine ideologische Nebelbildung, die dem kollektiven Bewusstsein der heutigen Bourgeoisie entspringt. Es geht dabei darum, neue Formen der Akkumulation, der Kontrolle und des Klassenkampfes von oben voranzutreiben.

Marx und Engels argumentieren, dass die deutsche Ideologie »vom Himmel auf die Erde herabsteigt«, während ihre Kritik »von der Erde zum Himmel« aufsteigt, indem »von den wirklich tätigen Menschen« und »ihrem wirklichen Lebensprozess« (Marx und Engels 1845/46, 26) ausgegangen wird.

Der wirkliche Lebensprozess vieler Menschen ist von prekärer Arbeit, sozialer Unsicherheit und Ungerechtigkeiten zwischen den Reichen und dem Rest geprägt. Kapitalismus bedeutet den Kampf zwischen Kapital und der Menschheit, zwischen Entmenschlichung und Humanität. Im digitalen Kapitalismus versucht das Kapital, sich digitale Maschinen als Instrumente der politischen Kontrolle, der wirtschaftlichen Akkumulation und der ideologischen Manipulation anzueignen. Zu den gesellschaftlichen Kämpfen gehört im Kapitalismus der Kampf um die Kontrolle und die Gestaltung der digitalen Maschinen. Nur wenn die zum digitalen Proletariat erniedrigte Menschheit sich das fixe digitale Kapital aneignen kann, um es aufzuheben und in Mittel zur Verwirklichung und Erfahrung des humanistischen Sozialismus und des sozialistischen Humanismus zu verwandeln, wird es gelingen, digitale Technologien aus den fetischistischen und ideologischen Formen, für die das Konzept der Industrie 4.0 steht, zu befreien und die gesamte Menschheit zu bereichern. »Denn der wirkliche Reichtum ist die entwickelte Produktivkraft aller Individuen. Es ist dann keineswegs mehr die Arbeitszeit, sondern die disposable time das Maß des Reichtums. [...] Wie bei einem einzelnen Individuum hängt die Allseitigkeit [der gesellschaftlichen] Entwicklung, ihres Genusses und ihrer Tätigkeit von Zeitersparung ab. Ökonomie der Zeit, darin löst sich schließlich alle Ökonomie auf« (Marx 1857/58, 604, 105).

6. Michael Hardts und Antonio Negris Buch *Assembly: Die neue demokratische Ordnung* im Kontext des digitalen Kapitalismus

6.1. Einleitung

Michael Hardts und Antonio Negris (2018) Buch *Assembly: Die neue demokratische Ordnung* ist eine kritische, breite, allumfassende Analyse der heutigen Gesellschaft. Es verwandelt die Trilogie von *Empire* (2002), *Multitude* (2004) und *Common Wealth* (2010) in eine Tetralogie. Diese vier Werke sind um einen Kern von Konzepten organisiert (Empire, Multitude, Common/Gemeingüter/Allmende, immaterielle Arbeit), der sich über einen Zeitraum von 17 Jahren als Antwort auf die Kämpfe, Widersprüche und Krisen des Kapitalismus entwickelt hat. *Assembly* setzt sich mit den jüngsten Entwicklungen der Gesellschaft und der sozialen Bewegungen auseinander. Es fragt: »Warum waren diese Bewegungen, die doch die Bedürfnisse und Wünsche so vieler ansprechen, nicht imstande, einen dauerhaften Wandel herbeizuführen und eine neue, demokratischere und gerechtere Gesellschaft zu schaffen?« (Hardt und Negri 2018, 13). Um eine Antwort zu geben, analysieren Hardt und Negri die jüngsten Veränderungen in Politik und Wirtschaft.

Assembly konzentriert sich auf eine Vielfalt miteinander verbundener Themen wie Veränderungen des Kapitalismus, die soziale Produktion der Gemeingüter, digitale Assemblagen, Neoliberalismus, Finanzialisierung, Rechtsextremismus, Protest und politischer Wandel, politische Strategien und Taktiken, soziale Bewegungen und politische Parteien, das Unternehmertum der *Multitude*, die Aneignung von fixem Kapital, präfigurative Politik, andere Formen der Machterlangung, antagonistischer Reformismus, politischer Realismus oder der neue Fürst. Das Buch bietet Interessantes für viele verschiedene kritische Gruppen und Einzelpersonen, denen es darum geht, die Gesellschaft zu verstehen und sie zum Besseren zu verändern.

Der Hauptteil des Buches besteht aus 395 Seiten, die in 16 Kapitel und vier Teile gegliedert sind. Teil I und IV (»Das Problem der Führung«, »Der neue Fürst«) konzentrieren sich auf Fragen der politischen Strategie und Taktik, während Teil II und III (»Gesellschaftliche Produktion«, »Herrschaft der Finanzökonomie und neoliberale Governance«) den Wandel des Kapitalismus analysieren. Der theoretische Ansatz ist eine kritische politische Ökonomie unter dem Einfluss von Karl Marx, Michel Foucault, Gilles Deleuze, Félix Guattari, Niccolò Machiavelli und Baruch de Spinoza.

6.2. Kapitalismus

Hardt und Negri analysieren den Kapitalismus als eine widersprüchliche offene Totalität, die in ihrer Entwicklung immer sozialer, gesellschaftlicher und kooperativer geworden ist, aber der Kontrolle der herrschenden Klasse und der politischen Eliten unterworfen bleibt. Eine Dialektik der Krisen und Kämpfe treibt die Entwicklung dieser Widersprüche an.

Die soziale Produktion von Gemeingütern, die vom Kapital ausgebeutet werden, ist ein Schlüsselmerkmal der heutigen Wirtschaft und Gesellschaft. »Heutzutage trägt die Produktion einen zunehmend sozialen Charakter und zwar in einem doppelten Sinn: Zum einen wird immer stärker gemeinschaftlich produziert, in Netzwerken sozialer Kooperation und Interaktion, zum anderen sind die dabei entstehenden Produkte nicht einfach nur Waren, sondern ebenso sehr gesellschaftliche Beziehungen und letztlich die Gesellschaft selbst« (Hardt und Negri 2018, 16).

Die Gemeingüter (*Commons*) bestehen für Hardt und Negri aus zwei Hauptformen, den natürlichen und den sozialen Gemeingütern, die in fünf Typen unterteilt werden (ibid., 137): die

Erde und ihre Ökosysteme, die »immateriellen« Gemeingüter der Ideen, Codes, Bilder und kulturellen Produkte; durch kooperative Arbeit produzierte »materielle« Güter, das metropolitane und das ländliche gesellschaftliche Terrain, die Bereiche der Kommunikation, kulturellen Interaktion und Kooperation sind, sowie soziale Einrichtungen und Dienste, die die Bereiche der Bildung, der Gesundheit, des Sozialen und des Wohnens organisieren. Die Klassenstruktur des zeitgenössischen Kapitalismus basiert für Hardt und Negri auf der Extraktion von Gemeingütern, wozu auch die Extraktion von natürlichen Ressourcen, die Extraktion von Daten (*Data Mining*), die Extraktion des Sozialen aus urbanen Räumen und auf Immobilienmärkten gehören, und das Finanzkapital als extraktive Industrie (ibid., 213–219).

Hardt und Negri analysieren, dass sich der Kapitalismus in drei Phasen entwickelt hat: die Phase der ursprünglichen Akkumulation, die Phase der Manufaktur und großen Industrie und die Phase der gesellschaftlichen Produktion. In Kapitel 11 liefern sie eine Typologie von zehn Merkmalen dieser drei Phasen (siehe den Überblick in Tabelle 1 auf Seite 244). In dieser Analyse wird ein Unterschied zwischen den Ansätzen von Hardt/Negri und von David Harvey deutlich: Während Harvey den imperialistischen und ausbeuterischen Charakter des Kapitalismus auf der Grundlage von Rosa Luxemburg als fortgesetzte ursprüngliche Akkumulation charakterisiert, ist die ursprüngliche Akkumulation für Hardt und Negri eine Stufe der kapitalistischen Entwicklung. Zur Charakterisierung der Ausbeutungs- und Kommodifizierungsprozesse des Kapitalismus bevorzugen sie Marx' Konzepte der formellen und reellen Subsumtion. In einem Intermezzo diskutieren Hardt und Negri ausführlich diesen Unterschied zwischen ihrem Ansatz und der Herangehensweise von David Harvey (228–232).

Harvey verwendet die Begriffe der formellen/reellen Subsumtion und der ursprünglichen Akkumulation in umgekehrter Weise zu Hardt/Negri: Während die ursprüngliche Akkumulation bei ihm ein fortgesetzter Prozess der Akkumulation durch Enteignung ist, charakterisieren die formelle und die reelle Subsumtion zwei Stufen in der Entwicklung des Kapitalismus, wobei die eine von der absoluten Mehrwertproduktion, die andere von der relativen Mehrwertproduktion dominiert wird. Harvey (2017, 117) beschreibt in *Marx, Capital and the Madness of Economic Reason* (*Marx, das Kapital und die Verrücktheit der ökonomischen Vernunft*) einen »Übergang von einer formellen (Koordination durch Marktmechanismen) zu einer reellen (unter der direkten Aufsicht des Kapitals) Subsumtion von Arbeit unter das Kapital«. »Alle Merkmale der ursprünglichen Akkumulation, die Marx erwähnt, sind in der historischen Geographie des Kapitalismus bis heute kraftvoll präsent geblieben« (Harvey 2003, 145).

Während es zweifellos Gemeinsamkeiten in der Analyse von Harvey und Hardt/Negri in Bezug auf die Gemeingüter (*Commons*) und den städtischen Raum gibt (vgl. Harvey, Hardt und Negri 2010), sind auch die Unterschiede offensichtlich. Es gibt mit Sicherheit keine einzige richtige oder gültige Interpretation von Marx. Entscheidend ist der Umstand, dass Marx 200 Jahre nach seiner Geburt der entscheidende Einflussfaktor für ein kritisches Verständnis des Kapitalismus bleibt. Sowohl Harveys als auch Hardt/Negris Werke sind Aktualisierungen der Theorie von Marx unter den Bedingungen des Kapitalismus im 21. Jahrhundert. Solange der Kapitalismus existiert, werden die Menschen Marx lesen, um Inspiration dafür zu finden, wie gesellschaftliche Kämpfe zu organisieren sind. Und sie werden dabei neue Interpretationen von Marx hervorbringen. Die tiefe ökonomische Krise des Kapitalismus, die von politischen Krisen begleitet wurde, hat nach Jahrzehnten postmoderner und neoliberaler Repression das Interesse an den Werken von Karl Marx verstärkt.

Assembly stellt implizit eine Reihe von weiteren interessanten Fragen: In welcher Art von Kapitalismus leben wir, und welche Dimension des Kapitalismus ist dominant? Diese Frage wurde auch zwischen Nancy Fraser und Luc Boltanski/Arnaud Esquerre diskutiert (Boltanski und Esquerre 2016, 2017; Fraser 2017).

Boltanski und Esquerre beobachten die Entstehung einer neuen Form des kulturellen Kapitalismus, die auf der Bereicherung durch Sammlerstücke, Luxusgüter, Marken, Kunst, Erbe, Kultur, Mode, Trends usw. beruht. Sie sprechen von der Entstehung eines integrierten Kapitalismus, der sich auf vier Formen der Verwertung stützt, die auf der standardisierten Massenproduktion, der Sammelform, der Trendform und der Vermögensform basieren. Der Ansatz von Boltanski und Esquerre zeigt insofern gewisse Parallelen zu Hardt und Negri, als beide Herangehensweisen betonen, dass die Grenzen zwischen Unternehmen und Gesellschaft und zwischen Freizeit und Arbeit in der Wertproduktion verschwimmen:

> »Die Arbeit ist nicht mehr in den Fabriken konzentriert und als Produktionsfaktor identifiziert; stattdessen ist die Belegschaft weit verstreut, aufgeteilt zwischen öffentlichen und privaten Bereichen, zwischen Festangestellten und dem informellen Prekariat. Sie ist auch auf ein viel breiteres Spektrum von Aktivitäten verteilt, von denen viele nicht einmal als ›Arbeit‹ identifiziert werden, sondern eher als Ausdruck von ›Lust‹ oder ›Leidenschaft‹ dargestellt werden, selbst von denjenigen, die sie ausüben, und das oft unter hohen Kosten« (Boltanski und Esquerre 2017, 54).

> »Heute verschwindet die am Arbeitstag orientierte Einteilung, da Arbeitszeit und Lebenszeit immer mehr ineinanderfließen und wir dazu aufgerufen sind, in allen Lebenslagen produktiv zu sein. Mit dem Smartphone in der Hand hat man die Arbeit nie wirklich hinter sich gelassen, es gibt keinen Feierabend und für immer mehr Menschen verwischt der Umstand, ständig online zu sein, nicht nur die Grenzen zwischen Arbeit und Freizeit, sondern frisst sich auch in die Nacht und raubt ihnen den Schlaf. Jederzeit kann man E-Mails abrufen oder Schuhe kaufen, die neuesten Nachrichten lesen oder Pornoseiten besuchen. Die Jagd nach Wert umgreift tendenziell die gesamte Lebenszeit. Wir produzieren und konsumieren in einem globalen System, das nie schläft« (Hardt und Negri 2018, 235–236).

Nancy Fraser (2017) argumentiert, dass Boltanski und Esquerre den kulturellen Kapitalismus über- und die Rolle des Finanzkapitals unterschätzen. Ihrer Ansicht nach ist der Finanzkapitalismus heute die dominante Form und Dimension des Kapitalismus: »Ich befürchte, [...] dass Boltanski und Esquerre die Bedeutung der Bereicherung überschätzen. Vielleicht ist Letztere am besten als eine exotische Ecke des heutigen Kapitalismus zu verstehen [...] Mein eigener Kandidat für den dominanten Sektor des heutigen Kapitalismus ist das Finanzwesen. Trotz seines enormen Gewichts und seiner politischen Konsequenzen wird dem Finanzwesen von Boltanski und Esquerre nur wenig Aufmerksamkeit geschenkt« (Fraser 2017, 63).

Hardts und Negris *Assembly* analysiert mehrere Dimensionen des zeitgenössischen Kapitalismus: den Finanzkapitalismus, den neoliberalen Kapitalismus und den digitalen/kognitiven Kapitalismus. Ihre Analyse legt nahe, dass diese Dimensionen interagieren. Obwohl sie es nicht explizit zum Ausdruck bringen, gibt es Anzeichen dafür, dass sie den kognitiven und digitalen Kapitalismus als die vorherrschende Form sehen und sie daher Boltanski und Esquerre näher stehen als Fraser, wenn sie die Frage beantworten, in welcher Art von Kapitalismus wir heute leben: »Die heute vorherrschenden Formen von Eigentum – wie Code, Bilder, Informationen, Wissen und kulturelle Produkte, oft durch das Urheberrecht und Patente geschützt – sind weitgehend immateriell und reproduzierbar« (Hardt und Negri 2018, 248).

Viele kritische Theoretiker/innen können sich darauf einigen, dass der Kapitalismus eine dialektische Einheit einer Vielfalt von Dimensionen und Formen des Kapitalismus ist, die sich im Laufe der Zeit so entwickeln, dass neue Aspekte auftauchen oder sich die Relevanz bestimmter Aspekte verändert (siehe Fuchs 2014a, Kapitel 5). Um zu entscheiden, welche Dimension zu einem bestimmten Zeitpunkt vorherrschend ist, bedarf es meiner Ansicht nach nicht nur der Theorie und der Philosophie, sondern auch der empirischen Untersuchung verschiedener Aspekte des Kapitalismus, was die Analyse primärer und sekundärer Daten und die empirische Anwendung der Marx'schen Theorie erfordert.

Ein konkretes empirisches Phänomen, bei dem man fragen kann, welche Dimensionen des Kapitalismus vorhanden sind, sind transnationale Konzerne (TNK). Im Jahr 2014 entfielen 33,5 % der Gewinne der weltweit größten 2000 Unternehmen auf den Finanz-, Versicherungs- und Immobiliensektor, 19,0 % auf die Mobilitätsbranchen, 18,6 % auf die verarbeitende und 17,3 % auf die Informationsindustrie (vgl. Fuchs 2016b, Tabelle 1). Die Daten deuten darauf hin, dass die Struktur der transnationalen Unternehmen in besonderem Maße durch den Finanzkapitalismus, den Mobilitätskapitalismus, den hyperindustriellen Kapitalismus und den informationellen/kommunikativen/digitalen Kapitalismus geprägt ist.

Aber alle diese Dimensionen stehen in Wechselwirkung zueinander: Unternehmen der digitalen Medien im Silicon Valley und in anderen Teilen der Welt erhalten riesige Injektionen von Venture-Kapital (Risiko- oder Wagnis-Kapital: eine bestimmte Art von Finanzkapital), streben eine Börsennotierung an und sind anfällig für die Entstehung von Finanzblasen, wie die Dotcom-Krise 2000 gezeigt hat. Die digitale Kommunikation entwickelt sich weiter und ist gleichzeitig ein Ergebnis der Mobilität und der Zeit-Raum-Kompression (Harvey 1990). Infolgedessen hat der Transport von Personen und Waren zugenommen. Digitale Waren und digitale Gemeingüter sind nicht schwerelos; sie erfordern nicht nur Informationsarbeit, sondern auch die körperliche Arbeit von Bergleuten und Monteur/innen in Afrika und China, die Teil einer internationalen digitalen Arbeitsteilung sind (Fuchs 2014a). Finanzkapitalismus, Mobilitätskapitalismus, hyperindustrieller Kapitalismus und digitaler Kapitalismus bilden eine dialektische Einheit des Kapitalismus, die aus miteinander verbundenen, widersprüchlichen Motiven besteht. Der Kapitalismus ist eine Einheit vieler Kapitalismen, die sich dynamisch und historisch entwickelt. Eine Dimension, die das Bild noch komplexer macht, ist der autoritäre Kapitalismus, eine Form des Kapitalismus, die sich in jüngster Zeit im Kontext der wirtschaftlichen und politischen Krisen des Kapitalismus verstärkt hat, was die Frage nach dem Zusammenhang zwischen neoliberalem Kapitalismus und autoritärem Kapitalismus aufwirft (Fuchs 2018). In diesem Zusammenhang tauchen komplexe Fragen auf, denen wir uns aus einer marxistischen Perspektive annähern müssen: Was ist Autoritarismus? Was ist autoritärer Kapitalismus? Wie hängt er mit Faschismus, Nationalsozialismus, Rechtsextremismus und Nationalismus zusammen? Ist Donald Trump eine autoritäre Persönlichkeit, ein autoritärer Kapitalist, ein Rechtsextremist und ein Neofaschist? Wie hängt die zunehmende Prävalenz von Rechtsextremismus, Autoritarismus und Nationalismus mit der kapitalistischen Entwicklung zusammen (für eine detaillierte Analyse siehe Fuchs 2018)?

Hardt und Negri betonen die Bedeutung der Tradition des westlichen Marxismus (Hardt und Negri 2018, 108–112) und verweisen auf Georg Lukács und Maurice Merleau-Ponty als Repräsentanten des humanistischen Marxismus (zur Aktualisierung des humanistischen Marxismus im Kontext der Kommunikationstheorie siehe Fuchs 2020a). Die Konzentration auf das menschliche Subjekt ist in der Tat eine Parallele zwischen dem autonomen und dem humanistischen Marxismus. Beide Strömungen befassen sich mit Fragen der Subjektivität, des gesellschaftlichen Wandels und stellen sich dem dogmatischen Marxismus und Stalinismus entgegen. Hardt und Negri betonen, dass Merleau-Ponty »Kritik an der sowjetischen Diktatur [übt], die er als einen gegen Subjektivität gerichteten Totalitarismus ansieht« (Hardt und Negri 2018, 111). In diesem

Zusammenhang sollte man jedoch nicht vergessen, dass Merleau-Ponty in *Humanisme et terreur* (1947) den stalinistischen Terror rechtfertigte und ihn als eine Form des Humanismus definierte. Später distanzierte er sich allerdings deutlich von dieser Position und stellte den Humanismus gegen den Stalinismus.

Hardt und Negri argumentieren, dass die Tendenz der organischen Zusammensetzung des Kapitals nicht als ein deterministisches Gesetz gesehen werden sollte, das zum Zusammenbruch des Kapitalismus führt, sondern als eine Tendenz, die zum Aufstieg des *general intellect* im Kapitalismus führt (Hardt und Negri 2018, 153–156, 256–259), so dass »der *General Intellect* zunehmend zum Protagonisten der gesellschaftlichen Produktion wird« (ibid., 155). Ein solcher theoretischer Schritt zeigt die Verbindungen zwischen dem *Kapital* und den *Grundrissen*. Es ist daher nicht nötig, einen »Marxismus gegen *Das Kapital*« (ibid., 108) zu betonen. Es ist viel konstruktiver, sich auf die Kontinuitäten zwischen beiden Büchern zu konzentrieren. So taucht zum Beispiel der Begriff des *general intellect* der *Grundrisse* in *Das Kapital* als allgemeine Arbeit, Gesamtarbeiter und als kognitiver und kommunikativer Aspekt der Arbeit wieder auf (Fuchs 2016d, passim). Auch der Klassenkampf ist dem *Kapital* nicht fremd, sondern ein integraler Bestandteil, den Marx insbesondere in historischen Passagen diskutiert, die sich auf Kämpfe um die Länge und Intensität des Arbeitstages konzentrieren (vgl. Fuchs 2016d, Kapitel 10 und 15). Es ist daher kein Zufall, dass auch innerhalb des autonomen Marxismus politische Lesarten von *Das Kapital* entstanden sind (Cleaver 2011).

6.3. Digitaler und kommunikativer Kapitalismus

Kommunikation und Kommunikationsmittel sind in der marxistischen Theorie traditionell als sekundäres Überbau-Phänomen mit geringer Bedeutung behandelt worden. Folgerichtig wird die kritische Theorie der Kommunikation heute fast ausschließlich mit Jürgen Habermas' Theorie des kommunikativen Handelns in Verbindung gebracht, die eine dualistische Ontologie vorantreibt, die Arbeit von Kommunikation und Wirtschaft von der Lebenswelt trennt (Fuchs 2016a). Hardt und Negri gehören zu jenen kritischen Theoretikern, die sich ernsthaft mit der Analyse der Kommunikation und des Digitalen im Kapitalismus auseinandergesetzt haben. *Assembly* setzt diese Analyse fort. Entscheidend ist nicht, dass alle mit jedem Aspekt der Analyse von Hardt und Negri einverstanden sind oder behaupten, die Digitalität sei die vorherrschende Realität des Kapitalismus, sondern dass die Autoren der Analyse der Kommunikation und des Digitalen Raum und Zeit einräumen. Die Analyse der Kommunikation und der digitalen Kommunikation sollte nicht den Postmodernen, Neoliberalen, Habermasianern und Luhmannianern überlassen werden, sondern vielmehr aus der Perspektive der marxistischen Theorie in Angriff genommen werden (vgl. Fuchs 2020a, 2017d, 2016a, 2016d, 2015b, 2014, 2011, 2008; Fuchs und Fisher 2015; Fuchs und Mosco 2016a, 2016b). Hardt und Negri haben einen wichtigen Beitrag zu den Grundlagen der Entstehung des kommunikativen und digitalen Marxismus geleistet.

In *Assembly* begreifen Hardt und Negri das Digitale als einen widersprüchlichen Bereich, der sowohl Herrschafts- als auch Befreiungspotenziale in sich birgt. Die digitale Kommunikation spielt im gesamten Buch eine Rolle und ist der spezifische Fokus von Kapitel 7. Obwohl Hardt und Negri den Begriff der Dialektik nicht mögen, können wir sagen, dass ihre Analyse der digitalen Kommunikation eine Manifestation einer kritischen, dialektischen Kommunikationstheorie ist, die sowohl den Techno-Determinismus des Techno-Optimismus als auch den Techno-Pessimismus ablehnt (siehe Fuchs 2011, Kapitel 3, für eine detaillierte Diskussion dieser Unterscheidung).

Hardt und Negri stellen ihre Analyse der Technik den Ansätzen von Max Horkheimer und Theodor Adorno sowie Martin Heidegger entgegen, die sie als Techno-Pessimisten (Hardt und Negri 2018, 148–149) ansehen. Es gibt jedoch drei wichtige Unterschiede zwischen Horkheimer/Adorno und Heidegger:

– Für Horkheimer und Adorno ist die instrumentelle Vernunft des Kapitalismus das Problem, nicht die Technologie als solche, während Heidegger gegen alle modernen Technologien ist und sich nach einer vormodernen Gesellschaft ohne Massenmedien, öffentliche Verkehrsmittel und elektronische Kommunikation sehnt.
– Adorno widersetzte sich nicht der Technologie und begründete in weniger bekannten Werken Grundlagen einer alternativen Nutzung zeitgenössischer Technologien zu emanzipatorischen Zwecken (Fuchs 2016a, Kapitel 3). Ein Problem der Rezeption von Horkheimer und Adorno besteht darin, dass diese zu sehr auf die Kulturindustrie der *Dialektik der Aufklärung* fokussiert.
– Die Publikation von Heideggers *Schwarzen Heften* hat vor wenigen Jahren Aspekte des Antisemitismus in Heideggers Denken und Schriften aufgezeigt. Adorno war hingegen ein kritischer Theoretiker des Faschismus und Antisemitismus, der sich gegen fetischistische Denk- und Handlungsformen wandte (vgl. Fuchs 2015a, 2015c).

Hardt und Negri unterscheiden drei Phasen der modernen sozio-technologischen Entwicklung: Automatisierung, Digitalisierung und digitale Algorithmen. In letzterer Phase spielen die Algorithmen eine Schlüsselrolle bei der Organisation von Ausbeutung, Herrschaft, Verwaltung, Überwachung und der Entstehung des digitalen Taylorismus (Hardt und Negri 2018, 131–133).

Seit 2009 wird darüber debattiert, wie man die auf digitale Prosumtion und soziale Medien ausgerichteten werbebasierten Kapitalakkumulationsmodelle am besten aus einer marxistischen Perspektive verstehen könne. Kategorien wie produktive Arbeit, Rente, zu Profit werdende Rente, reproduktive Arbeit und unproduktive Arbeit wurden in diesem Zusammenhang bis zur theoretischen Erschöpfung genutzt (Fuchs und Fisher 2015, Fuchs 2014a und insbesondere Kapitel 5 in Fuchs 2015 für einen Überblick über die häufigsten Argumente und Gegenargumente in der Debatte um digitale Arbeit). Hardt und Negri nehmen in *Assembly* zu diesen Fragen eine klare Position ein:

> »Auch die sozialen Medien haben Mechanismen entwickelt, um Wert aus den sozialen Beziehungen und Verbindungen der dort Aktiven zu extrahieren. Hinter dem Wert von Daten steht mit anderen Worten der Reichtum sozialer Beziehungen, sozialer Intelligenz und sozialer Produktion« (Hardt und Negri 2018, 217).

> »Die astronomischen Bewertungen von IT-Konzernen und Social-Media-Unternehmen an den Aktienmärkten sind nicht nur fiktional. Die Unternehmen haben Unmengen an gesellschaftlicher Intelligenz und gesellschaftlichem Reichtum als fixes Kapital aufgesogen« (ibid., 349).

Eine Besonderheit »besteht darin, dass die Prozesse der Aneignung und Enteignung von Wert im Bereich solcher Algorithmen ebenfalls zunehmend offen sind: Sie sind gesellschaftlich in dem Sinn, dass sie die Grenzen zwischen Arbeitsverrichtung und Leben verwischen. Google zum Beispiel nutzen die Leute aus Interesse oder auch zum Vergnügen, doch, ohne dass es ihnen bewusst sein muss, schaffen sie durch Intelligenz, Aufmerksamkeit und soziale Beziehungen einen Wert, der erfasst und angeeignet werden kann« (ibid., 160–161).

Doch Ausbeutung, Enteignung und Herrschaft sind nur eine Seite des digitalen Kapitalismus. Digitale Technologien sind ambivalent und treiben durch die widersprüchliche Entwicklung der Produktivkräfte auch die Vergesellschaftung der Arbeit voran und erhöhen den kooperativen Charakter des Lebens und der Gesellschaft. Hardt und Negri wenden sich daher gegen die Zerschlagung digitaler Maschinen. Sie plädieren für die »Wiederaneignung von fixem Kapital, die Rücknahme des von uns Geschaffenen, der mechanischen, der ›intelligenten‹ und der gesellschaftlichen Maschinen sowie des wissenschaftlichen Wissens« (ibid., 162). Dies sei »ein wagemutiges und gewaltiges Unternehmen und es ließe sich auf diesem Feld lancieren« (ibid.). »Dabei geht es nicht darum, Maschinen oder Algorithmen oder irgendwelche anderen Formen, in denen unsere vergangene Produktion akkumuliert ist, zu bekämpfen oder gar zu zerstören, sondern sie dem Kapital wieder zu entwinden, die Expropriateure zu expropriieren und diesen Reichtum der Gesellschaft zugänglich zu machen« (ibid., 349). Hardt und Negri betonen die Einsicht, dass angesichts der Tatsache, dass Technologien von Menschen gemacht werden, sie nicht dem Kapital und dem Staat als Herrschaftsinstrumente überlassen, sondern in Instrumente der Emanzipation umgewandelt werden sollten.

Wenn Hardt und Negri von der Aneignung von fixem Kapital sprechen, haben sie vor allem das Leaking von Informationen (z. B. WikiLeaks), den offenen Zugang zu Wissen und die Nutzung digitaler Technologien bei Protesten im Auge (Hardt und Negri 2018, 17, 170, 172, 269–270, 358). Ihre Analyse des Digitalen als widersprüchlich ist eine zeitgenössische Manifestation einer dialektischen Analyse der Technologie. Marx begründete eine solche Theorie nicht nur in den *Grundrissen*, sondern auch im Kapitel »Maschinerie und große Industrie« in *Das Kapital Band 1* (siehe Fuchs 2016d, Kapitel 13 sowie Kapitel 3 im vorliegenden Buch). Wir müssen Hardt und Negris Analyse des Digitalen um einige Qualifikationen erweitern (siehe insbesondere Fuchs 2017d):

- Die Geschichte der alternativen Medien ist eine Geschichte prekärer, selbstausbeutender Arbeit, die stets vor dem Problem steht, dass der Kampf innerhalb des Kapitalismus gegen den Kapitalismus und darüber hinaus Ressourcen erfordert, die schwieriger zu erlangen sind, wenn man nicht gewinnorientiert, sondern in selbstverwalteten, autonomen Kooperativen arbeitet. Wir brauchen daher eine linke, radikal-reformistische Medienpolitik, die radikale Medienreformen vorantreibt (z. B. die Besteuerung von digitaler Werbung und digitalen Unternehmen, eine partizipatorische Mediengebühr, die Kapital besteuert und zu nicht profitorientierten Projekten umverteilt, eine Werbesteuer oder Bürgerhaushalte für gemeinnützige Medien).
- Angesichts der Dominanz des Individualismus und der kalifornischen neoliberalen Ideologie in den digitalen Industrien und der digitalen Kultur besteht die reale Gefahr, dass alternative Projekte (freie Software, Wikipedia, WikiLeaks, Plattform-Kooperative, vernetzte digitale Commons, nichtkommerzielle Open-Access-Plattformen usw.) sich in Lifestyle-Politik, individualistischen Klicktivismus, die Kommodifizierung der digitalen Commons und eine libertäre Form des Kapitalismus verwandeln. Solche Entwicklungen sind kein Automatismus, sondern eine Gefahr; umso mehr sind politische Bewegungen notwendig, die für die Stärkung des digitalen Gemeinwesens kämpfen.

- Alternative digitale Medien sind nicht auf progressive, linke Projekte wie Alternet, Democracy Now! oder The Real News beschränkt. Auch die Rechtsextremen haben ihre eigenen digitalen Medien etabliert, die als Alternativen zu den liberalen Mainstream-Medien fungieren. Einige von ihnen, wie das Breitbart News Network und Drudge Report, übertreffen die Popularität, Sichtbarkeit und Aufmerksamkeit linker digitaler Medien deutlich. Kommunikationskämpfe müssen sich daher nicht nur darauf konzentrieren, wie die Macht der kapitalistischen Mainstream-Medien herausgefordert werden kann, sondern auch darauf, wie rechtsextremen Medien zu begegnen wäre (Fuchs 2018).
- In der Online-Welt betrifft die Hauptmachtasymmetrie nicht die Kontrolle über die Mittel der digitalen Produktion, sondern die kapitalistische Aufmerksamkeitsökonomie: In der Flut von Informationen, die mit hoher Geschwindigkeit verarbeitet werden, hat es alternatives und kritisches Wissen viel schwerer, sichtbar zu werden und Aufmerksamkeit zu erlangen, als die Inhalte, die von Boulevardzeitungen, Marken, Unternehmen mit großen Werbebudgets, von Prominenten und Unterhaltungskonzernen verbreitet werden. Die Aneignung von fixem Kapital muss daher die Transformation des Digitalen in eine neue Logik mit sich bringen, die Engagement, Kritik und Debatte fördert. Wir brauchen zum Beispiel Online-Äquivalente des *Club 2* (eine abendliche, zwischen 1976 und 1995 ausgestrahlte TV-Debattenrunde im ORF mit offener Sendezeit), eine neue Form von YouTube, aus der ein *Club 2.0* wird (Fuchs 2017e).
- Neben den alternativen Medien gibt es auch eine Tradition der öffentlich-rechtlichen Medien, die sich bis zu ei-

nem gewissen Grad der Logik der Kommerzialisierung und des Profits widersetzt, aber in manchen Ländern zu politischem Partikularismus neigt. So wie die Linke die Macht anders übernehmen sollte, sollte sie auch nicht nur für alternative digitale Medien kämpfen, sondern ebenso für ein öffentlich-rechtliches Internet, das die Strukturen der öffentlich-rechtlichen Medien verändert.

6.4. Politik

Die linke Politik hat eine Verschiebung von der Politik

der Besetzungen der Occupy-Bewegungen zur Politik der Bewegungsparteien erfahren. Die Bewegungen zur Unterstützung von Bernie Sanders und Jeremy Corbyn sind die markantesten Beispiele. Hardt und Negri widersetzen sich einseitig linker Politik, wenn sie über die Frage nachdenken, mit welcher Strategie und Taktik die Kämpfe für eine fortschrittliche Gesellschaft heute am besten vorangebracht werden können. *Assembly* argumentiert, dass führerlose Horizontalität, zentralisierte Parteipolitik, präfigurative Politik, radikaler Reformismus und revolutionäre Politik jeweils Grenzen, Probleme und Fallstricke aufweisen. Hardt und Negri fordern eine dialektische Politik, die verschiedene Formen, Strategien und Taktiken des Kampfes kombiniert.

In Kapitel 4 analysieren Hardt und Negri die zeitgenössische rechtsextreme Politik. Deren Ziel ist es, »weiße, protestantische und heterosexuelle – nationale Identität wiederherzustellen« (Hardt und Negri 2018, 83). Hardt und Negri argumentieren, dass die heutige rechtsextreme Politik oft linke Bewegungen imitiert und in führer- und strukturlosen Bewegungen organisiert ist, so dass sie sich von klassischen rechten Bewegungen deutlich unterscheidet. Donald Trump ist heute wohl der einflussreichste rechte Politiker. Trump, der mit lediglich einer Erwähnung in *Assembly* ziemlich abwesend ist, untergräbt sicherlich etablierte Parteistrukturen. Aber gleichzeitig hat er Geld, Ideologie und Popularität genutzt, um neue Strukturen aufzubauen. Trump konstituiert eine neue Form der autoritären, rechten Führung, in der die Macht der Großpolitik und des Großkapitals in einer Person verschmolzen sind, die das autoritäre Spektakel über Reality-TV und soziale Medien mobilisiert und eine narzisstische Self-Branding-Maschinerie sowie eine unablässige Freund-Feind-Politik betreibt, die die symbolische politische Repression auf eine neue Ebene hebt (vgl. Fuchs 2018). Trump ist ein nicht-triviales rechtes Phänomen, das weder völlig neu noch alt ist, sondern eine Weiterentwicklung der Strategien und Taktiken der extremen Rechten.

Hardt und Negri argumentieren sowohl gegen eine führerlose Horizontalität, die Organisation und Institutionen ablehnt, als auch gegen eine zentralisierte Autorität in fortschrittlichen Bewegungen. »So wurden grundlegende Untersuchungen zur wachsenden Bedeutung allgemeiner intellektueller, affektiver und kommunikativer Fähigkeiten der Arbeitskraft in Verbindung mit Aussagen über die Potenziale der neuen Medientechnologien bisweilen dazu verwendet, die Annahme zu stützen, aktivistische Gruppen und Einzelne seien imstande, sich spontan zu organisieren, und bedürften darüber hinaus keinerlei institutionellen Gerüsts« (Hardt und Negri 2018, 32).

Politische Führer/innen sozialer Bewegungen wurden oft von außen durch Gewalt und Ideologie und von innen durch einen Antiautoritarismus, der zu neuen Hierarchieformen führt und in einer auf Lohnarbeit und Ressourcenknappheit beruhenden kapitalistischen Gesellschaft schwer zu praktizieren ist, unterdrückt. Hardt und Negri beziehen auch gegen Avantgarde-

Parteien und reine Wahlparteien Position. »Progressive politische Parteien können, ob als Oppositions- oder Regierungspartei, positive taktische Effekte zeitigen, allerdings nur in Verbindung mit sozialen Bewegungen und nicht an deren Stelle« (ibid.). Sie rufen zu einer Umkehrung der Rollen auf, die auf dem Prinzip »die Strategie den Bewegungen, die Taktik der Führung« (ibid., 55) beruht, und sprechen von taktischer Führung als »auf das kurzfristige Handeln« begrenzte Führung, die »an spezifische Bedingungen« (ibid., 46) geknüpft ist. Hardt und Negri argumentieren, dass Bewegungsparteien die »Macht übernehmen, aber anders« (105). Machtübernahme bedeutet den Aufbau neuer Institutionen jenseits der repräsentativen Demokratie und den Aufbau neuer demokratischer Institutionen. Die beiden Autoren betonen das komplexe Verhältnis von zentralisierter Macht (potestas/pouvoir/poder/power) und Macht als Potenzial (potentia/puissance/potencia/potential).

Hardt und Negri präferieren eine politische Strategie, die präfigurative Politik, antagonistischen Reformismus und Machtübernahme kombiniert, um bestehende Institutionen zu transformieren und neue demokratische Institutionen zu schaffen (ibid., 274–280). Der Fokus auf nur eine dieser Formen der Politik stößt oft auf Probleme und an Grenzen. *Assembly* plädiert für die Komplementarität der drei politischen Strategien: »Die Machtübernahme, ob durch Wahlen oder auf anderem Wege, muss dazu dienen, Raum für autonome und präfigurative Praktiken in immer größeren Dimensionen zu eröffnen und die langsame, sich über einen längeren Zeitraum vollziehende Transformation von Institutionen voranzutreiben. Ganz ähnlich müssen Praktiken des Exodus Möglichkeiten finden, wie sie Projekte antagonistischer Reformen und der Machübernahme ergänzen und befördern können« (ibid., 340). Beispielprojekte, für die eine solche komplementäre linke Politik kämpfen könnte, umfassen ein bedingungsloses Grundeinkommen als »ein Geld des Kommunen« (ibid., 282) und »offene[r] Zugang zum Kommunen und dessen demokratischer Verwaltung« (ibid., 358). Eine solche Form linker Politik identifziert einen neuen Machiavelli'schen *Fürsten*, der nicht die Macht, sondern die Gemeingüter an die erste Stelle setzt (Kapitel 13).

Konkret fordern Hardt und Negri eine Politik der linken Konvergenz, in der Gewerkschaften und soziale Bewegungen zu einem Sozialgewerkschaftsbund, den sie als »gesellschaftlichen Syndikalismus« bezeichnen (im Original »Social Unionism«), zusammenwachsen, der soziale Streiks gegen die Ausbeutung der gesellschaftlichen Produktion der Gemeingüter organisiert.

Ist die linke Politik, für die Hardt und Negri eintreten, nicht eine Art Luxemburgismus 2.0 im Zeitalter der gesellschaftlichen Produktion der *Commons*? Rosa Luxemburg hat gegen den rein parlamentarischen sozialdemokratischen Reformismus von Eduard Bernstein argumentiert. Sie lehnte den anarchistischen Individualismus ab und propagierte den Massenstreik als politische Taktik. Doch sie pflegte einen differenzierten Zugang zu parlamentarischer Politik. Sie verwarf die leninistische Avantgarde-Parteipolitik und plädierte dafür, die Spontaneität des Protestes zu organisieren. Rosa Luxemburg wandte sich mit internationalistischer Politik gegen Krieg, Imperialismus und Nationalismus. Sie sah in der Beschränkung der Demokratie im nachrevolutionären Russland ein ernsthaftes Defizit, das zu großen Problemen führen würde. Luxemburg plädierte für die Dialektik von Partei/Bewegungen, Organisation/Spontaneität, Führer/Massen (Luxemburg 1966, 1971, 2008). Doch sie stand der Durchführbarkeit autonomer Projekte, insbesondere von Genossenschaften und Arbeiterkooperativen, sehr skeptisch gegenüber. In diesem Punkt müssen wir heute über Luxemburgs Politik hinausgehen. Selbstverwaltung kann in einer neuen Gesellschaft nicht bei null anfangen. Sie braucht soziale Formen, die im Kapitalismus aufkeimen und Keime produzieren, die als Gemeingüter über Profit und Lohnarbeit hinausweisen.

Hardt und Negri lehnen sowohl das neoliberale Unternehmertum ab, das »insbesondere in der digitalen Welt der Dotcoms und Start-ups« (Hardt und Negri 2018, 186) zu finden ist, als auch das soziale Unternehmertum, das »soziale[n] Neoliberalismus« (ibid., 191) bedeutet und den Wohlfahrtsstaat an Frei-

willigenarbeit, Wohlfahrtsorganisationen und lokale Gemeinschaften auslagert. »Der Nexus von sozialem Neoliberalismus und sozialem Unternehmertum zerstört kommunale Netzwerke und autonome Formen der Kooperation, die das gesellschaftliche Leben bislang trugen« (ibid.).

Politik spielt sich für Hardt und Negri nicht nur auf den Straßen, in Fabriken, auf Plätzen und in Büros ab, sondern auch in den Bereichen von Sprache und Kommunikation. Es gehört zur Politik, »Worte zu verändern, ihnen neue Bedeutungen zu geben« (ibid., 197). »Manchmal gilt es, neue Begriffe zu prägen, häufiger jedoch geht es darum, sich bestehende Begriffe wiederanzueignen und ihnen eine neue Bedeutung zu geben« (ibid.). »Tatsächlich gehört der Kampf um Begriffe, die Klärung oder Transformation ihrer Bedeutung, zu den vordringlichen Aufgaben des politischen Denkens« (ibid., 20).

Daher argumentieren Hardt und Negri dafür, dem Begriff des Unternehmertums (im Original »entrepreneurship«) eine neue Bedeutung zu geben. Kapitel 9 trägt den Titel »Unternehmertum der Multitude«. »Es ist daher wichtig, den Begriff des Unternehmertums für uns zu reklamieren« (Hardt und Negri 2018, 20) und diesen nicht neoliberalen Manager/

innen und Gurus zu überlassen. Unter dem demokratischen Unternehmertum der *Multitude* verstehen Hardt und Negri die Politik eines sozialen Syndikalismus (soziale Bewegungen plus Gewerkschaften), der soziale Streiks organisiert. Der gesellschaftliche Syndikalismus »organisiert neue gesellschaftliche Kombinationen, erfindet neue Formen sozialer Kooperation und schafft demokratische Mechanismen, wenn es um Entscheidungen über das Gemeinsame geht, um Zugang, Nutzung und Partizipation« (ibid.). Das Unternehmertum der *Multitude* zielt auf »Selbstorganisation und Selbstverwaltung« ab (ibid., 138). »Gesellschaftlicher Syndikalismus [...] ist in der Lage, indem er Organisationsstrukturen und die politische Erfindungsgabe von Gewerkschaften und sozialen Bewegungen miteinander verbindet, dem Unternehmertum der Multitude und dem aufrührerischen Potenzial, das der gesellschaftlichen Produktion innewohnt, Gestalt zu geben« (ibid., 281).

Die Transformation von Bedeutungen kann sicherlich für politisch-strategische Begriffe wie Demokratie, Freiheit, Menschenrechte oder Republik funktionieren. Aber ist sie auch für den Begriff Unternehmertum anwendbar? Oder für die Nation? Oder den Kapitalismus? Es wäre zum Beispiel absurd und verwirrend zu argumentieren, dass wir den Sozialismus als einen anderen Kapitalismus konstruieren müssen. Das Wort »Kapitalismus« ist so sehr mit den Begriffen von Ausbeutung und Klasse gekoppelt, dass der Versuch, es sich anzueignen, sich als kontraproduktiv erweisen könnte. Wie steht es also um die Bedeutung von »Entrepreneur«, »unternehmerisch« und »Unternehmertum«?

Ernst Bloch schlägt vor, dass der Kampf gegen die Nazis und den Faschismus auch symbolische Wortgefechte beinhalten soll, damit Kommunist/innen und Sozialist/innen sich die

Wörter, die der Faschismus verwendet, aneignen und ihnen eine andere Bedeutung geben. Er wollte etwa das Wort Heimat nicht den Faschisten überlassen, sondern anders verwenden: Der Kapitalismus entfremdet den Menschen von der Gesellschaft, von der Natur und von sich selbst als seiner Heimat. Der Sozialismus (oder das, was wir heute als eine auf Gemeingütern basierende Demokratie bezeichnen könnten) ist für Bloch dagegen eine wahre Heimat, die den Kapitalismus und den Partikularismus der nationalistischen Heimatideologie überwindet:

> »Die Wurzel der Geschichte aber ist der arbeitende, schaffende, die Gegebenheiten umbildende und überholende Mensch. Hat er sich erfasst und das Seine ohne Entäußerung und Entfremdung in realer Demokratie begründet, so entsteht in der Welt etwas, das allen in die Kindheit scheint und worin noch niemand war: Heimat« (Bloch 1976, 1628).

Hardt und Negri sind wie Ernst Bloch intransigente Optimisten, die die Konstruktion von Hoffnung als politische Waffe im Kampf für Alternativen einsetzen und die Schaffung konkreter Utopien der *Commons* als Projekte des Klassenkampfes forcieren. Die Kämpfe der *Multitude* drehen sich um die Verwirklichung eines politischen Noch-Nicht.

In Ländern, in denen Rechtspopulist/innen Wahlen gewinnen und eine große Bedrohung darstellen, ist es eine Erfolg versprechende politische Taktik, den Begriffen Heimat und Heimatland eine progressive Bedeutung zu geben, um zu versuchen, Protestwähler/innen zu gewinnen, die Angst vor dem sozialen Abstieg haben. Der Rechtspopulist Norbert Hofer hätte 2016 beinahe die österreichischen Bundespräsidentenwahlen gewonnen. Seine Partei, die Freiheitliche Partei Österreichs (FPÖ), kämpft seit vielen Jahren gegen Einwanderung, indem sie Migrant/innen als Bedrohung für die »österreichische Heimat« darstellt. Die FPÖ benutzte Wahlslogans wie »Heimatliebe statt Marokkaner-Diebe«, oder »Daham statt Islam«. Hofers Kontrahent, der Kandidat der Grünen Alexander Van der Bellen, verwendete im Wahlkampf den Begriff Heimat, um ihm eine andere Bedeutung zu geben: soziale Sicherheit und Solidarität. Er gewann die Stichwahl und wurde österreichischer Bundespräsident. Die Konstruktion einer anderen Bedeutung für das Wort »Heimat« wurde als sprachliche und kommunikative Taktik eingesetzt, um der Bedrohung durch rechte Politik zu begegnen. Van der Bellen ließ Slogans wie »Heimat braucht Zusammenhalt« oder »Wer unsere Heimat liebt, spaltet sie nicht« plakatieren.

Der Kapitalismus erzeugt eine wirtschaftlich gespaltene und entfremdete Gesellschaft. Rassismus und Nationalismus spalten die Gesellschaft politisch und ideologisch und sind politische und ideologische Formen der Entfremdung. Entfremdung bedeutet, dass die Menschen in der Gesellschaft nicht zu Hause sind, weil diese durch wirtschaftliche, politische und ideologische Machtungleichheiten gespalten ist. Folglich bedeutet die Aufhebung der Entfremdung, die Gesellschaft zur Heimat der Menschheit zu machen.

Unter bestimmten politischen Bedingungen, zum Beispiel der starken Präsenz rechtsextremer Parteien, sind *Culture Jamming*, sprachliche Umwälzung (*détournement*) und semiotischer Kampf wichtige Methoden der politischen Auseinandersetzung. Unter *Culture Jamming* ist zu verstehen, dass bestimmte Symbole bewusst umgedeutet werden, damit sie linke politische Bedeutungen annehmen. Aber kann diese Strategie auch für das Wort Unternehmertum (*entrepreneurship*) funktionieren? Der Begriff *entrepreneurship* stammt vom altfranzösischen *entreprendre* (etwas unternehmen, beginnen) und wurde im frühen 19. Jahrhundert in die englische Sprache eingeführt, und zwar von dem politischen Ökonomen Jean-Baptiste Say in dem Buch *A Treatise of Political Economy* (*Traité d'économie politique*) ein, das 1803 veröffentlicht wurde. Der Entrepreneur »beschäftigt, veräußert und [...] konsumiert« das Kapital »vollständig«, »aber in einer Weise, die es reproduziert, und zwar mit Profit« (Say 1971/1821, 113). 200 Jahre später versteht die *Encyclopaedia Britannica* den Entrepreneur als Mitglied der »Business-Klasse« und als »Geschäftsmann« (Cornwall 2010) und behauptet, dass wirtschaftliches Wachstum »unter der Führung der unternehmerischen Klasse« stattfinde. Unternehmer/innen machen nach diesem Verständnis »Unternehmensinvestitionen«, die auf das »Wachstum der Arbeitsproduktivität und des BIP« abzielen (Cornwall 2010).

Seit mehr als 200 Jahren wird der Begriff Unternehmer/Entrepreneur verwendet, um einen individuellen Kapitalisten zu bezeichnen, der Kapital investiert und akkumuliert und Arbeiter/innen ausbeutet. Ist es realistisch, diesem bürgerlichen Begriff, der Individualismus und Kapitalismus bedeutet, jetzt erfolgreich eine andere politische Bedeutung des gesellschaftlichen Syndikalismus zu geben? Es gibt bestimmte Begriffe, die so korrumpiert sind, dass sie besser verworfen als angeeignet werden sollten. Es wäre auch nicht sinnvoll, zu versuchen, neu zu definieren, was Kapitalismus ist, und diesem Begriff eine neue Bedeutung zu geben. Der Effekt wäre, dass jeder denken würde, man rechtfertige den Kapitalismus. Wir brauchen einige Worte, die ausdrücken, was wir ablehnen. Kapitalismus und Entrepreneurialismus/Unternehmertum gehören zu diesen negativen Begriffen, die nicht auf sinnvolle Weise einer bestimmten sprachlichen Umdeutung unterzogen werden können. Die Gefahr der Aneignung von Begriffen wie Entrepreneur, unternehmerisch und Unternehmertum für progressive Zwecke besteht darin, dass jene als Ermutigung zur Kommodifizierung des Aktivismus missverstanden wird. Der gesellschaftliche Syndikalismus ist eine wichtige politische Strategie, aber es reicht aus, ihn mit diesem Namen zu bezeichnen. Wir brauchen dafür keine bürgerliche Kategorie. Warum verwenden wir zum Beispiel nicht, anstatt von politischem Unternehmertum und dem Unternehmertum der Multitude zu sprechen, wie Paolo Gerbaudo (2012) vorschlägt, die Begriffe politische Choreografie und die Choreografie der Multitude?

6.5. Schlussfolgerungen

Hardts und Negris *Assembly* ist ein wichtiger Eingriff in die zeitgenössische Politik. Das Buch fördert eine kritische Analyse des zeitgenössischen Kapitalismus, der durch Neoliberalismus, Finanzkapital, Nationalismus, Rechtsextremismus, die *Commons*, Zusammenarbeit, immaterielle Arbeit, das Digitale, Algorithmen, digitale Arbeit, digitale Assemblagen, digitale Herrschaft und digital vermittelte gesellschaftliche Kämpfe geprägt ist. Hardt und Negri sind Kritiker des Kapitalismus und der Bürokratie, vor allem aber intransigente Optimisten, die sich über die nächsten Schritte der Politik fortschrittlicher sozialer Bewegungen Gedanken machen.

Assembly plädiert dafür, linke Strategien und Taktiken zu überdenken. Die Autoren kritisieren einseitige Ansätze und plädieren für eine Dialektik von Bewegung/Führung, Spontaneität/Organisation, Revolution/Reform. Die Aneignung von fixem Kapital ist ein wichtiges Merkmal der vorgeschlagenen Strategien und Taktiken. Hardt und Negri bezeichnen diese Politik als den »neuen Fürsten« und das »Unternehmertum der Multitude«.

Die größte Stärke des Buches liegt in der Vielzahl der Dimensionen, Ideen und Provokationen, die die Analyse vorantreiben, was *Assembly* zu einem Buch macht, das von vielen Aktivist/innen, Bürger/innen, Wissenschaftler/innen und anderen Arbeiter/innen gelesen werden soll, denen eine bessere Zukunft am Herzen liegt und die nach Wegen suchen, die Gesellschaft auf fortschrittliche Weise umzugestalten. *Assembly* ist eine mutige und intelligente Intervention, die unsere Debatten, Kämpfe, Theorien, Kritiken, Praxen, Strategien und Taktiken in den kommenden Jahren beeinflussen wird.

7.
Alltagsleben und digitale Alltagskommunikation im Coronavirus-Kapitalismus

7.1. Einleitung

Die Coronavirus-Krankheit (COVID-19) ist eine hochinfektiöse Atemwegserkrankung. Ihr Name kommt von dem Umstand, dass das Virus unter dem Mikroskop wie eine Krone aussieht. Die Krankheit ist hochgradig ansteckend und hat eine Todesrate, die um ein Vielfaches höher ist als jene der saisonalen Grippe. Zu den Symptomen zählen unter anderen Fieber, trockener Husten, Kurzatmigkeit und starke Müdigkeit. Im Großteil der Fälle verläuft die Krankheit mild, aber immer wieder kommt es zu schweren Lungenentzündungen, die lebensbedrohend sein können.

Der erste an dieser Krankheit leidende Patient wurde am 1. Dezember 2019 in Wuhan, einer chinesischen Großstadt mit mehr als elf Millionen Einwohner/innen, identifiziert. Ende Jänner 2020 gab es fast 12 000 Fälle in Festlandchina.[6] Aufgrund des vernetzten und globalen Charakters der zeitgenössischen Gesellschaften breitete sich das neue Virus (SARS-CoV-2, in diesem Artikel als »Coronavirus« bezeichnet) sehr schnell aus.

6 Datenquelle: https://en.wikipedia.org/wiki/2019%E2%80%9320_coronavirus_pandemic_in_mainland_China, aufgerufen am 30. März 2020.

»Frühere Erfahrungen hatten gezeigt, dass es einer der Nachteile der zunehmenden Globalisierung ist, dass es unmöglich ist, die schnelle internationale Verbreitung neuer Krankheiten zu stoppen. Wir leben in einer hochgradig vernetzten Welt, in der fast alle Menschen reisen. Die menschlichen Netzwerke einer möglichen Verbreitung sind groß und offen« (Harvey 2020).[7] Am 11. März 2020 erklärte die Weltgesundheitsorganisation (WHO) die Coronavirus-Krankheit zu einer Pandemie. Am 29. März 2020 gab es 638 146 bestätigte Erkrankungen und 30 105 von dem Virus verursachte Todesfälle in insgesamt 203 Staaten.[8] Bis

zum 1. Jänner 2021 verstarben 1 808 041 Menschen in insgesamt 222 Ländern an den Folgen von COVID-19.[9]

Als Reaktion auf die Bedrohung, die das Virus für die Menschheit darstellt, haben viele Länder weitreichende Maßnahmen im Bereich der öffentlichen Gesundheit getroffen. Dazu gehören das Herunterfahren des öffentlichen Lebens und die Einschränkung sozialer Kontakte (»soziale Distanzierung«). Dieser Aufsatz ist ein Beitrag zur gesellschaftstheoretischen Analyse der Implikationen der Coronavirus-Krise für die Gesellschaft. Er fragt: Wie haben sich Alltagsleben und Alltagskommunikation in der Coronavirus-Krise verändert? Wie beeinflusst der Kapitalismus das Alltagsleben und die Alltagskommunikation in dieser Krise?

Abschnitt 7.2 handelt davon, wie sich der soziale Raum und die Alltagskommunikation durch die Coronavirus-Krise

7 Alle Übersetzungen englischer Zitate in diesem Kapitel stammen von mir.

8 Datenquelle: WHO, https://www.who.int/emergencies/diseases/novel-coronavirus-2019, aufgerufen am 30. März 2020.

9 Datenquelle: WHO, https://www.who.int/emergencies/diseases/novel-coronavirus-2019, aufgerufen am 1. Jänner 2021.

verändert haben. In Abschnitt 7.3 geht es um die Kommunikation der Ideologie im Kontext des Coronavirus. Es wird analysiert, wie Verschwörungstheorien und Falschnachrichten über das Coronavirus kommuniziert werden.

7.2. Alltagskommunikation und Sozialität in der Coronavirus-Krise

Solange es keine Impfung gegen COVID-19 gab, stellte das Virus eine Gefahr für das Leben aller Menschen und für die Gesellschaften dar, die sie bilden, da es hochgradig ansteckend ist und eine Todesrate aufweist, die um eine Vielfaches höher ist als jene der saisonalen Grippe. Seit Ende 2020 schrittweise Impfstoffe zugelassen wurden, ist es zu einer zentralen Frage geworden, ob man sich impfen lassen soll oder nicht. Impfskeptiker/innen, rechte Politiker/innen und Anhänger/innen von Verschwörungstheorien berufen sich auf die individuelle Freiheit, eine Impfung abzulehnen. Das Problem dabei ist jedoch, dass in der COVID-19-Krise die individuelle Freiheit, sich nicht impfen zu lassen, keine Maske in der Öffentlichkeit zu tragen und die soziale Distanzierung zu ignorieren, in Widerspruch tritt zur sozialen Freiheit, zum Recht auf Überleben aller Menschen und zur gesellschaftlichen Verantwortung.

Es ist daher eine schwierige Frage, wie Gesellschaften mit diesem Spannungsfeld von individueller Freiheit und sozialer Verantwortung umgehen sollen. Eine Impfpflicht ist in zum Beispiel in Gesundheitsberufen durchaus sinnvoll. Eine allgemeine Impfplicht kann aber die Impfskeptiker/innen und Impfgegner/innen weiter in ihrer Ideologie bestärken und zu einer Radikalisierung beitragen, die dann auch Unentschlossene erfasst. Eine beschränkte Impfpflicht, gekoppelt mit öffentlichen Kampagnen für Impfungen und gegen Verschwörungstheorien, erscheint mir als die angebrachteste Strategie. Ein Problem ergibt sich aber dann, wenn die Impfskepsis in bestimmten Ländern ungebrochen anhält oder weiter ansteigt.

Im Kampf gegen Pandemien empfiehlt die WHO (2000), dass »soziale Distanzierung und Quarantänemaßnahmen rechtzeitig und gründlich erfolgen müssen. Zu den Maßnahmen, die die Länder in Erwägung ziehen können, zählen die Schließung von Schulen und Universitäten, die Umstellung auf Heimarbeit, ein weitgehender Verzicht auf die Nutzung öffentlicher Verkehrsmittel zu Stoßzeiten und die Verschiebung nicht unbedingt notwendiger Reisen.«

Boris Johnsons Sozialdarwinismus

Als Reaktion auf die Pandemie wurde soziale Distanzierung in vielen Ländern eingeführt. Einige Staaten haben Ausgangssperren erlassen, während andere die soziale Distanzierung nur empfohlen, aber nicht gesetzlich geregelt haben. In einigen Ländern gab es auch Änderungen des verfolgten Ansatzes: In Großbritannien und Schweden zum Beispiel setzten die Regierungen anfangs auf die Selbstverantwortung der Menschen, änderten dann aber ihre Strategien hin zu mehr Lockdown-Maßnahmen. Boris Johnsons konservative Regierung in Großbritannien verfolgte zunächst einen Laissez-faire-Ansatz. Das öffentliche Leben wurde nicht eingeschränkt. Erst später wurden Maßnahmen getroffen, wie sie in Kontinentaleuropa üblich waren. Dazu zählten die Schließung der Schulen und der nicht essenziellen Unternehmen, das Verbot öffentlicher Veranstaltungen und die Anordnung, dass die Menschen zu Hause bleiben müssen.

Am 12. März sagte Johnson in einer Pressekonferenz, dass wegen des Coronavirus »noch viel mehr Familien Angehörige vor deren Zeit verlieren werden«. Zugleich wurde aber nicht – wie zu diesem Zeitpunkt in anderen Ländern üblich – das öffentliche Leben heruntergefahren. Die von Johnson gemeinsam mit seinen wissenschaftlichen und medizinischen Berater/innen angekündigte Strategie beruhte darauf, das Virus nicht einzudämmen, sondern seine Ausbreitung zuzulassen, bis eine »Herdenimmunität« erreicht würde. Der oberste britische Gesundheitsbeamte Chris Whitty argumentierte, dass »unsere Top-Planungsannahme ist, dass 80 Prozent der Bevölkerung infiziert werden«. Da Großbritannien 66 Millionen Einwohner hat und die Sterberate des Coronavirus etwa ein Prozent beträgt, läuft diese Strategie darauf hinaus, dass man mehr als 500 000 Menschen sterben lassen wollte, um das zu erreichen, was im medizinischen Jargon als »Herdenimmunität« bezeichnet wird. In einem Interview auf *Sky News* verteidigte der wissenschaftliche Chefberater der Regierung Patrick Vallance diesen Ansatz. Er sprach davon, dass »wir natürlich, wie der Premierminister gestern sagte, die Aussicht haben, dass immer mehr Menschen sterben. […] Dies ist eine schlimme Krankheit.«[10]

Johnson und seine medizinischen und wissenschaftlichen Berater/innen wählten einen sozialdarwinistischen Ansatz, bei dem nur die Stärksten überleben und die Regierung toleriert, dass viele Menschen sterben, obwohl öffentliche Gesundheitsmaßnahmen die Anzahl der Toten reduzieren könnten. Charles Darwins Halbcousin Francis Galton (1822–1911) hatte argumentiert, dass die Gesellschaft auf »dem Wirken der Natur« beruhen solle, »indem sichergestellt wird, dass die Menschheit durch die Stärksten repräsentiert wird« (Galton 1909, 42). Genauso wie

10 https://www.youtube.com/watch?v=2XRc389TvG8, aufgerufen am 30. März 2020.

der Thatcherismus das Überleben der stärksten Unternehmen in der kapitalistischen Wirtschaft predigte und praktizierte, planten Johnson und seine Berater/innen, dasselbe Prinzip in der Bevölkerungspolitik einzusetzen. Alte, Schwache und Kranke sollten geopfert werden. Im Kontext der Coronavirus-Krise wurde in radikal neoliberalen Gesellschaften wie Großbritannien und den USA das Natur-Konzept des Darwinisten Alfred Russel Wallace auf die Gesellschaft angewandt: »Die am besten organisierten oder die gesündesten oder die aktivsten oder die am besten geschützten oder die intelligentesten Menschen werden auf lange Sicht unweigerlich einen Vorteil gegenüber denen erlangen, die in Hinsicht auf diese Eigenschaften minderwertig sind. Das heißt, dass *die Stärksten überleben werden*« (Wallace 1889/2009, 123).

Soziale Distanzierung

Menschen sind soziale und gesellschaftliche Wesen. Sie leben in und durch soziale Beziehungen in der Gesellschaft. Kommunikation ist der Prozess der Produktion und Reproduktion der Sozialität, sozialer Beziehungen, sozialer Strukturen, sozialer Systeme und der Gesellschaft (Fuchs 2020a). In einer sozialen Beziehung deuten zumindest zwei Menschen wechselseitig das Handeln des jeweils anderen. Jeder interpretiert, was der andere macht, was zu neuen Gedanken und potenziell zu Veränderungen des sozialen Systems führt. Bei der im Rahmen der Coronavirus-Krise praktizierten sozialen Distanzierung kommt es nicht zur Auflösung, sondern zur radikalen Reorganisation sozialer Beziehungen. Die Menschen vermeiden soziale Beziehungen von Angesicht zu Angesicht und ersetzen diese durch vermittelte Varianten, in denen die Kommunikation mithilfe des Telefons, sozialer Medien oder Messenger- und Videokonferenz-Software wie WhatsApp, Telegram, Zoom, Skype, Panopto, Blackboard Collaborate, Jitsi oder Discord organisiert wird. Soziale Distanzierung bedeutet nicht die Vermeidung der Kommunikation, sondern den Ersatz der Kommunikation von Angesicht zu Angesicht, bei der es ein Ansteckungsrisiko gibt, durch vermittelte Kommunikation. Vermittlung ist zugleich eine Strategie des Vermeidens und des Überlebens. Soziale Distanzierung bedeutet nicht die Distanzierung vom Sozialen und von anderen Menschen, sondern Kommunikation und Sozialität über Distanzen hinweg.

Im Jahr 2020 erlebten und praktizierten Milliarden von Menschen eine radikale Veränderung und Reorganisation ihres sozialen Lebens. In der modernen Gesellschaft organisieren wir unser Alltagsleben als soziale Praktiken, die in voneinander unterschiedlichen sozialen Systemen stattfinden, in denen wir in wiederholender und routinierter Weise bestimmte Zeitperioden gemeinsam mit anderen verbringen, um bestimmte Ziele zu erreichen. Zu den wichtigen sozialen Systemen unseres Alltagslebens gehören das Zuhause, der Arbeitsplatz und Bildungsinstitutionen (Kindergarten, Schule, Universität). Und es gibt öffentliche Räume, die für jeden zugänglich sind und an denen wir unsere Freizeit verbringen, andere Menschen treffen, uns von einem Ort zu einem anderen bewegen oder andere Aspekte unseres Alltagslebens organisieren. Zu solchen Räumen gehören Parks, Spielplätze, Kaffeehäuser und Restaurants, öffentliche Verkehrsmittel oder Geschäfte.

Arbeitsteilung und Teilung von Aktivitäten implizieren, dass die Menschen bestimmte Zeiten des Tages an bestimmten Orten verbringen. Ein Beispiel ist die Arbeit in einem Büro oder einer Fabrik von Montag bis Freitag zwischen 9 und 17 Uhr. Raum und Zeit werden also in Zonen eingeteilt, so dass bestimmte Zeitperioden an bestimmten Orten zugebracht werden. Die Flexibilisierung, Globalisierung, Digitalisierung, Individualisierung und Neoliberalisierung der kapitalistischen Gesellschaft hat die Raum-Zeit-Verhältnisse des Alltagslebens verändert. Mehr und mehr Menschen arbeiten von verschiedenen Orten aus, wozu auch ihr Zuhause und öffentliche Räume zählen, zu einer Vielzahl von Zeiten. Der Arbeitsplatz, das Zuhause und öffentliche Räume konvergieren teilweise. Die Grenzen zwischen Freizeit und Arbeitszeit, Spiel und Arbeit, Konsum und Produktion, Büro und Zuhause verschwimmen. Für

viele Menschen bedeutetet diese Tendenz eine Zunahme ihrer Arbeitszeit und die Ausweitung der Kapitallogik auf Sphären außerhalb des traditionellen Arbeitsplatzes. Mehr und mehr Menschen müssen immer mehr arbeiten, um zu überleben, und tun dies auf prekäre Art und Weise.

Die radikale Veränderung der Raumzeit des Alltagslebens

Die Coronavirus-Krise hat zu einer radikalen Veränderung der Raumzeit des Alltagslebens geführt. Arbeitsplätze und öffentliche Räume wurden geschlossen. Die physische und soziale Differenzierung der Räume des Alltagslebens brach zusammen. Arbeitsplatz und Schule konvergierten plötzlich gesamthaft mit dem Zuhause als dem Raum des Alltagslebens. Die vom Neoliberalismus vorangetriebene Vermischung und Konvergenz sozialer Räume wurde plötzlich auf die Spitze getrieben. Die Zwischenräume des öffentlichen Lebens, in denen wir Frei- und Transitzeiten in Cafés, Restaurants, Parks, der Natur, öffentlichen Verkehrsmitteln usw. verbrachten, leerten sich, wodurch Geisterstädte und urbane Geisterräume entstanden.

Die Politiker/innen mussten sich angesichts der Coronavirus-Krise zwischen zwei fundamentalen Optionen entscheiden, nämlich entweder den Alltag radikal zu unterbrechen und die Mehrheit der Bürger dazu aufzufordern, zu Hause zu bleiben, oder das Alltagsleben nur minimal zu verändern. Die erste Option versucht, Menschenleben zu retten, indem die direkte Kommunikation und die sozialen Beziehungen so weit wie möglich reduziert werden, wodurch zwangsläufig eine Wirtschaftskrise entsteht. Die zweite Option erhält die direkte Kommunikation und die direkten sozialen Beziehungen aufrecht, wodurch Menschenleben gefährdet werden, um zu versuchen, eine Wirtschaftskrise zu vermeiden.

In einer existenziellen Extremsituation wie der Coronavirus-Krise entscheiden sich neoliberale politische Strateg/innen zumeist dafür, die Betriebe offen zu halten. Im Gegensatz dazu schließen Politiker/innen mittels sozialistischer Regierungsstrategien alle nichtessenziellen Unternehmen, also jene Unternehmen, die nicht benötigt werden, um das Überleben der Gesellschaft zu garantieren. In der zweiten Strategie stehen menschliches Leben und Wohlbefinden über wirtschaftlichen Interessen. In der ersten Strategie werden Wirtschaftswachstum und Profitabilität über Menschenleben gestellt.

Der soziale Raum ist so strukturiert und regionalisiert, dass es bestimmte Orte gibt. Es handelt sich dabei um raumzeitliche Standorte, Zonen, Stationen und Domänen wie das Zuhause, Straßen, Städte, Arbeitsplätze, Schulen, Kindergärten, Parks, Geschäfte, Restaurants, Cafés oder öffentliche Verkehrsmittel. »An Orten (›locales‹) wird der Raum als Bezugsrahmen für Interaktion verfügbar gemacht, während umgekehrt diese Interaktionsbezugsrahmen für die Spezifizierung der Kontextualität des Raumes verantwortlich sind. [...] Orte gibt es in den verschiedensten Größenordnungen: es kann sich um ein Zimmer in einem Haus, um eine Straßenecke, um die Gewerbe, um Räume einer Fabrik, um Kleinstädte so gut wie Großstädte, schließlich sogar um die von Nationalstaaten beanspruchten territorial begrenzten Gebiete handeln. Aber Orte sind charakteristischerweise regionalisiert, und die Regionen in ihnen sind von entscheidender Bedeutung für die Konstituierung von Interaktionskontexten« (Giddens 1997, 170).

Ein Ort ist ein bestimmter physischer oder virtueller Raum, der zu einem bestimmten Zeitpunkt, typischerweise routinemäßig, für soziales Handeln und Kommunikation verwendet wird, was eine Wiederholung impliziert, um ein bestimmtes Ziel zu erreichen. Die Raumzeit ist in der Form von abgegrenzten und begrenzten Zonen oder Regionen (Orten) organisiert, die den physischen, räumlichen und zeitlichen Kontext bestimmter Arten des Handelns und der Kommunikation darstellen. Orte sind die Plätze und physischen Kontexte der Kommunikationspraktiken der Menschen.

In der Coronavirus-Krise konvergieren die sozialen Räume und Orte der Arbeit, Freizeit, Bildung, Öffentlichkeit, Privatsphäre, Freundschaft und Familie im Ort des Zuhauses. Das Zuhause ist gleichzeitig Arbeitsplatz, Familien- und Privatraum, Schule, Kindergarten, Freizeitraum, Naturraum und öffentlicher Raum, von dem aus wir mit Freund/innen und Kolleg/innen in Kontakt treten. In diesem sozialen Raum der Konvergenz kann es schwierig werden, das Alltagsleben so zu organisieren, dass die Zeit in kleine Teile zerlegt wird, die jeweils routinemäßig bestimmten Aktivitäten gewidmet sind. In der Coronavirus-Krise ist das Zuhause zum Supra-Ort des Alltagslebens geworden.

Während die Tageszeit für viele Menschen Arbeitszeit war, muss sie zu Zeiten der Coronavirus-Krise gleichzeitig Arbeitszeit, Spielzeit, Bildungszeit, Familienzeit, Einkaufszeit, Hausarbeitszeit, Freizeit, Pflegezeit und psychologische Bewältigungszeit sein. Die Konvergenz der sozialen Räume im Zuhause geht mit der Konvergenz der Zeitperioden einher, die bestimmten Aktivitäten gewidmet sind. Daher verwandeln sich Tätigkeiten, die Menschen normalerweise in unterschiedlichen sozialen Rollen zu unterschiedlichen Zeiten an unterschiedlichen Orten ausführen, in Aktivitäten, die in einer universellen, tendenziell unzonierten und unstrukturierten Raumzeit an einem Ort, dem Zuhause, ausgeführt werden.

Die Überlastung des Individuums

Diese Konvergenz kann zu einer Überlastung des Individuums führen, das nicht mehrere soziale Rollen gleichzeitig an einem Ort ausüben kann. Die Situation wird durch die außergewöhnlichen psychischen Belastungen verschlimmert, die die Coronavirus-Krise verursacht. Die Menschen machen sich Sorgen um ihre Familie, ihre Freunde und um sich selbst und müssen darüber nachdenken, wie sie alltägliche Aktivitäten wie das Einkaufen und das Hinausgehen organisieren, ohne ihr Leben und das Leben anderer zu riskieren. Sie müssen damit fertig werden, dass sie ihren Angehörigen und Freunden nicht physisch nahe sein können. Sie müssen Zeit dafür verwenden, alte, schwache und kranke Menschen in ihrer Nähe zu unterstützen, die sich selbst isolieren. In einer solchen Krise ist sehr viel Zeit Überlebenszeit, also Zeit, die für Aktivitäten verwendet wird, die das unmittelbare physische, psychische und soziale Überleben sichern. Routinetätigkeiten werden zu herausfordernden Aufgaben, für die viel Zeit aufgewendet werden muss.

Überlebensarbeit prägt das Alltagsleben in der Coronavirus-Krise. Da die direkte Kommunikation begrenzt ist, muss mehr

Zeit für die Organisation der Fernkommunikation aufgewendet werden. Es gibt Zeiten, zu denen Menschen nicht in der Lage sind, richtig weiterzumachen und zu »funktionieren«, weil sie mit Ängsten über Tod, Krankheit und die Zukunft fertig werden müssen. In Krisenzeiten suchen die Menschen gerne die Nähe ihrer engsten Begleiter/innen, um Unterstützung zu finden. In der Coronavirus-Krise wird von der physischen Nähe größerer Gruppen abgeraten, da dies die Risiken von Ansteckung, Krankheit und Tod erhöht. Die soziale Distanzierung belastet viele Menschen psychisch, weil sie ihren Angehörigen nicht physisch nahe sein können. Vermittelte Kommunikation kann emotionale Unterstützung bieten, es fehlt bei dieser Kommunikation aber die Möglichkeit, einander zu berühren, zu fühlen, zu riechen, zu umarmen usw. Sie können einem Freund oder einer Verwandten über eine Webcam nette Worte mitteilen, aber sie können ihm und ihr nicht in die Augen schauen, was jedoch ein bedeutender Teil einfühlsamer Kommunikation ist. Die physische Nähe ist ein wichtiger Aspekt der Fürsorge, der in der Coronavirus-Krise fehlt, was den Einzelnen zusätzlich psychisch belastet. Es ist viel schwieriger, Emotionen, Liebe, Solidarität und Empathie in Formen mediatisierter Kommunikation mitzuteilen, als dies bei der Kommunikation von Angesicht zu Angesicht der Fall ist.

Hausarbeiter/innen haben traditionell verschiedene Arten der Arbeit, einschließlich Pflege, Bildung, Putzen, Kochen oder Einkaufen, gleichzeitig zu Hause ausgeübt. In gewisser Weise ist die Coronavirus-Krise ein Prozess, bei dem Arbeit, soziales Handeln und Kommunikation auf den Ort des Zuhauses konzentriert sind – ein Zustand, der für Hausarbeitende schon seit langer Zeit charakteristisch ist (Werlhof, Mies und Bennholdt-Thomsen 1983).

Es ist entscheidend, wie sich der Staat in einer solchen Notsituation verhält. Es gibt ein Kontinuum staatlichen Handelns, das von neoliberalem bis zu sozialistischem Agieren reicht. Neoliberale staatliche Maßnahmen tolerieren Arbeitslosigkeit und die Prekarität der Arbeiterschaft und kümmern sich nur um die Rettung der Unternehmen. Sie haben nicht die soziale Sicherheit, den Lebensunterhalt, das Einkommen, die Mietzahlungen und das Überleben der Arbeiterklasse im Blick. Im Gegensatz dazu sichert sozialistisches staatliches Handeln das Überleben der Arbeiterklasse durch Maßnahmen wie ein bedingungsloses Grundeinkommen während der Krisenzeit, die Fortzahlung der Löhne von Arbeiter/innen und Freiberufler/innen, das Einfrieren von Mieten usw.

Sozialistisches Handeln in der Krise sorgt dafür, dass die Menschen die Zeit und die Ressourcen haben, die sie benötigen, um die Krise zu überleben, ohne zu verarmen, sich zu verschulden oder bankrottzugehen. Es erkennt, dass die Menschen ausreichend Zeit für Überlebensarbeit brauchen, und schafft die materiellen Grundlagen, die für die Überlebensarbeit notwendig sind.

Neoliberales Krisenhandeln hingegen toleriert einen Anstieg der Armut, des Elends, der Schulden, der Prekarität, der Obdachlosigkeit und der Arbeitslosigkeit, um in der Situation des Ausnahmezustandes die Gesellschaft im Interesse des Kapitals umzuorganisieren. Wird diese Logik weitergedacht, so impliziert das neoliberale Krisenmanagement die Errichtung einer staatlich organisierten Kapitaldiktatur, die die verarmte, verschuldete und prekäre Arbeiterklasse, die ums Überleben kämpft, versklavt. Die Coronavirus-Krise ist ein Bruch und eine existenzielle Krise der Gesellschaft, die sowohl Potenziale für die Entwicklung des Sozialismus und der Solidarität als auch Potenziale der Sklaverei und der faschistischen Diktatur birgt.

Sozialer Raum, Alltagsleben und Alltagskommunikation in der Coronavirus-Krise

Basierend auf der Raumtheorie des französischen Philosophen Henri Lefebvre (1974/1991) hat der kritische Theoretiker David Harvey (2005b) eine Typologie des sozialen Raums ausgearbeitet (siehe Tabelle 7.1). Harvey verwendet Lefebvres Kategorien von wahrgenommenem, konzipiertem und gelebtem Raum und trifft eine Unterscheidung zwischen physischem Raum, Repräsentationen des Raumes und Räumen der Repräsentation. Harvey fügt Lefebvres Theorie die Unterscheidung zwischen absolutem, relativem und relationalem Raum hinzu. Räum sind absolut, da sie Orte mit physischen Grenzen sind. Sie sind relativ, da sich in ihnen Objekte befinden, die einen gewissen Abstand voneinander haben. Und sie sind relational, da diese Objekte zueinander in Beziehungen stehen. In der Gesellschaft produzieren und reproduzieren die Menschen den sozialen Raum durch eine Dialektik von sozialen Praktiken und sozialen Strukturen. Die Zellen in Tabelle 7.1 beschreiben spezifische Aspekte des sozialen Raumes. Tabelle 7.2 verdeutlicht, wie soziale Räume in der Coronavirus-Krise verändert und organisiert werden.

In der Coronavirus-Krise sind die Menschen zum großen Teil auf den physischen Raum ihres Zuhauses beschränkt, wozu bestimmte Organisationsstrategien benötigt werden, damit das Alltagsleben von zu Hause aus organisiert werden kann. Die Menschen erfahren, konzipieren, leben und produzieren dadurch auch die soziale Raumzeit so, dass diese mit der Supra-Raumzeit des Zuhauses konvergiert. In der Coronavirus-Krise spielen Kommunikationstechnologien eine entscheidende Rolle bei der Organisation des Alltagslebens von zu Hause aus.

	Physischer Raum (erfahrener Raum)	Repräsentationen des Raumes (konzipierter Raum)	Räume der Repräsentation (gelebter Raum)
Absoluter Raum	physische Orte	Symbole, Karten und Pläne physischer Orte	Orte als soziale Räume, in denen die Menschen leben, arbeiten und kommunizieren
Relative(r) Raum(zeit)	Menschen an einem physischen Ort	von Menschen an physischen Orten benutzte Symbole und produzierte Bedeutungen	Menschen als soziale Akteure, die in sozialen Rollen handeln
Relationale(r) Raum(zeit)	soziale Beziehungen der Menschen in einem physischen Raum	Sprache als soziale und gesellschaftliche Struktur	kommunikative Praktiken, die soziale Beziehungen, Sozialität und soziale Räume produzieren und reproduzieren

Tabelle 7.1: David Harveys (2005b) Typologie des sozialen Raums

Tabelle 7.2: Sozialer Raum in der Coronavirus-Krise

	Physikalischer Raum (erfahrener Raum)	**Repräsentationen des Raumes (konzipierter Raum)**	**Räume der Repräsentation (gelebter Raum)**
Absoluter Raum	das Zuhause als Supra-Ort	Pläne und Strategien, wie der Supra-Ort des Zuhauses für die Organisation des Alltagslebens verwendet wird	das Zuhause als der dominante soziale Raum und als der soziale Supra-Ort, von dem aus die Menschen gleichzeitig multiple Aspekte ihres Lebens und ihrer Arbeit organisieren, Konvergenz absoluter Räume am Supra-Ort des Zuhauses, Konvergenz der sozialen Rollen der Menschen am Supra-Ort des Zuhauses
Relative(r) Raum(zeit)	die Menschen halten sich zum großen Teil an einem Ort, nämlich ihrem Zuhause, auf	von Menschen am Supra-Ort des Zuhauses verwendete Symbole und produzierte Bedeutungen	Konvergenz der sozialen Rollen der Menschen im Supra-Ort des Zuhauses
Relationale(r) Raum(zeit)	über physische Distanzen hinweg mit der Hilfe von Kommunikationstechnologien von Zuhause aus organisierte soziale Beziehungen	Sprache als soziale und gesellschaftliche Struktur	Konvergenz der kommunikativen Praktiken der Menschen im konvergenten Raum und unter Bedingungen der konvergierenden Zeit des Zuhauses, Vermittlung der Konvergenz der Raumzeit durch Kommunikationstechnologien

Unter dem Alltagsleben sind die sozialen Praktiken innerhalb der Totalität der Gesellschaft zu verstehen (Lefebvre 2002, 31). Das Alltagsleben ist eine »Zwischen*ebene* und vermittelnde *Ebene*« der Gesellschaft (ibid., 45). Lefebvre identifiziert drei Dimensionen des Alltagslebens: natürliche Formen der Notwendigkeit, der ökonomische Bereich der Aneignung von Objekten und Gütern sowie die Kultur (ibid., 62). Lefebvre erachtet also die Natur, die Wirtschaft und die Kultur als die drei wichtigen Bereiche des Alltagslebens. Es fehlt dabei der Bereich der Politik, in dem kollektive Entscheidungen getroffen werden, die für alle Menschen gelten und die Form von Regeln annehmen. Die Kritik des Alltagslebens analysiert, wie die Menschen leben, »wie schlecht sie leben oder wie sie überhaupt nicht leben« (ibid., 18). Lefebvre argumentiert, dass in Zeiten des grundlegenden gesellschaftlichen Wandels das »Alltagsleben ausgesetzt, erschüttert oder verändert« (ibid., 109) wird. Das Coronavirus hat die Praktiken, Strukturen und Routinen des Alltagslebens ausgesetzt, erschüttert und dessen Reorganisation notwendig gemacht.

Das Erlebte (le vécu)	Das Leben (le vivre)
Individuum	Gruppe
Erfahrung, Wissen, Tun	Kontext, Horizont
Praktiken	Strukturen

Tabelle 7.3: Lefebvres Unterscheidung zwischen dem Erlebten und dem Leben (Quelle: Lefebvre 2002, 166, 216-218)

Lefebvre unterscheidet zwischen dem Erlebten (*le vécu*) und dem Leben (*le vivre*) als den Ebenen des Alltagslebens (siehe Tabelle 7.3). Abbildung 7.1 veranschaulicht dieses Modell.

Auf der Ebene des Erlebten produzieren die Menschen durch kommunikative Praktiken soziale Objekte. Sie tun dies unter den Bedingungen des Lebens, also unter strukturellen Bedingungen, die Praktiken, Produktion und Kommunikation der Menschen ermöglichen und beschränken. Die Ebene des Lebens besteht aus einem Zusammenspiel von sozialen Strukturen, sozialen Systemen und sozialen Institutionen. Alle Strukturen, Systeme und Institutionen haben wirtschaftliche, politische und kulturelle Dimensionen. In vielen sozialen Systemen ist eine dieser Dimensionen dominant, so dass wir zwischen wirtschaftlichen, politischen und kulturellen Strukturen/Systemen/Institutionen unterscheiden können. Auf der Ebene des Erlebten stehen die Menschen durch kommunikative Praktiken in Beziehung zueinander. Diese Kommunikationspraktiken bilden die Grundlage für die Produktion, Reproduktion und Differenzierung wirtschaftlicher, politischer und kultureller Strukturen/Systeme/Institutionen, die menschliche Praktiken beeinflussen. In jeder Gesellschaft gibt es eine Dialektik des Erlebten und des Lebens. Dies ist eine Dialektik menschlicher Subjekte und gesellschaftlicher Objekte.

Kommunikationsmittel vermitteln die Dialektik von Objekten und Subjekten und die Beziehungen zwischen Menschen. Wir können fünf Arten von Kommunikationsmitteln unterscheiden (Tabelle 7.4).

Abbildung 7.2 zeigt die Transformation des Alltagslebens und der Alltagskommunikation in Zeiten der Coronavirus-Krise. Der Mensch isoliert sich und vermeidet daher direkte kommunikative Beziehungen. Dieser Umstand wird auf der Ebene des Lebens durch abgeschlossene Individuen und kleine abgeschlossene Gruppen visualisiert. Dichte Netzwerke der direkten Kommunikation und der direkten sozialen Beziehun-

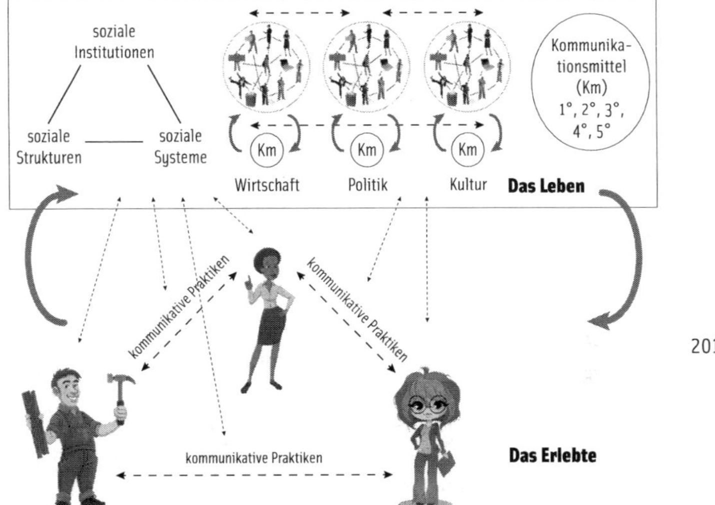

Abbildung 7.1: Alltagsleben und Alltagskommunikation

gen werden vermieden. Auf der strukturellen Ebene des Lebens sind die wirtschaftlichen, politischen und kulturellen Dimensionen nicht als getrennte Orte organisiert, sondern konvergieren tendenziell im sozialen System des Zuhauses, das die Form eines Supra-Ortes annimmt, von dem aus das wirtschaftliche, politische und kulturelle Leben aus der Ferne organisiert und strukturiert wird. Die Menschen verbringen den größten Teil ihrer Zeit in physischer Isolation zu Hause, von wo aus sie auf soziale Strukturen, Systeme und Institutionen aus der Distanz zugreifen und diese über Distanz hinweg organisieren, wozu sie sekundäre, tertiäre, quartäre und quintäre Kommunikationsmittel nutzen. Die Verwendung primärer Kommunikationsmittel wird vermieden.

	Rolle der technischen Vermittlung	**Beispiele**
Primäre Kommunikationstechnologien	Menschlicher Körper und Geist, keine Kommunikationstechnologien werden zur Produktion, Distribution und Rezeption von Information verwendet	Theater, Konzerte, Aufführungen, interpersonelle Kommunikation
Sekundäre Kommunikationstechnologien	Verwendung von Kommunikationstechnologien zur Produktion von Information	Zeitungen, Magazine, Bücher, technologisch produzierte Kunst und Kultur
Tertiäre Kommunikationstechnologien	Verwendung von Kommunikationstechnologien zur Produktion und Rezeption von Information, nicht zur Distribution	CDs, DVDs, Kassetten, Schallplatten, Blu-ray discs, Festplatten
Quartäre Kommunikationstechnologien	Verwendung von Kommunikationstechnologien zur Produktion, Distribution und Rezeption von Information	TV, Radio, Film, Telefon, Internet
Quintäre Kommunikationstechnologien	Digitale Technologien zur Prosumtion (produktive Konsumtion), nutzergenerierte Inhalte	Internet, soziale Medien

Tabelle 7.4: Fünf Arten von Kommunikationsmitteln

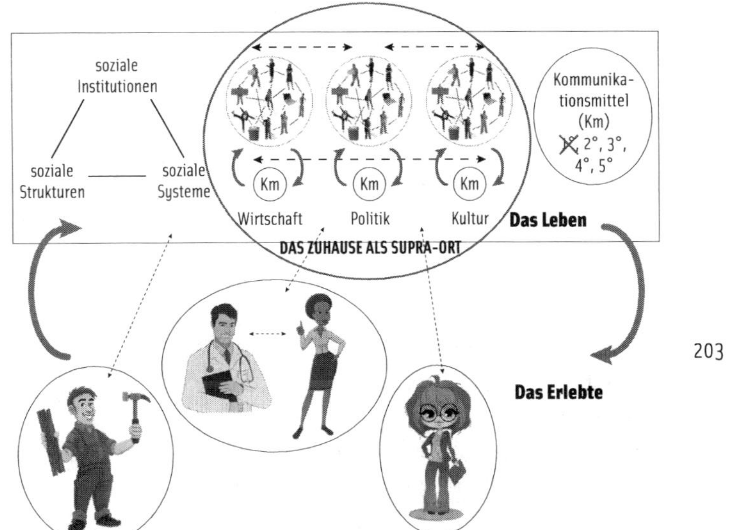

Abbildung 7.2: Alltagsleben und Alltagskommunikation in der Coronavirus-Krise

Während die Menschen unter normalen Bedingungen Wirtschaft, Politik und Kultur als separate soziale Systeme organisieren, zu denen sie in ihrem Alltag Zutritt haben, indem sie zu verschiedenen spezialisierten physischen Orten pendeln, werden in der Coronavirus-Krise diese spezialisierten Orte ausgesetzt. Die strukturellen gesellschaftlichen Rollen dieser Systeme bleiben erhalten. Eine Vielzahl von Menschen, die sich physisch zu Hause befindet, organisiert diese Systeme mithilfe vermittelnder Kommunikationsformen über Distanzen hinweg. Menschen kommunizieren kaum von Angesicht zu Angesicht, sondern über vermittelnde Kommunikationstechnologien.

In der Coronavirus-Krise legen die meisten Menschen nur kleinere Distanzen zurück und es werden weniger Güter transportiert, so dass der Alltag verlangsamt wird. Weniger Menschen verbringen insgesamt weniger Zeit auf den Straßen, in öffentlichen Räumen und Zwischenräumen. Gleichzeitig nimmt die Anzahl der sozialen Aktivitäten und Kommunikationspraktiken, die von zu Hause aus stattfinden und von dort aus der Distanz durchgeführt werden, massiv zu. Infolgedessen werden Kommunikationsnetze wie das Internet und Mobilfunknetze

bis zu ihrer maximalen Kapazität belastet. Das Ausdünnen sozialer Aktivitäten im öffentlichen Raum korrespondiert mit einer Verdickung und Vervielfachung sozialer Handlungen, die von zu Hause aus und lokal stattfinden. Die Coronavirus-Krise deglobalisiert und lokalisiert das Alltagsleben.

Der deutsche Soziologe Hartmut Rosa argumentiert, dass die Coronavirus-Krise eine »Zwangsentschleunigung« mit sich bringe. Er meint, dass es »eine massive Verlangsamung im realen physischen Leben« gebe, bei der »man sich einerseits stillgestellt und ausgeschlossen fühlt, andererseits plötzlich neue Formen von Solidarität und neue Formen von Zugewandtheit entdeckt« (Rosa 2020b). Rosa ist eher optimistisch hinsichtlich der Folgewirkungen der Coronavirus-Krise. Er sieht einerseits zwar den Verlust der ontologischen Sicherheit und des Vertrauens, so dass »Beziehungen [...] suspekt« werden und es eine »wachsende Entfremdung« gibt (Rosa 2020a). Andererseits sieht er neue Möglichkeiten zur Ausbildung von Resonanz, einem Zustand, in dem die Menschen nichtentfremdete Beziehungen miteinander und mit der Welt eingehen: »Wir haben Zeit. Wir können plötzlich hören und wahrnehmen, was um uns herum geschieht: Vielleicht hören wir wirklich die Vögel und sehen die Blumen und grüßen die Nachbarn. Hören und Antworten (statt beherrschen und kontrollieren): Das ist der Beginn eines Resonanzverhältnisses, und daraus, genau daraus kann Neues entstehen« (Rosa 2020a).

Sozialismus oder Barbarei

Die Coronavirus-Krise bedeutet sicherlich, dass die Menschen weniger direkte soziale Beziehungen haben, viel weniger pendeln, ziemlich lokal leben und viel geringere physische Wegstrecken zurücklegen. Daraus folgt aber nicht notwendigerweise die Verlangsamung des sozialen Lebens. Denn dessen Geschwindigkeit hängt mit der Menge an Erfahrungen zusammen, die wir pro Zeiteinheit machen. Selbst wenn wir uns überhaupt nicht bewegen, können wir in einer Hochgeschwindigkeitsgesellschaft leben, in der große Informationsmengen schnell verarbeitet werden, eine große Anzahl von Entscheidungen getroffen wird und viele Handlungen pro Zeiteinheit stattfinden. Ob die Coronavirus-Krise eine Gelegenheit dafür ist, das Tempo des modernen Lebens zu verringern, ist in erster Linie eine Frage der politischen Ökonomie. Es kommt darauf an, ob Regierungen Maßnahmen ergreifen, die es dem Menschen ermöglichen, zu überleben, ohne ständig unter prekären Bedingungen arbeiten zu müssen, und materielle Grundlagen schaffen, die eine Überlastung des Einzelnen durch die Konvergenz von sozialen Räumen, sozialen Zeiten und sozialen Rollen vermeiden helfen.

Die Menschen erkennen in der Coronavirus-Krise, dass Leben, Wohlbefinden, Gesundheit und Überleben nicht selbstverständlich sind. Diese Krise ist eine radikale Konfrontation des Einzelnen und der Gesellschaft mit dem Tod. Die kollektive Erfahrung der Todesangst kann neue Formen der Solidarität in der Gesellschaft und Elemente des Sozialismus schaffen. Die »Bedrohung durch Virusinfektionen hat neuen Formen lokaler und globaler Solidarität einen enormen Schub verliehen und hat die Notwendigkeit der Kontrolle der Macht deutlich gemacht. [...] Die gegenwärtige Krise zeigt deutlich, wie wichtig globale Solidarität und Zusammenarbeit für das Überleben aller und jedes Einzelnen von uns sind« (Žižek 2020). Wenn es rechten Demagogen jedoch gelingt, diese Ängste ideologisch zu manipulieren, so könnte die Verwirklichung solcher Potenziale zerstört werden und könnten faschistische Potenziale, die

die Gesellschaft spalten und Diktatur, Völkermord, Krieg, Unmenschlichkeit und Massenmord vorantreiben, verwirklicht werden. Die Coronavirus-Krise radikalisiert die Perspektiven für die Zukunft der Gesellschaft. Sie macht es wahrscheinlicher, dass wir entweder in Richtung Sozialismus oder Barbarei gehen.

Coronavirus, Risikogesellschaft, Klassengesellschaft

Das Coronavirus und andere Risiken können auch die Reichen und Mächtigen treffen, wie zum Beispiel Donald Trump, Prince Charles, Fürst Albert von Monaco, Boris Johnson, Rand Paul, Michel Barnier oder Tom Hanks bewiesen haben. Dieser Umstand impliziert aber nicht, wie der deutsche Soziologe Ulrich Beck (1986) behauptet hat, dass wir in einer klassenlosen Weltrisikogesellschaft leben, in der existenzielle Risiken jenseits von Stand und Klassen jeden gleichermaßen betreffen.

Die Reichen und Mächtigen können sich Zugang zu den besten privaten Ärzt/innen und Krankenhäusern kaufen und den Risiken entfliehen, während die Armen, die Arbeiterklasse und die einfachen Leute unter den Konsequenzen der Privatisierung und der universellen Kommodifizierung leiden. Es ist wahrscheinlicher, dass sie sterben. Die Coronavirus-Krise zeigt abermals, dass die Risikogesellschaft zuvorderst eine Klassengesellschaft ist.

Die am meisten gefährdeten Menschen

In der Coronavirus-Krise sind die am schlimmsten betroffenen und anfälligsten Menschen jene, die kein Zuhause haben, in das sie sich zurückziehen können. Dazu gehören Obdachlose und Menschen, die sich auf der Flucht befinden oder in Flüchtlingslagern leben. Für diese Gruppen ist es sehr schwierig, sich vor dem Virus zu schützen. In der Coronavirus-Krise können Politiker/innen diese schutzbedürftigen Gruppen entweder absichern, indem sie Schutzräume bereitstellen, die soziale Distanzierung ermöglichen, oder sie aufgeben, indem keine Unterstützung geleistet wird, was bedeutet, dass viele schutzbedürftige Personen sterben werden. Menschen in Entwicklungsländern stehen vor dem Problem, dass sie häufig in überfüllten Unterkünften, in armen Metropolen oder in Gebieten leben, in denen kein Zugang zu Wasser, Seife, Krankenhäusern oder Ärzten besteht. Schutzmaßnahmen wie soziale Distanzierung und Händewaschen sind daher in Entwicklungsländern oft schwieriger zu organisieren. Das Fehlen materieller Grundlagen des Schutzes kann Menschen in armen Ländern und Regionen besonders betreffen.

Die Arbeiterklasse in der Coronavirus-Krise

Leben und Arbeit haben sich in der Coronavirus-Krise radikal verändert. Es gibt eine Gruppe von Arbeitenden, die nicht von zu Hause und aus der Ferne arbeiten können. Sie sind von der Ausdifferenzierung sozialer Räume und von direkten sozialen Beziehungen abhängig, um zu produzieren. Beispiele hierfür sind persönliche Dienstleistungen (Köch/innen, Reinigungskräfte, Kellner/innen, Barkeeper, Friseur/innen, Reiseleiter/innen, Physiotherapeut/innen, Elementarpädagog/innen usw.), Fertigungsarbeit, Bauarbeit, landwirtschaftliche Arbeit, Arbeit in der Lebensmittelverarbeitung, Bekleidungsarbeit, Transportarbeit, Müllarbeit usw.

Viele dieser Berufe haben niedrige und mittlere Qualifikationen und eher niedrige Löhne. Angesichts der Tatsache, dass in der Coronavirus-Krise viele Arbeitsplätze verloren gehen, ist die Wahrscheinlichkeit hoch, dass Menschen mit geringerem Entgelt und geringerer Qualifikation, die auf direkte soziale Beziehungen und den Zugang zu Arbeitsplätzen außerhalb ihrer Häuser angewiesen sind, überproportional von Arbeitslosigkeit betroffen sind. In Österreich stieg beispielsweise die Zahl der Arbeitslosen im März 2020 innerhalb von zehn Tagen von rund 400 000 auf 550 000 Menschen; der größte Anteil der neuen Arbeitslosen entfiel auf die Wirtschaftszweige Beherbergung, Gastronomie und Bauwesen (APA 2020).

In der Coronavirus-Krise können insbesondere hochqualifizierte Wissensarbeiter/innen von zu Hause arbeiten. Dies schließt sowohl Angestellte als auch Freiberufler/innen ein. Denken wir zum Beispiel an die Aktivitäten von Architekt/innen, Manager/innen, Wissenschaftler/innen, Ingenieur/innen, Designer/innen, Lehrer/innen, Schriftsteller/innen, Künstler/innen, Analyst/innen, Administrator/innen, Buchhalter/innen und Finanzarbeiter/innen, Marketing- und PR-Expert/innen, Softwareentwickler/innen und anderen digitalen Arbeiter/innen, die digitale Waren und Dienstleistungen herstellen, Anwält/innen, Übersetzer/innen, Sekretär/innen, Schreibkräften, Call-Center-Agents, Berater/innen usw. Diese Menschen können grundsätzlich zu Hause arbeiten. In vielen Ländern gibt es in der Coronavirus-Krise allgemeine Richtlinien oder Erlässe darüber, dass diejenigen, die zu Hause arbeiten können, dies auch tun sollten oder tun müssen.

Es gibt zwei Hauptprobleme, mit denen solche Arbeitende konfrontiert sind:

a) Sie können sozialer und psychischer Überlastung ausgesetzt sein, wenn sie versuchen, von ihrem Zuhause aus zu arbeiten, das zum Zeitpunkt einer existenziellen Krise ein konvergenter Raum vielfältiger Aktivitäten ist.
b) Angesichts der relativen Schließung der Gesellschaft besteht eine geringere Nachfrage nach Dienstleistungen, was bedeutet, dass für viele Heimarbeitende möglicherweise weniger Einkommensquellen zur Verfügung stehen.

Es ist entscheidend, wie Regierungen Wissensarbeiter/innen und andere Arbeitnehmer/innen in der Coronavirus-Krise unterstützen. Bei neoliberalen Strategien steht das Kapital- und Wirtschaftswachstum an erster Stelle, was bedeutet, dass von den Betroffenen erwartet wird, dass sie von zu Hause aus mit normaler Kapazität und normalem Tempo arbeiten. Sozialistische Strategien stellen Überleben, Gesundheit, Wohlbefinden und soziale Sicherheit in den Vordergrund und unterstützen daher Wissens- und andere Arbeiter/innen materiell, damit diese nicht der existenziellen Gefahr des materiellen Ruins ausgesetzt sind.

Kritische Infrastrukturen

Es gibt eine Reihe von Arbeiten in der Aufrechterhaltung kritischer Infrastruktur, die für das Überleben der Gesellschaft in einer existenziellen Krise notwendig sind. Dazu gehört die Arbeit von Ärzt/innen, Krankenbetreuungspersonal, Pflegekräften, Hebammen, Sanitäter/innen und anderen Einsatzkräften, Apotheker/innen, Psycholog/innen, Feuerwehrleuten, Arbeitenden im öffentlichen Verkehr, Journalist/innen, Angestellten öffentlich-rechtlicher Medien, Polizist/innen, Lebensmittelhersteller/innen, Lebensmittelverarbeiterinnen, Transportarbeiter/innen, Supermarktarbeiter/innen, Post- und Zustellbediensteten, Sanitärarbeiter/innen, Pharmaarbeiter/innen, Fertigungs- und Montagearbeiter/innen, die medizinische Geräte herstellen, Versorgungsarbeiter/innen, Telekommunikationsarbeiter/innen, Rettungskräften, Angestellten des Rechtssektors und vielen mehr.

Die arbeitenden Menschen in kritischen Infrastruktursektoren haben ein erhöhtes Risiko, selbst krank zu werden, da sie mehr direkte soziale Kontakte als Teil ihrer Arbeit haben als an-
 dere. Denken wir zum Beispiel an Ärztinnen, Ärzte und Krankenpfleger/innen, die COVID-19-Patient/innen behandeln. Es ist wichtig, dass Regierungen und Organisationen alles tun, um Schutzausrüstung, Maßnahmen und Arbeitsbedingungen bereitzustellen, die diese Arbeitnehmer/innen schützen. Ein besonderes Problem in der Coronavirus-Krise ist der Mangel an Schutzausrüstung, wodurch sich viele Krankenpfleger/innen und Ärzt/innen mit dem Virus infizieren. Solche Arbeitenden zeigen ein hohes Maß an Solidarität, das für das Überleben der Gesellschaft und der Menschheit erforderlich ist. Es reicht nicht aus, dass sie öffentlich als Held/innen gelobt werden. Die entscheidende Bedeutung ihrer Arbeit sollte nicht nur symbolisch, sondern auch wirtschaftlich und sozial anerkannt werden. Beispiele dafür sind Bonuszahlungen, die nicht nur symbolisch sind, oder spezielle Rentenleistungen.

Insbesondere in Notsituationen wird die Bereitstellung von Schlüsselinfrastrukturen über den Markt scheitern, da die Warenform auf dem Profitprinzip und nicht auf dem Prinzip des menschlichen Interesses beruht. Sofern es sich bei den Schlüsselinfrastrukturen nicht um öffentliche Dienstleistungen handelt, ist die Schaffung von öffentlichem Eigentum in Verbindung mit Arbeiterselbstverwaltung eine Maßnahme, mit welcher der Humanismus über die Logik der Kapitalakkumulation gestellt wird. Der Neoliberalismus hat in Ländern wie den USA und dem Vereinigten Königreich die öffentliche Gesundheitsversorgung verhindert bzw. untergraben. Infolgedessen mangelt es an Ressourcen (einschließlich personeller und physischer Ressourcen) und dem Zugang von Einzelpersonen zum Gesundheitssystem. In Ausnahmezuständen wie der Coronavirus-Krise multiplizieren dysfunktionale Gesundheitssysteme die Zahl der Todesfälle. Es zeigt sich, dass die allgemeine Gesundheitsversorgung und das öffentliche Eigentum im Gesundheits- und Pflegesektor von entscheidender Bedeutung sind, um das Wohlbefinden aller zu gewährleisten. Der Autor und Aktivist Mike Davis (2020) argumentiert in diesem Zusammenhang, dass »es so aussieht, dass die kapitalistische Globalisierung nunmehr angesichts des Fehlens einer wirklich internationalen öffentlichen Gesundheitsinfrastruktur biologisch untragbar ist«. Bernie Sanders äußerte sich folgendermaßen zur Coronavirus-Krise:

> »Millionen von Menschen fordern jetzt, dass wir eine Regierung haben, die für alle arbeitet. Welche Rolle sollte die Kampagne bei der Fortsetzung dieses Kampfes spielen, um sicherzustellen, dass die Gesundheitsversorgung zu einem Menschenrecht wird und nicht ein Privileg ist, dass wir den Mindestlohn auf einen existenzsichernden Lohn erhöhen usw. usw. Die Menschen verstehen jetzt, dass es unverständlich ist, dass wir das einzige große Land der Erde bleiben, das nicht allen die Gesundheitsversorgung garantiert, dass wir eine Wirtschaft haben, in der die Hälfte unserer Bevölkerung […] von Gehaltsscheck zu Gehaltsscheck lebt. […] Was für ein System ist das, in dem die

> Menschen heute sterben und wissen, dass sie krank sind, aber nicht ins Krankenhaus können, da sie sich die Rechnung nicht leisten können, mit der sie konfrontiert werden würden?« (Sprunt 2020)

Sanders' Programm impliziert, dass Länder, die vom Coronavirus betroffen sind, »genügend Leute einstellen sollten, um COVID-19 jetzt Haus für Haus zu identifizieren, und sie mit der erforderlichen Schutzausrüstung ausstatten, beispielsweise mit geeigneten Masken. Auf dem Weg dorthin müssen wir die auf Enteignung beruhende Gesellschaft suspendieren,

was von Vermietern bis hin zu den Sanktionen gegen andere Länder reichen muss, damit die Menschen sowohl die Krankheit als auch ihre Heilung überleben können« (Wallace et al. 2020). Das Coronavirus macht deutlich, dass die Welt ein globales Recht auf öffentliche Gesundheitsversorgung benötigt, also eine öffentliche Gesundheitsversorgung auf einem hohen Standard für alle. »Die Spiralform der endlosen Kapitalakkumulation bricht von einem Teil der Welt zum anderen in sich selbst zusammen. Die einzige Rettung ist ein von der Regierung finanzierter und angeregter Massenkonsum, der aus dem Nichts beschworen wird. Dazu wird die Vergesellschaftung der gesamten Wirtschaft notwendig sein […], ohne dies als Sozialismus zu bezeichnen« (Harvey 2020).

Die soziale Distanzierung Alter, Schwacher und Kranker

Alte Menschen und Menschen, die an Herz-Kreislauf-Erkrankungen, chronischen Atemwegserkrankungen, Diabetes, Krebs oder einem geschwächten Immunsystem leiden, sind einem besonderen Risiko ausgesetzt, am Coronavirus zu sterben. Viele Regierungen haben daher empfohlen oder angeordnet, dass Risikogruppen zu Hause bleiben und sich isolieren sollten. Dies bringt jedoch das Problem mit sich, dass die Reduktion direkter sozialer Kontakte eine psychische Belastung darstellen kann. Der Einsatz von Kommunikationstechnologien, um mit Angehörigen und Gemeinschaften in Kontakt zu bleiben, ist keine Lösung für das Fehlen direkter sozialer Kontakte, obwohl dadurch eine gewisse emotionale Unterstützung möglich ist. Ältere Menschen sind jedoch mit einer digitalen Kluft konfrontiert. Diese Gruppe hat weniger physischen Zugang zu digitalen Technologien wie Computern, Internet, Laptops, Tablets, Mobiltelefonen, Apps, sozialen Medien usw. als die jüngere Generation. Die ältere Generation hat weniger Motivation, solche Technologien zu nutzen, und weniger Kenntnisse von deren Nutzung. Im Jahr 2019 waren 98 % der EU-Bürger/innen im Alter von 16 bis 24 Jahren Internetnutzer/innen, während nur 60 % der 65- bis 75-Jährigen das Internet nutzten. In der Altersgruppe der 65- bis 75-Jährigen hatten im Jahr 2019 31 % niedrige und 2 % keine digitalen Fähigkeiten.[11]

Angesichts der digitalen Spaltung besteht für ältere Menschen ein besonderes Risiko, sich aufgrund sozialer Distanzierung einsam und depressiv zu fühlen. Während neoliberale Strategien Rentner/innen lediglich auffordern, sich ohne unterstützende Maßnahmen zu isolieren, entwickelt eine sozialistische Strategie Maßnahmen, um die psychologischen Belastungen der sozialen Isolation zu verringern. Beispiele hierfür sind soziale und gemeinnützige Dienste, die Lebensmittel bereitstellen, benutzerfreundliche Kommunikationstechnologien in den Häusern gefährdeter Menschen installieren oder täglichen Kontakt mit gefährdeten Personen pflegen.

11 Datenquelle: Eurostat, https://ec.europa.eu/eurostat, aufgerufen am 30. März 2020.

Kinder, Jugendliche und das (E-)Lernen in der Coronavirus-Krise

In der Coronavirus-Krise wurden zu bestimmten Zeitpunkten in manchen Ländern Kindergärten, Grund- und weiterführende Schulen sowie Universitäten geschlossen. Infolgedessen mussten Kinder und Jugendliche bei ihren Eltern zu Hause bleiben. Die allgemeine Erwartung ist, dass der Unterricht über Distanzen hinweg mit der Hilfe von E-Mail, Videokonferenzen, Messagingsystemen und einer Vielzahl von E-Learning-Technologien fortgesetzt wird.

Das erste Problem besteht darin, dass gerade kleine Kinder viel Aufmerksamkeit benötigen, was im Widerspruch dazu steht, dass Eltern zu Hause arbeiten können. Eltern müssen nicht nur als Arbeitende und Betreuungspersonen, sondern auch als Lehrkräfte agieren. Eine sozialistische Strategie muss Kinderbetreuung und Wohlbefinden über die Arbeit stellen. In einer existenziellen Krise der Gesellschaft sollten die Löhne ohne Leistungserwartungen weiterbezahlt und von Regierungen subventioniert werden.

Ausnahmezustände sind radikale Brüche der Gesellschaft und des Alltags. Man kann nicht erwarten, dass Leben, Arbeit und Bildung normal weitergehen. Daher sollten auch die Leistungsanforderungen an Schüler/innen und Student/innen ausgesetzt oder auf ein Mindestniveau heruntergestuft werden. Eine Option ist, dass Lernmaterialien und Lernunterstützung bereitgestellt werden, es jedoch keine Prüfungen gibt und alle Schüler/innen und Student/innen automatisch bestehen.

Das zweite Problem ist, dass E-Learning ineffizient und schwer zu organisieren ist. Daher ist das Blended Learning, bei dem virtuelles Lernen mit Lernsitzungen von Angesicht zu Angesicht kombiniert wird, zum allgemein anerkannten Standard von E-Learning geworden. Blended Learning »ist die vollständige Integration von persönlichen und Online-Aktivitäten. [...] Blended Learning kann die Mischung von individuellen und kollaborativen Aktivitäten, Kommunikationsmodi (mündlich und schriftlich) sowie eine Reihe von Präsenz- und Online-Kursen umfassen, die ein gemischtes Studienprogramm darstellen« (Garrison 2011, 75–76). Blended Learning »stellt einen bedeutenden konzeptionellen und praktischen Durchbruch bei der Verbesserung der Qualität des Lehrens und Lernens dar. [...] Der große Vorteil von Blended Learning besteht darin, dass es transformativ ist, aber auf den traditionellen Idealen der Lerngemeinschaften und des Lernens von Angesicht zu Angesicht, mit dem man vertraut ist, aufbaut« (ibid., 82).

Die radikale Virtualität des E-Learnings in der Coronavirus-Krise stößt an Grenzen und führt zu Problemen. Die Aufrechterhaltung der Leistungsprinzipien der Benotung, des Erfolgs und des Misserfolges sind unter derartig schwierigen Lernbedingungen Hindernisse für die kulturelle und soziale Entwicklung junger Menschen.

In manchen Ländern wurde von Politikern und vielen Menschen in bestimmten Phasen des Lockdowns die Ansicht vertreten, dass Kinder kaum oder wenig infektiös sind und daher die Kindergärten und Schulen unbedingt geöffnet bleiben sollten, da ansonsten das Recht auf Bildung unterminiert werde. Experten wie der Virologe Christian Drosten wiesen aber auf Basis wissenschaftlicher Erkenntnisse darauf hin,[12] dass Kinder zwar weniger häufig an schweren Formen von COVID-19

12 Siehe: https://www.spiegel.de/wissenschaft/mensch/neue-corona-studie-so-ansteckend-sind-kinder-wirklich-a-2dc73cb4-ec20-4c92-a94b-96ff52e5f740, https://www.spiegel.de/wissenschaft/medizin/corona-studie-

erkranken, aber auch ansteckend sind. Wird das Recht auf Bildung dem Recht auf Leben vorgezogen, so kann es leicht dazu kommen, dass Kinder zu symptomlosen Überträgern und COVID-19-Superspreadern werden, die zwar topgebildet sind, dann aber keine Eltern oder Großeltern mehr haben. In Pandemie-Krisen wie der COVID-19-Krise überwiegt das Recht auf Überleben über das Recht auf Bildung. Wenn alle Kinder und Jugendlichen einer Gesellschaft ein Jahr lang keine Schule besuchen, so ist das kein Weltuntergang. Es ist durch entsprechende Regierungsinvestitionen möglich, dass dieses Schuljahr wiederholt wird und die Schule einfach ein Jahr lang ausfällt. Bildung kann nachgeholt, Tote hingegen können nicht mehr lebendig gemacht werden. Das radikale Hochhalten des Rechts auf Bildung in der COVID-19 Krise ist eine Form der Menschenverachtung.

Globale Städte und ländliche Regionen in der Coronavirus-Krise

Der globale Kapitalismus hat ein Machtgefälle zwischen globalen Städten und ländlichen Gebieten geschaffen. Globale Städte sind urbane Ballungsräume von Kapital, Arbeitskraft, Unternehmen, Banken, Infrastruktur, Unternehmenszentralen, Dienstleistungsbranchen, internationalen Finanzdienstleistungen, Telekommunikationsinfrastruktur usw. Zu den globalen Städten zählen beispielsweise New York, London, Tokio, Paris, Frankfurt, Zürich, Amsterdam, Los Angeles, Sydney, São Paulo, Mexiko-Stadt und Hongkong. »Je globaler die Wirtschaft wird, desto stärker ist die Agglomeration zentraler Funktionen

kinder-sind-genauso-ansteckend-wie-erwachsene-a-a9552b85-5980-4810-ada5-1acc3bde095a, aufgerufen jeweils am 26. Dezember 2020.

an relativ wenigen Standorten, d. h. in den globalen Städten« (Sassen 1991, 5). »Die Notwendigkeit, die Zirkulationskosten sowie die Umschlagszeiten zu minimieren, fördert die Agglomeration der Produktion in einigen wenigen großstädtischen Zentren, die praktisch zu den Werkstätten der kapitalistischen Produktion werden« (Harvey 2001, 245). Die geografische Expansion geht Hand in Hand mit der geografischen Konzentration (ibid., 246).

Während sich Wohlstand und Macht in den globalen Städten konzentrieren, mangelt es in vielen ländlichen Gebieten an Ressourcen, Menschen und Infrastruktur, was zu sozialen Prob-
lemen führt. In der Coronavirus-Krise hingegen sind Menschen, die in dicht besiedelten globalen Städten leben, im Vergleich zu Menschen in ländlichen Gebieten benachteiligt. In den globalen Städten mangelt es an natürlichen Räumen und öffentlich zugänglichen Gärten, was es Familien und Einzelpersonen, die in solchen Städten leben, schwerer macht, Quarantäne und soziale Isolation zu ertragen. Dies ist besonders schwierig für diejenigen, die Kinder haben, aber in kleinen Wohnungen ohne Zugang zu einem Garten leben. Darüber hinaus macht die hohe Bevölkerungsdichte in den globalen Städten die Ausbreitung des Virus wahrscheinlicher als in dünn besiedelten ländlichen Gebieten. Menschen in ländlichen Gebieten erkranken seltener am Coronavirus und haben besseren Zugang zur Natur, was die Bewältigung von Quarantänemaßnahmen erleichtert.

> »Menschenpopulationen mit hoher Dichte scheinen ein leichtes Ziel für den Wirt zu sein. Es ist bekannt, dass Masernepidemien beispielsweise nur in größeren städtischen Bevölkerungszentren gedeihen, in dünn besiedelten Regionen jedoch schnell aussterben. Wie die Menschen interagieren, sich bewegen, sich disziplinieren oder vergessen,

> sich die Hände zu waschen, beeinflusst die Übertragung von Krankheiten« (Harvey 2020).

In der Coronavirus-Krise hat sich die ungleiche Geografie in Bezug auf die absolute und relative Anzahl von Krankheiten und Todesfällen teilweise umgekehrt. Ländliche Gebiete haben sicherlich oft den Nachteil weniger gut ausgestatteter und weniger fortschrittlicher Krankenhäuser, aber ihre Bewohner/innen erkranken seltener am Coronavirus als die Bewohner/innen globaler Städte.

Abschnitt 2 befasste sich mit der Analyse einer Vielzahl von Aspekten des Alltagslebens und der alltäglichen Kommunikation in der Coronavirus-Krise. Es wurden tiefgreifende Veränderungen in der Organisation der Raumzeit in den Gesellschaften beschrieben, die von der Pandemie betroffen sind. Es wurde deutlich, dass das Wohlergehen der einfachen Menschen von der politischen Ökonomie und von der Art der Politik abhängt, mit der Regierungen auf die Krise reagieren. Die politischen Antworten auf die Krise bewegen sich auf einem Kontinuum zwischen Neoliberalismus und Sozialismus. Der nächste Abschnitt wird sich damit befassen, wie und welche Art von Ideologie im Kontext der Coronavirus-Krise kommuniziert wird.

7.3. Die Kommunikation von Verschwörungstheorien und Falschnachrichten über das Coronavirus

Slavoj Žižek (2020) warnt davor, das Coronavirus nicht ernst zu nehmen:

> »Sowohl die Alt-Right als auch Fake-Linke lehnen es ab, die volle Realität der Epidemie zu akzeptieren, und verwässern sie jeweils in einer Übung sozialkonstruktivistischer Reduktion […] Trump und seine Partisanen bestehen wiederholt darauf, dass die Epidemie eine Verschwörung von

> Demokraten und China ist, so dass er die bevorstehenden Wahlen verliert, während einige Linke die vom Staat und dem Gesundheitsapparat vorgeschlagenen Maßnahmen als fremdenfeindlich anprangern und daher darauf bestehen, Hände zu schütteln usw. Eine solche Haltung verfehlt das Paradox: Hände nicht zu schütteln und bei Bedarf in Isolation zu gehen IST die heutige Form der Solidarität.«

Das Herunterspielen und Leugnen der Gefährlichkeit des Coronavirus ist eine ideologische Dimension der Krise. Die Verbreitung von Falschnachrichten ist eine weitere Manifestation der Ideologie in der Situation des Ausnahmezustandes.

Falschnachrichten

Es gibt keine allgemein akzeptierte Definition von Falschnachrichten (»Fake News«). Der Kern vieler Definitionen ist, dass es sich um faktisch falsche Nachrichten handelt, die online, überwiegend in sozialen Medien verbreitet werden, keinen journalistischen Normen folgen und die versuchen, die Menschen systematisch und absichtlich irrezuführen und falsch zu informieren (Fuchs 2021, Kapitel 7). Einige Beobachter bevorzugen es, die Begriffe Fehlinformation (*misinformation*) oder Desinformation (*disinformation*) zu verwenden. Einige der Menschen, die Falschnachrichten verbreiten, wie Donald Trump, verwenden den Begriff »Fake News«, um glaubwürdige Nachrichtenquellen anzugreifen. Basierend auf der Tradition der Ideologiekritik, die betont, dass falsches Bewusstsein Ausdruck ideologischer Versuche ist, die Wahrnehmung der Realität durch die Öffentlichkeit zu manipulieren, kann ein kritischer theoretischer Ansatz in Bezug auf Falschnachrichten verfolgt werden (Fuchs 2020b, 2021). Falschnachrichten sind Ausdruck einer stark polarisierten politischen Landschaft, in der Lügen verwendet werden, um Wahlergebnisse und Entscheidungen zu manipulieren (Fuchs 2020b).

Der Cambridge-Analytica-Skandal war eine typische Manifestation falscher Nachrichten (Fuchs 2020b). Es wurden Scheinpersönlichkeitstests auf Facebook angeboten, mit denen persönliche Daten von fast 100 Millionen Nutzer/innen gesammelt wurden. Diese Daten wurden dann eingesetzt, um in Wahlkämpfen die Nutzer/innen mit Falschnachrichten, die unter anderem in Form personalisierter Werbung verbreitet wurden, zu konfrontieren. In der Kultur der Falschnachrichten werden Tatsachen als falsch und Lügen zur Wahrheit erklärt. Es existiert großes Misstrauen gegenüber Expert/innen, Liberalen und Sozialist/innen. Den Fakten und der Rationalität wird nicht getraut, wahr soll vielmehr sein, was man selbst ideologisch und emotional akzeptabel findet. Demagog/innen versuchen, Expert/innen und politische Gegner/innen zu Sündenböcken zu machen, indem sie behaupten, bei jenen handle sich um eine Elite, die die Menschen hasst und als dumm betrachtet. Demagog/innen, die Falschinformationen verbreiten, postulieren hingegen, dass sie auf der Seite des Volkes stünden, dessen Ideologie teilen und dass Eliten die Realität absichtlich voreingenommen und falsch darstellen würden.

Die Coronavirus-Krise hat in vielen Ländern und Teilen der Welt zu einem Ausnahmezustand geführt. Plötzlich wurde das Alltagsleben von Milliarden Menschen unterbrochen und musste neu organisiert werden. Unzählige Menschen mussten um ihr Leben und das Leben von Freund/innen und Familie fürchten. Sie mussten darüber nachdenken, wie sie die Betreuung ihrer Kinder organisieren, wie sie es schaffen, isoliert zu leben, wie sie das Einkaufen am besten erledigen, wie sie mit dem psychischen Stress dieser Situation umgehen sollen usw.

Die Krisensituation, die ungewisse Zukunft, der kollektive Schock und die kollektive Todesangst, die für die Coronavirus-Krise charakteristisch sind, bieten einen fruchtbaren Boden für die Verbreitung von Falschnachrichten. Wir wissen nicht genau, was die Motive für die Verbreitung falscher Coronavirus-Nachrichten ist, aber es ist möglich, einen Überblick über die Hauptthemen solcher Nachrichten zu geben, die zur Zeit der globalen Ausbreitung der Pandemie im Umlauf gewesen sind.[13]

Typen der Coronavirus-Falschnachrichten

a) Falschnachrichten über den Ursprung des Coronavirus;
b) Falschnachrichten darüber, wie man sich mit dem Virus infiziert und wie es abgetötet werden kann.

Der erste Typ konzentriert sich darauf, wie das Coronavirus produziert wird, der zweite darauf, wie es zirkuliert und zerstört werden kann.

Falschnachrichten über den Ursprung des Coronavirus:

- Das Coronavirus ist eine biologische Waffe Chinas, die im Wuhan Institute of Technology entwickelt wurde.
- Die chinesische Regierung hat mit anderen Kräften wie der Demokratischen Partei in den USA oder der Regierung Nordkoreas an der Freisetzung des Virus zusammengearbeitet, um Donald Trump zu schaden.
- Der CIA hat das Virus als biologische Waffe erzeugt und verbreitet, um die wirtschaftliche und politische Macht Chinas, Russlands oder des Iran zu schwächen.

13 Datenquelle: https://en.wikipedia.org/wiki/Misinformation_related_to_the_2019%E2%80%9320_coronavirus_pandemic, aufgerufen am 27. März 2020.

- Israel hat das Virus entwickelt und verbreitet, um eine Finanzmarktkrise zu verursachen und von der daraus resultierenden Volatilität der Märkte zu profitieren.
- Israel oder Juden wie etwa die Rothschild-Familie haben COVID-19 künstlich hergestellt, um die Weltmacht zu erlangen.
- Chinesische Spione haben das Virus aus einem Forschungslabor in Kanada gestohlen.
- COVID-19 ist Teil einer Strategie zur Bevölkerungskontrolle, die von Bill Gates und dem von der britischen Regierung finanzierten Pirbright Institute entwickelt wurde.
- Donald Trump hat die Pandemie ausgelöst, um Pädophile, politische Gegner/innen und Hollywood-Schauspieler/innen einzusperren oder umzubringen.
- Fleischverzehr ist die Ursache für den Coronavirus.
- 5G-Mobilfunknetze haben den Ausbruch von COVID-19 verursacht.
- QAnon-Verschwörungstheorie: Eine Kabale von Liberalen schuf das Virus, um einen Ausnahmezustand zu schaffen, der es ihnen erlaubt, Kinder zu entführen, ihr Blut zu ernten und aus diesem Blut Medikamente herzustellen, die eine Langlebigkeit der Mitglieder der Elite ermöglichen.
- Das Virus wurde erzeugt, damit die Pharmaindustrie und Bill Gates mit Impfstoffen Geld machen können.
- Das Virus wurde erzeugt, um bestimmte Bevölkerungsgruppen zu töten oder die Weltbevölkerung mit Hilfe von Impfstoffen zu reduzieren.
- Das Virus wurde hergestellt, um eine totalitäre Überwachungsgesellschaft zu errichten, in der den Menschen Überwachungs-Mikrochips gemeinsam mit COVID-19-Impfstoffen injiziert werden.

Falschnachrichten darüber, wie man sich mit dem Virus infiziert und wie es abgetötet werden kann:

- Ausländer und Einwanderer infizieren sich mit dem Virus, um weiße Menschen zu töten und westliche Gesellschaften abzuschaffen. Einwanderung, Globalisierung und offene Grenzen sind die Ursache für die Ausbreitung des Virus.
- Kokain heilt das Coronavirus.
- Afrikaner/innen sind resistent gegen das Coronavirus.
- Drahtlose 5G-Netzwerke verursachten den Ausbruch des Coronavirus.
- Haustiere verbreiten das Coronavirus.
- Essig tötet das Coronavirus.
- Das Trinken von gekochtem Ingwer, Zitronenwasser oder Kuh-Urin tötet das Coronavirus.
- Das Gurgeln von Bleichmittel tötet das Coronavirus.
- Das Injizieren von Desinfektionsmitteln tötet das Cornoavirus.
- Der Besuch der Sauna ist ein Mittel gegen das Coronavirus.
- Die Verwendung eines Haar-Föns wirkt gegen das Coronavirus.
- Medizinische Kräuter töten das Coronavirus.
- Die Eucharistiefeier und die Kommunion sind Mittel gegen das Coronavirus.
- Mit Silber angereicherte Zahnpasta tötet das Coronavirus.
- Spirituelle Heilung tötet das Coronavirus.
- COVID-19-Impfstoffe beinhalten Mikrochips, die die Menschen überwachen.

Breitbart, Rush Limbaugh und Coronavirus-Falschnachrichten

Sehen wir uns ein Beispiel für eine Coronavirus-Falschnachricht an. Breitbart ist eine rechtsextreme Propaganda-Website.

Am 27. März 2020 lag sie auf dem 256. Platz der meistaufgerufenen Webplattformen weltweit.[14] Breitbart-Artikel erreichen also ein sehr großes Publikum. Am 24. Februar 2020 publizierte Breitbart einen Artikel über den rechten Radiomoderator Rush Limbaugh. Die Rush Limbaugh Show ist mit durchschnittlich mehr als 15 Millionen Hörer/innen das meistgehörte Radioprogramm der USA.[15] Sie wurde 1988 ins Leben gerufen und ist ein Prototyp und eine Hauptmanifestation des rechtsextremen Rundfunks. Sie wird wochentags ausgestrahlt und von rund 600 lokalen Radiosendern übertragen.

Der Titel des Breitbart-Artikels lautete »Limbaugh: Coronavirus wird ›als Waffe eingesetzt‹, um Trump zu Fall zu bringen«[16] (*Limbaugh: Coronavirus Being »Weaponized« to Bring Down Trump*). Limbaugh behauptete, dass es sich bei dem Virus »wahrscheinlich um ein ChiCom [chinesisch-kommunistisches] Laborexperiment handelt, das gerade als Waffe eingesetzt wird. Alle Supermacht-Nationen rüsten sich mit Biowaffen. […] Es sieht so aus, als würde das Coronavirus als weitere Waffe eingesetzt, um Donald Trump zu Fall zu bringen. Ich möchte Ihnen die Wahrheit über das Coronavirus sagen.«[17] »Einige Leute glauben, dass es absichtlich ausgelassen wurde, dass die ChiComs [chinesischen Kommunisten] eine ganze Reihe von Problemen haben, die auf einer Wirtschaft beruhen, die nicht für die Anzahl der Menschen sorgen kann, die sie haben. Ein paar

14 Datenquelle: https://www.alexa.com/siteinfo/breitbart.com, gemessen als 90-Tage-Trend, aufgerufen am 27. März 2020.

15 Datenquelle: https://en.wikipedia.org/wiki/List_of_most-listened-to_radio_programs, aufgerufen am 27. März 2020.

16 https://www.breitbart.com/clips/2020/02/24/limbaugh-coronavirus-being-weaponized-to-bring-down-trump, aufgerufen am 27. März 2020.

17 ibid.

Leute hie und da zu verlieren, ist also nicht so schlimm für die chinesische Regierung.«[18] »Das Coronavirus ist ein Versuch, Trump dranzukriegen.«[19]

Limbaugh behauptet also, dass China das Coronavirus hergestellt habe, um die USA mit einer Biowaffe anzugreifen und Trumps politische Position zu schwächen, indem viele Todesfälle verursacht werden. Die Organisation PolitiFact, die Fakten überprüft, analysierte in einer Folge der Limbaugh Show gemachten Behauptungen und kam zu dem Schluss, dass diese falsch waren.[20]

Breitbart nutzte auch seine Social-Media-Kanäle, um Limbaughs Verschwörungstheorie zu verbreiten. Zum Zeitpunkt, als dieser Artikel geschrieben wurde, hatte Breitbart mehr als vier Millionen Follower auf Facebook, 1,2 Millionen Follower auf Twitter, 620 000 Follower auf Instagram und 160 000 Abonnent/innen auf YouTube.[21] Am 25. Februar 2020 veröffentlichte Breitbart auf seiner Facebook-Seite einen Link zur Limbaugh-Geschichte (siehe Abbildung 7.3). Bis zum 28. März wurde das Facebook-Posting 90-mal geteilt und hatte 4200 emotionale Reaktionen und 1200 Kommentare erhalten. Zum gleichen Zeitpunkt hatten 2279 Nutzer/innen den Artikel, auf

18 https://www.youtube.com/watch?v=Yp3EBJFKnGo, aufgerufen am 27. März 2020.

19 ibid.

20 https://www.politifact.com/factchecks/2020/feb/27/rush-limbaugh/fact-checking-rush-limbaughs-misleading-claim-new, aufgerufen am 27. März 2020.

21 Datenquellen: https://www.facebook.com/Breitbart, https://twitter.com/BreitbartNews, https://www.instagram.com/wearebreitbart, https://www.youtube.com/channel/UCmgnsaQIK1IR808Ebde-ssA, aufgerufen jeweils am 27. März 2020.

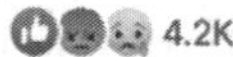

Abbildung 7.3: Breitbarts Verbreitung von Rush Limbaughs Verschwörungstheorie über das Coronavirus auf sozialen Medien, Quelle: https://www.facebook.com/Breitbart/posts/rush-limbaugh-it-looks-like-the-coronavirus-is-being-weaponized-as-yet-another-e/10164646988865354, aufgerufen am 28. März 2020

den der Facebook-Beitrag verweist, auf der Breitbart-Plattform kommentiert.

Dieses Beispiel zeigt, wie Rechtsextreme eine Kombination verschiedener Medien verwenden, um Falschnachrichten in der Öffentlichkeit zu verbreiten. In diesem speziellen Fall wurde der Rundfunk als Medium verwendet, um eine Falschnachricht zu lancieren. Breitbart nutzte das Internet und die sozialen Medien, um diese Falschmeldung zu vervielfältigen. Der Rundfunk und soziale Medien, die Kommentare und das Teilen von Inhalten erlauben, haben gemeinsam die Publikumsreichweite erhöht und dadurch die Verbreitung von falschen Informationen über das Coronavirus vorangetrieben.

Wie bei Verschwörungsgeschichten üblich, fehlen Beweise für Limbaughs Behauptungen und werden Expertenerkenntnisse ignoriert. Limbaugh baut auf die ideologische Überzeugung und die moralische Empörung der Trump-Anhänger/innen, die an eine große Verschwörung glauben, bei der Intellektuelle, Sozialist/innen, Liberale und fremde Länder versuchen, die Vereinigten Staaten zu attackieren.

Falschnachrichten ignorieren wissenschaftliche Befunde. Es gibt keine Hinweise darauf, dass das Coronavirus vom Menschen hergestellt wurde. Die DNA-Sequenzen des Coronavirus sind am engsten mit Viren verwandt, die in Fledermäusen gefunden werden (Cohen 2020a, York 2020, Ye 2020, Zhou 2020). Basierend auf Umweltproben gibt es Hinweise darauf, dass das Virus auf dem Wuhan-Fischmarkt von Tieren auf Menschen übertragen wurde. Wissenschaftler/innen haben die These vorgetragen, dass das Schuppentier die Infektion zwischen Fledermäusen und Menschen vermittelt hat (Cyranoski 2020, Lam et al. 2020). Andersen et al. (2020) schreiben, basierend auf einer Analyse des Virus-Genoms, dass sie »nicht glauben, dass irgendeine Art von laborbasiertem Szenario plausibel ist«.

Wissenschaftliche Erkenntnisse ignorierend, hat sich eine Vielzahl von Verschwörungstheorien über COVID-19 herausgebildet. »Es ist über die Möglichkeit spekuliert worden, dass das Virus im Labor [Wuhan Institute of Virology] biotechnologisch hergestellt wurde oder dass ein Laborant beim Umgang mit einer Fledermaus infiziert wurde und die Krankheit dann auf andere außerhalb des Labors übertrug« (Cohen 2020b). In einem Brief an die führende medizinische Fachzeitschrift *The Lancet* verurteilen 27 Wissenschaftler/innen des öffentlichen Gesundheitswesens Verschwörungstheorien, »wonach COVID-19 keinen natürlichen Ursprung hat [...] Verschwörungstheorien erzeugen nur Angst, Gerüchte und Vorurteile, die unsere globale Zusammenarbeit im Kampf gegen dieses Virus gefährden« (Calisher et al. 2020, e42). Wissenschaftler »kommen überwiegend zu dem Schluss, dass dieses Coronavirus aus der Tierwelt stammt« (ibid.).

Nationalismus, Faschismus, Krieg

Die Coronavirus-Pandemie ist eine Krise der Menschheit. Das Virus wurde von Tieren auf Menschen übertragen und verbreitete sich aufgrund des globalen und mobilen Charakters von Gesellschaften innerhalb von drei Monaten auf der ganzen Welt. Angesichts der Tatsache, dass heutige Gesellschaften vom internationalen Transport von Gütern und Menschen sowie globalen Reisen geprägt sind, kann ein neuartiges Virus aus jedem Teil der Erde stammen und sich weltweit verbreiten. Rechtsextreme versuchen, die Aufmerksamkeit von der Tatsache abzulenken, dass die Coronavirus-Krise eine Krise der Menschheit ist, die nur durch globale Solidarität und Unterstützung zwischen den Menschen überwunden werden kann.

Rechtsextreme ideologisieren das Virus. Sie erklären das Coronavirus zu einem Projekt, das von einzelnen Nationen entworfen wurde, um andere Nationen anzugreifen, zu schwächen und zu zerstören. Ihr Ziel ist es, die Krisensituation zu nutzen, um den Nationalismus zu radikalisieren und den nationalistischen Hass in der Bevölkerung verschiedener Länder zu schüren. Es ist keine vernünftige Annahme, dass ein Land wie China ein potenziell tödliches Virus in seinem eigenen Land verbreitet, um andere Länder anzugreifen. Das Coronavirus hat in allen Teilen der Welt viele Todesopfer gefordert. Die Coronavirus-Ideologie kombiniert Nationalismus und Verschwörungsden-
ken. Die Rechtsextremen nutzen traditionelle Massenmedien und soziale Medien, um Nationalismus und Hass im Kontext einer Krise der Menschheit zu verbreiten.

Donald Trump sprach wiederholt vom Coronavirus als dem »chinesischen Virus« (Mangan 2020). Die Weltgesundheitsorganisation warnt vor diesem Begriff und sagt, dass Viren »keine Grenzen kennen und sich nicht um die ethnische Zugehörigkeit oder den Kontostand der Menschen kümmern. Daher ist es wirklich wichtig, dass wir in der von uns verwendeten Sprache vorsichtig sind, damit nicht Personen mit dem Virus in Verbindung gebracht werden« (Kopecki 2020). Die Gefahr der nationalistischen Ideologie in einem Ausnahmezustand und einer Krise der Menschheit besteht darin, dass autoritäre Persönlichkeiten wie Donald Trump zu Gewalt neigen, was zu Krieg, zu Atomangriffen oder zur Schaffung eines faschistischen Staates führen kann.

Die Coronavirus-Krise hat eine soziale Dimension: Eine große Anzahl von Personen wird schwer erkranken oder sterben. Der relative Stillstand der Gesellschaft, der notwendig ist, um das Virus einzudämmen, übersetzt sich in eine Wirtschaftskrise. Doch es gibt auch eine politische Dimension der Coronavirus-Krise, in der Nationalismus und menschenverachtende, auf Verschwörungstheorien ausgerichtete, rechte Ideologien den Aufstieg des Faschismus und einen Weltkrieg bewirken können. Das Coronavirus ist eine Naturkatastrophe, die die Menschheit bedroht. Irrationale Reaktionen wie Nationalismus, Ideologie und Gewalt bergen ernsthafte Gefahren in derart tiefgreifenden Krisen. Der Mangel an Solidarität und die Ersetzung der Solidarität durch Nationalismus können eine Naturkatastrophe in eine politische Krise verwandeln, die Krieg, Massenmorde, Völkermord und Faschismus hervorruft.

7.4. Schlussfolgerungen

Dieser Artikel stellte die folgenden Fragen: Wie haben sich Alltagsleben und Alltagskommunikation in der Coronavirus-Krise verändert? Wie beeinflusst der Kapitalismus das Alltagsleben und die Alltagskommunikation in dieser Krise?

Wir können die wichtigsten Ergebnisse zusammenfassen:

Soziale Distanzierung

Die in der Coronavirus-Krise praktizierte soziale Distanzierung ist nicht eine Vermeidung der Kommunikation und sozialer Beziehungen, sondern die Ersetzung der Kommunikation von Angesicht zu Angesicht, bei der ein Ansteckungsrisiko besteht, durch vermittelte Kommunikation. Soziale Distanzierung ist nicht die Distanzierung vom Sozialen und von der Kommunikation, sondern Sozialität und Kommunikation über Distanzen hinweg.

Der Bruch des Alltagslebens und der Alltagskommunikation

Die Coronavirus-Krise hat zu einer radikalen Transformation der Raumzeit des Alltagslebens und der Alltagskommunikation geführt. In dieser Krise konvergieren die sozialen Räume und Orte der Arbeit, Freizeit, Bildung, Öffentlichkeit, Privatsphäre, Freundschaften und Familie im Ort des Zuhauses. Das Zuhause nimmt die Rolle eines Supra-Ortes im Alltagsleben an, von dem aus die Menschen die Gesellschaft und ihr soziales und berufliches Leben über Distanzen hinweg mit der Hilfe von Kommunikationstechnologien organisieren. Aktivitäten, die die Menschen normalerweise in verschiedenen sozialen Rollen zu verschiedenen Zeiten an verschiedenen Orten ausführen, konvergieren derart, dass die Menschen Aktivitäten in einer universellen, tendenziell unzonierten und unstrukturierten Raumzeit an einem Ort, dem Zuhause, ausführen.

Die Gefahr der Überforderung der Individuen

Die Konvergenz der Raumzeit im Zuhause, die charakteristisch für die Coronavirus-Krise ist, kann das Individuum, das multiple soziale Rollen nicht zur selben Zeit an einem Ort handhaben kann, überfordern. Eine Politik im Bereich der öffentlichen Gesundheit, die das Individuum entlastet, ist daher von zentraler Bedeutung, um die Krise zu bewältigen.

Kommunikationstechnologien als Mittel der Sozialität über Distanzen hinweg

Kommunikationstechnologien spielen eine wichtige Rolle bei der Organisation des sozialen Alltagslebens in der Ausnahmesituation, die die Coronavirus-Krise für die Gesellschaft und die Individuen darstellt. Primäre Kommunikationsmittel werden im Großen und Ganzen vermieden. Vermittelte Kommunikation mithilfe von sekundären, tertiären, quartären und quintären Kommunikationsmitteln ist hingegen weit verbreitet. Die Kommunikation von Angesicht zu Angesicht wird durch vermittelte Kommunikation ersetzt, wodurch Herausforderungen entstehen, da Nähe, Liebe und Emotionen bei vermittelter Kommunikation schwer erreichbar sind. Man kann jemanden nicht über das Internet umarmen.

Das Coronavirus und Klassenstrukturen

Obwohl jeder Mensch am Coronavirus erkranken kann, sind die sozialen Auswirkungen der Pandemie ungleichmäßig entlang der Klassenstrukturen verteilt. Die Armen, die Alten, die Schwachen und die Kranken sind besonders gefährdet und betroffen. Während einige Arbeitenden weiterhin von zu Hause arbeiten können, aber der Gefahr der Überlastung und mangelnder Nachfrage ausgesetzt sind, verlieren andere Arbeitende ihren Arbeitsplatz und sind der Gefahr von Armut, Arbeitslosigkeit und Obdachlosigkeit ausgesetzt.

Regierungsmaßnahmen

Regierungsreaktionen auf die Coronavirus-Krise bewegen sich auf einem Kontinuum, das von Neoliberalismus zu Sozialismus reicht. Neoliberale Strategien verfolgen einen Laissez-faire-Ansatz, der eine Unterbrechung des Alltags vermeidet und das Wirtschaftswachstum und den Profit über die menschlichen Interessen und das menschliche Leben stellt. Jeder ist sich selbst überlassen, was bedeutet, dass nur die Starken überleben. Solche Reaktionen machen deutlich, dass der Neoliberalismus eine Form des Sozialdarwinismus ist. Sozialistische Strategien hingegen basieren auf der Idee der kollektiven Solidarität bei der Bekämpfung der Pandemie. Es werden Maßnahmen ergriffen, um die Zahl der Todesopfer zu minimieren, und es wird der Versuch unternommen, ein gutes Leben für alle zu gewährleisten. Menschliche Interessen und menschliches Leben werden über kapitalistische Interessen gestellt. Die Coronavirus-Krise ist eine existenzielle Krise der Menschheit und der Gesellschaft. Sozialistische Maßnahmen zielen darauf ab, Menschen Ressourcen zur Verfügung zu stellen und Erleichterungen des Alltags zu ermöglichen, damit sie genug Zeit für Überlebensarbeit haben, um die Schwierigkeiten der Brüche des Alltagslebens besser zu bewältigen, Routinetätigkeiten neu zu organisieren, mit Sorgen und Ängsten besser umzugehen oder Freund/innen, Familie und Gemeinschaften besser zu unterstützen.

Der kollektive Schock und die kollektive Angst vor dem Tod, die in der Coronavirus-Krise entstanden sind, sind ein fruchtbarer Boden für die Verbeitung von Falschnachrichten über das Coronavirus:

a) Falschnachrichten über den Ursprung des Coronavirus;
b) Falschnachrichten darüber, wie man sich mit dem Virus infiziert und wie es abgetötet werden kann.

Die Kommunikation von Coronavirus-Falschnachrichten durch Rechtsextreme

Rechtsextreme haben die Coronavirus-Krise ausgenutzt, um Nationalismus und Hass zu verbreiten, indem Coronavirus-Falschnachrichten mithilfe traditioneller und sozialer Medien kommuniziert werden.

Sozialismus oder Barbarei

Die durch das Coronavirus verursachte Krise ist eine existenzielle Krise der Menschheit und der Gesellschaft. Sie konfrontiert Menschen radikal mit dem Tod und der Angst vor dem Tod. Diese kollektive Erfahrung kann zu neuen Formen der Solidarität und des Sozialismus führen. Die Menschen erkennen, dass Leben, Wohlbefinden, Gesundheit und Überleben ihre wichtigsten und grundlegendsten Güter sind, dass sie für sich selbst und füreinander sorgen müssen und dass kollektive und globale Solidarität erforderlich ist, um die Pandemie zu überwinden.

Zugleich besteht aber die Gefahr von Krieg und Faschismus. Die größte politische Bedrohung durch die Coronavirus-Krise besteht darin, dass Rechtsextreme den Ausnahmezustand nutzen, um Falschnachrichten, Nationalismus und Hass zu verbreiten, was zu Gewalt, Krieg, Diktatur, Völkermord und Faschismus führen kann. Die Coronavirus-Krise radikalisiert die Perspektiven für die Zukunft der Gesellschaft. Sie macht es wahrscheinlicher, dass wir uns entweder in Richtung Sozialismus oder in Richtung Barbarei bewegen. Genauso wie vor 100 Jahren steht die bürgerliche Gesellschaft auch heute »vor einem Dilemma: entweder Übergang zum Sozialismus oder Rückfall in die Barbarei« (Luxmburg 1916, 11). »Sozialismus ist in dieser Stunde der einzige Rettungsanker der Menschheit« (Luxemburg 1918, 1).

8. Soziale Medien und Öffentlichkeit

8.1. Einleitung

In den letzten 15 Jahren hat sich der Begriff »soziale Medien« etabliert. In der Regel wird diese Kategorie als Sammelbegriff für soziale Netzwerke wie Facebook und LinkedIn, Video-Plattformen wie YouTube, Foto-Sharing-Plattformen wie Instagram, Blogs und Microblogs wie Twitter und Weibo, Messenger-Apps wie WhatsApp, Livestreaming-Plattformen, Video-Apps und usergenerierte lexikalische Seiten wie Wikipedia verwendet. Es ist dabei nicht immer ganz klar, was genau als »sozial« an diesen »sozialen Medien« gilt und warum ältere Informations- und Kommunikationsmedien wie E-Mail, das Telefon, das Fernsehen und das Buch nicht auch als sozial erachtet werden sollten. Das Problem dabei ist offenbar, dass es in der Soziologie viele Verständnisse des Sozialen gibt (Fuchs 2019b, Kapitel 2).

Internetplattformen wie Facebook und Google, die den Bereich der sozialen Medien dominieren, zählen zu den größten Konzernen der Welt. Zugleich sind soziale Medien nicht mehr aus der Politik und der öffentlichen Kommunikation wegzudenken. Weltpolitiker wie Donald Trump haben insgesamt mehr als 100 Millionen Follower auf unterschiedlichen Plattformen und verbreiten Propaganda und Falschmeldungen über diese Medien. Der »Arabische Frühling« 2011 und die verschiedenen Occupy-Bewegungen haben gezeigt, dass soziale Medien in sozialen Bewegungen von Bedeutung sind. Kein Politiker, keine Partei, keine NGO und keine soziale Bewegung kommt heute mehr ohne Profil auf sozialen Medien aus. Daher stellt sich die Frage nach dem Zusammenhang von sozialen Medien und Öffentlichkeit. Damit beschäftigt sich dieser Beitrag.

Abschnitt 8.2 stellt ein Konzept der Öffentlichkeit als Kritikbegriff vor. Abschnitt 8.3 benutzt den Öffentlichkeitsbegriff zur Kritik kapitalistischer Internetplattformen. Abschnitt 8.4 handelt von Potenzialen eines öffentlich-rechtlichen Internets.

8.2. Öffentlichkeit als Kritikbegriff

Die Öffentlichkeit bildet einen wichtigen Bestandteil jedes Politik- und Gesellschaftssystems. Habermas (1990, 54) versteht unter »öffentlich« Räume und Ressourcen, die »allen zugänglich sind«. Daher sprechen wir zum Beispiel von den öffentlich-rechtlichen Medien, der öffentlichen Meinung, öffentlicher Bildung, öffentlichen Parks etc. Der Begriff der Öffentlichkeit hat mit dem Allgemeinwohl zu tun, mit der Vorstellung, dass es Einrichtungen gibt, die nicht nur einigen Privilegierten nützen und gehören, sondern die allen zugute kommen.

Öffentliche Institutionen und Güter werden oft, aber nicht notwendigerweise staatlich reguliert und organisiert. Es kann bestimmte Zugangsvoraussetzungen geben. So werden etwa öffentlich-rechtliche Medien in vielen Ländern durch eine gesetzlich geregelte Rundfunkgebühr finanziert. Solche Zugangsbedingungen sollten für jeden erschwinglich sein und keine Diskriminierung nach Klasse, Einkommen, Herkunft oder Geschlecht erzeugen. Ein Park, den zum Zeitpunkt der Segregation in den USA oder Südafrika nur Menschen mit weißer Hautfarbe betreten durften, war demnach kein öffentliches Gut.

Die Öffentlichkeit hat auch mit der öffentlichen Auseinandersetzung über die Gesellschaft, über Interessen und Entscheidungen, die kollektiv und bindend für alle getroffen werden, zu tun. Sie hat daher inhärent politischen Charakter. Die Öffentlichkeit vermittelt zwischen anderen Sphären der Gesellschaft, sie lässt sich als eine Art Interface zwischen Ökonomie, Kultur, Politik und dem Privatleben deuten. Eine idealtypische Öffentlichkeit ist ein Bereich, in dem »kritische Publizität« (Habermas 1990, 32) und »kritische Diskussion« (ibid., 168) stattfinden. Wird Kritik ruhiggestellt oder unterdrückt, so existiert keine Öffentlichkeit. Die Öffentlichkeit ist ein Medium der politischen Kommunikation. Durch die Öffentlichkeit ist es möglich, dass die Menschen sich über Politik informieren, darüber diskutieren und daran teilnehmen.

Das Mediensystem ist ein Teil der Öffentlichkeit in der modernen Gesellschaft. Abbildung 8.1 verdeutlicht modellhaft die Rolle der Medien in der modernen Öffentlichkeit (vgl. Fuchs 2016e). Medienorganisationen produzieren im Mediensystem öffentlich zugängliche Informationen, die in der Regel der Vermittlung von Neuigkeiten, der Bildung und der Unterhaltung dienen. Durch öffentliche Nachrichten informieren sich die Mitglieder des politischen Systems über wichtige Ereignisse in der Gesellschaft und der Politik. Nachrichten sind ein Auslöser politischer Kommunikation. Die Menschen unterhalten sich darüber, was in der Politik geschieht, und nehmen im Idealfall selbst an den Entscheidungsprozessen teil. In kapitalistischen Gesellschaften versuchen Interessenorganisationen wie etwa Arbeitgeberverbände, Arbeitnehmerverbände wie Gewerkschaften, Lobbyorganisationen, Parteien, NGOs oder soziale Bewegungen, Einfluss auf die Berichterstattung der Medienunternehmen zu nehmen. Dies geschieht etwa durch Interviews, Presseaus-

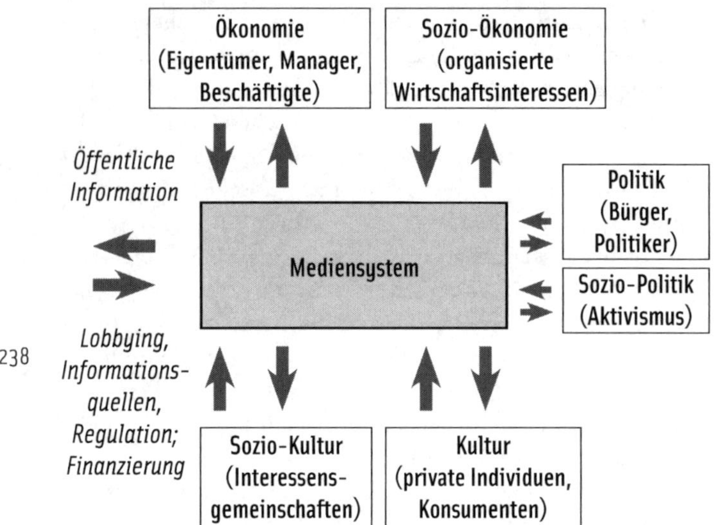

Abbildung 8.1: Das Mediensystem als Teil der Öffentlichkeit (Weiterentwicklung auf der Basis von Habermas 2008, Schaubild 1 und 2)

sendungen, Lobbying, Werbung, Public Relations, aber auch durch die Verflechtung von Organisationen. Das Mediensystem steht in einem Wechselspiel mit Wirtschaft, Politik und Kultur. Bürgerinnen und Bürger (u. a. durch Kauf, Rundfunkgebühren, Abonnements usw.), Staat (u. a. durch Medienförderung, staatliche Inserate) und Wirtschaftsorganisationen (u. a. durch Werbung) ermöglichen die wirtschaftliche Ressourcenbasis der Medien. Die Politik reguliert die Rahmenbedingungen, unter denen die Medien operieren. Die Kultur ist ein Zusammenhang von Weltanschauungen und Ideologien, die das

Klima der Gesellschaft prägen und damit auch Einfluss auf die Medien haben.

Für Habermas ist die Öffentlichkeit von Kapital und Staatsmacht, also von wirtschaftlicher und politischer Macht, autonom. In ihr sind die »Gesetze des Marktes sind ebenso suspendiert wie die des Staates« (Habermas 1990, 97). Staatliche Zensur der politischen Meinungsbildung und Privateigentum an den Produktionsmitteln öffentlicher Meinung widersprechen dem demokratischen Charakter der Öffentlichkeit. Für Marx ist der Sozialismus die Alternative zur kapitalistischen Wirtschaft und zum bürgerlichen Staat. Marx beschreibt die Pariser Kommune, die von März bis Mai 1871 existierte, als eine sozialistische Form der Öffentlichkeit. Sie war der Versuch, Politik und Wirtschaft demokratisch zu organisieren. »Die Kommune bildete sich aus den durch allgemeines Stimmrecht in den verschiedenen Bezirken von Paris gewählten Stadträten. Sie waren verantwortlich und jederzeit absetzbar. Ihre Mehrzahl bestand selbstredend aus Arbeitern oder anerkannten Vertretern der Arbeiterklasse. Die Kommune sollte nicht eine parlamentarische, sondern eine arbeitende Körperschaft sein, vollziehend und gesetzgebend zu gleicher Zeit. […] Die öffentlichen Ämter hörten auf, das Privateigentum der Handlanger der Zentralregierung zu sein. Nicht nur die städtische Verwaltung, sondern auch die ganze, bisher durch den Staat ausgeübte Initiative wurde in die Hände der Kommune gelegt« (ibid.).

Marx war zugleich ein Kritiker der limitierten Öffentlichkeit des Kapitalismus. »Die Öffentlichkeit, der Marx sich konfrontiert sieht, widerspricht ihrem eigenen Prinzip allgemeiner Zugänglichkeit« (ibid., 203). Die liberale Ideologie postuliert individuelle Freiheiten (Redefreiheit, Meinungsfreiheit, Vereinigungsfreiheit, Versammlungsfreiheit) als universelle Rechte.

Der partikularistische und stratifizierte Charakter der kapitalistischen Klassengesellschaft unterminiert diese universellen Rechte. Die Klassengesellschaft schafft Ungleichheit und dadurch einen ungleichen Zugang zur Öffentlichkeit. Habermas zufolge gibt es zwei inhärente Beschränkungen der Öffentlichkeit:

- Die Beschränkung der Meinungsfreiheit und der öffentlichen Meinung: Wenn die Menschen nicht denselben formalen Bildungsgrad und dieselben materiellen Ressourcen zur Verfügung haben, so kann dies eine Beschränkung des Zugangs zur Öffentlichkeit darstellen (Habermas 1990, 331).
- Die Beschränkung der Versammlungs- und Vereinigungsfreiheit: Mächtige politische und wirtschaftliche Organisation besitzen »ein Oligopol der publizistisch effektiven und politisch relevanten Versammlungs- und Vereinsbildung« (ibid., 333).

Habermas argumentiert, dass die bürgerliche Öffentlichkeit als Resultat dieser Beschränkungen kolonialisiert und feudalisiert ist. Sie ist keine wahre Öffentlichkeit, sondern ein klassenstrukturierter politischer Raum. Bei der Öffentlichkeit handelt es sich um ein Konzept der immanenten Kritik, das sich zur Kritik der Defizite und Probleme der modernen Gesellschaft eignet. Habermas sagt nicht, dass die Öffentlichkeit überall existiert, sondern dass sie existieren soll. Die immanente Kritik vergleicht proklamierte Ideale mit der Realität. Findet sie heraus, dass die Realität ihren eigenen Idealen widerspricht, so existiert ein grundlegender Widerspruch; die Realität muss verändert werden, um diese Inkongruenz zu überwinden. Die bürgerliche Öffentlichkeit schafft ihre eigenen Grenzen und damit auch ihre eigene immanente Kritik.

Öffentliche Räume und Öffentlichkeiten gibt es nicht nur im Westen. Die Behauptung, dass es sich bei der Öffentlichkeit um ein westlich-zentriertes oder eurozentristisches Konzept handle, ist verfehlt. Eine derartige Kritik birgt auch die Gefahr, dass undemokratische Regimes legitimiert werden, die gegen den Westen gerichtet sind und unter dem Deckmantel der Opposition zum West- oder Eurozentrismus Autoritarismus vorantreiben. Beim öffentlichen Teehaus beispielsweise handelt es sich um eine uralte kulturelle Praxis und einen Raum, den man in vielen Teilen der Welt findet kann. Di Wang vergleicht das chinesische Teehaus des frühen 20. Jahrhunderts mit den britischen Gaststätten (*public houses*) (Wang 2008). Diesen öffentlichen Raum suchten Menschen aus allen Schichten und Klassen aus unterschiedlichen Gründen auf. Das chinesische Wort für das Teehaus ist 茶馆 (*cháguăn*). Chengdu ist die Hauptstadt der südwestchinesischen Provinz Sichuan. »Die Teehäuser in Chengdu waren für ihre Klassenvielfalt bekannt. Einer ihrer ›Vorzüge‹ bestand in einer relativen Gleichheit« (Wang 2008, 421). Frauen waren ursprünglich exkludiert, hatten aber ab etwa 1930 vollen Zutritt. Die Teehäuser handelte fungierten nicht nur als Kulturräume, sondern auch als politische Treffpunkte, wo politische Debatten stattfanden und politische Theaterstücke aufgeführt wurden, was nicht nur das Interesse von Bürger/innen, sondern auch von Regierungsspitzeln erweckte. Wang diskutiert die Wichtigkeit der Teehäuser in Chengdu im Zusammenhang mit den Eisenbahnprotesten im Jahr 1911. Öffentliche Treffpunkte sind Sphären des Engagements der Bürger/innen, die zu Sphären der politischen Kommunikation und des Protestes werden können.

In den verschiedenen Occupy-Bewegungen, die im Anschluss an die Weltwirtschaftskrise des Jahres 2008 entstanden, konvergierten Protest und die Besetzung von Räumen. Es wurden selbstverwaltete Öffentlichkeiten zur politischen Kommunikation geschaffen. Die Schaffung dieser Öffentlichkeiten fand nicht nur im Westen statt, sondern in vielen Teilen der Welt in Zeiten der globalen kapitalistischen und sozialen Krise. Ein gemeinsamer Aspekt dieser Proteste bestand darin, dass Räume in öffentliche und politische Räume verwandelt wurden und dass diese Proteste in einer allgemeinen Gesellschaftskrise stattfanden. Widerstand ist so alt wie die Klassengesellschaft. Öffentlichkeiten wurden als widerständige Öffentlichkeiten während der gesamten Geschichte der Klassengesellschaften erzeugt. Die Öffentlichkeit existiert also überall dort, wo die Menschen sich

versammeln, um sich kollektiv zu organisieren und ihren Ärger und ihren Unmut über Ausbeutung und Herrschaft zum Ausdruck bringen.

Einer der Zusammenhänge zwischen Habermas' (1990) *Strukturwandel der Öffentlichkeit* und seiner *Theorie des kommunikativen Handelns* (Habermas 1981a, 1981b) ist die Verdeutlichung der Funktionsweise von Stratifizierungsprozessen der modernen Gesellschaft. Spricht Habermas in seinem Frühwerk von der »Refeudalisierung« der Öffentlichkeit (Habermas 1990, 246, 292, 299, 337), so tritt später der Begriff der »Kolonialisierung« der Lebenswelt in den Vordergrund, der »Monetarisierung und Bürokratisierung« (Habermas 1990, 474, 477, 480, 566, 593) umfasst. Die beiden Prozesse »instrumentalisieren«, so Habermas (1990, 477), die Lebenswelt und damit die Öffentlichkeit. In meinem eigenen Ansatz gehe ich davon aus, dass nicht zwei, sondern drei Prozesse der Machtausübung die Öffentlichkeit kolonialisieren und refeudalisieren (Habermas 1990, 477):

- Durch die *Kommodifizierung* und die *Klassenstrukturierung* dringt die Logik des Geldes, des Kapitals und der Warenform in den Alltag und die Lebenswelt der Menschen ein.

- Durch die *Verherrschaftlichung* wird die Gesellschaft so organisiert, dass partikuläre Interessen vorherrschen und einzelne Menschen oder Gruppen Vorteile auf Kosten der anderen Menschen erzielen.
- Durch die *Ideologisierung* werden Partialinteressen, Ausbeutung und Herrschaft durch Verzerrung oder Manipulation der Realität als natürlich und notwendig dargestellt.

Warenform, Herrschaft und Ideologie sind die drei Hauptformen der Stratifizierung in der kapitalistischen Gesellschaft. Die kritische Theorie der Öffentlichkeit ist eine Kritik der Warenform, Herrschaftskritik und Ideologiekritik und daher Entfremdungskritik. Was Horkheimer (1990) als instrumentelle Vernunft, Marcuse (1941) als technologische Rationalität[22] und Lukács (1988) als Verdinglichung bezeichneten, nimmt im Kapitalismus drei Formen an:

- Die Klassenstrukturierung und die Warenform instrumentalisieren die Arbeitskraft der Menschen und die Bedürfnisse der Menschen im kapitalistischen Konsum.
- Die politische Herrschaft instrumentalisiert die politische Handlungsfähigkeit der Menschen derart, dass sie Entscheidungen nicht selbst treffen, sondern dies herrschenden Gruppen überlassen.
- Die Ideologie versucht, das Bewusstsein der Menschen und deren subjektive Interessen zu verbiegen und zu instrumentalisieren.

Karl Marx (1867) hat betont, dass die Logik der Akkumulation den Kapitalismus prägt. Diese Logik hat ihren Ursprung in der kapitalistischen Wirtschaft. Sie prägt aber auch die mo-

22 Zur Aktualität von Marcuses Konzept der technologischen Rationalität im digitalen Kapitalismus vgl. Fuchs (2019a)

derne Politik und die moderne Kultur, in denen es um die Akkumulation politischer und kultureller Macht geht. Die Akkumulation der Macht nimmt die Form der Akkumulation des Kapitals, der Entscheidungsmacht und der Definitionsmacht an. Die Folge der Akkumulation sind Asymmetrien der Macht, nämlich Klassenstrukturen, Herrschaftsstrukturen und Ideologie (siehe Tabelle 8.1).

Entfremdung bedeutet, dass die Menschen mit Strukturen und Bedingungen konfrontiert sind, die sie nicht selbst kontrollieren und beeinflussen können. Die Menschen kontrollieren nicht die wirtschaftlichen, politischen und kulturellen Produkte, die ihr Leben und ihren Alltag beeinflussen. Entfremdung bedeutet den »Verlust« eines Produktes, das dem Menschen nicht gehört (Marx 1844c, 519). Gebrauchswerte, kollektiv bindende Entscheidungen und kollektive Bedeutungen sind gesellschaftliche Produkte menschlicher Praktiken. In der kapitalistischen Gesellschaft werden sie aber von nur wenigen kontrolliert, wodurch objektiv entfremdete Zustände existieren.

Entfremdungsform	Herrschende Subjekte	Beherrschte Subjekte
Wirtschaftliche Entfremdung: Ausbeutung	Herrschende Klasse, Ausbeuter	Ausgebeutete Klasse
Politische Entfremdung: Herrschaft	Diktator, diktatorisch agierende Gruppen	Exkludierte Individuen und Gruppen
Kulturelle Entfremdung: Ideologie, die zur Nichtachtung führt	Ideologen	Nichtgeachtete und verachtete Individuen und Gruppen

Tabelle 8.1: Antagonismen bei den drei Formen der Entfremdung

Tabelle 8.2 veranschaulicht den Antagonismus zwischen entfremdeter und humanistischer Gesellschaft entlang der drei gesellschaftlichen Dimensionen Wirtschaft, Politik und Kultur. In der entfremdeten Gesellschaft sind die Hauptakteure der Ausbeuter in der Wirtschaft, der Diktator in der Politik und der Ideologe/Demagoge in der Kultur. Der Humanismus ist der Alternativentwurf zur entfremdeten Gesellschaft. In der humanistischen Gesellschaft sind die Hauptakteure der Sozialist in der Wirtschaft, der Demokrat in der Politik und der solidarische Freund in der Kultur.

	Entfremdete Gesellschaft	**Humanismus**
Wirtschaft	Der Ausbeuter	Der Sozialist
Politik	Der Diktator	Der Demokrat
Kultur	Der Ideologie/Demagoge	Der Freund

Tabelle 8.2: Hauptakteure in der entfremdeten und der humanistischen Gesellschaft (beruhend auf Fuchs 2020a, 140: Tabelle 4.4)

8.3. Die kapitalistische Kolonialisierung der digitalen Öffentlichkeit

In Diskussionen über das Internet und soziale Medien ist relativ oft zu hören, dass durch die Möglichkeiten der Prosumtion (konsumierende Produzent/innen im Internet: Medienkonsument/innen werden zu Produzent/innen von Inhalten) und der nutzergenerierten Inhalte elektronische Demokratie, digitale/virtuelle Öffentlichkeit und partizipative Kultur entstehen. Auch in der akademischen Debatte sind diese Argumente weit verbreitet (siehe zum Beispiel Jenkins 2008[23]). Aus einer technischen Veränderung wird eine weitgehende Demokratisierung der Gesellschaft, inklusive der kapitalistischen Wirtschaft, abgeleitet, obwohl Klassenantagonismus, politische Gegensätze und ideologische Konfliktlinien weiterbestehen und sich sogar vertiefen. Handelt es sich beim heutigen Internet und bei den sozialen Medien um eine neue Öffentlichkeit, die die Demokratie erweitert, oder um eine neue Form der Kolonialisierung der Öffentlichkeit?

Nutzer/innen von Internet und sozialen Medien sind mit

zehn Problemen konfrontiert (siehe Fuchs 2021, 2019b, 2016e):

1. Digitaler Kapitalismus/digitale Klassenverhältnisse: Das digitale Kapital beutet die digitale Arbeit aus. Es führt zu kapitalistischen Digitalmonopolen und trägt zur Prekarisierung des Lebens bei.
2. Digitaler Individualismus: Der digitale Individualismus besteht darin, dass die Nutzer/innen auf sozialen Medien Aufmerksamkeit mit und Zustimmung zu individuellen Profilen und Postings akkumulieren. Seine Logik behandelt die Menschen als reine Konkurrent/innen, wodurch die zwischenmenschliche Solidarität unterminiert wird.
3. Digitale Überwachung: Staatliche Institutionen und kapitalistische Unternehmen besorgen die digitale Überwachung der Menschen als Teil des digital-industriellen und überwachungsindustriellen Komplexes.
4. Antisoziale Medien: Soziale Medien sind auch unsoziale und antisoziale Medien. Edward Snowdens Enthüllungen und der Cambridge-Analytica-Skandal haben gezeigt, dass

23 Zur Kritik an Jenkins und ähnlichen Ansätzen siehe Fuchs 2019b, Kapitel 3, 5, 8.

kapitalistische soziale Medien eine Gefahr für die Demokratie sind. Rechte Ideolog/innen und Demagog/innen verbreiten auf sozialen Medien digitalen Autoritarismus.

5. Algorithmische Politik: Soziale Medien sind von automatisierter, algorithmischer Politik geprägt. Automatisierte Computerprogramme (»Bots«) ersetzen menschliche Aktivitäten, posten Information und erzeugen »Likes«. Dadurch ist es schwieriger geworden zu unterscheiden, ob Information oder Zustimmung von einem Menschen oder von einer Maschine stammt.
6. Filterblasen: Fragmentierte Online-Öffentlichkeiten sind als Filterblasen organisiert, in denen die Meinungen homogen sind und Meinungsverschiedenheiten entweder nicht existieren oder vermieden werden. Filterblasen werden auch als Echokammern bezeichnet, da die Gespräche dort wie das Echo ein und derselben Person klingen.
7. Digitaler Boulevard: Die digitale Kulturindustrie hat soziale Medien als digitalen Boulevard organisiert, der von digitalen Konzernen kontrolliert wird. Online-Werbung und Boulevard-Unterhaltung dominieren das Internet und verdrängen die Auseinandersetzung mit politischen Inhalten oder Bildungsinhalten.
8. Influencer-Kapitalismus: In sozialen Medien prägen sogenannte »Influencer« die öffentliche Meinung, wodurch es zu Machtasymmetrien hinsichtlich der Online-Aufmerksamkeit und der Online-Sichtbarkeit kommt und eine warenförmige Online-Kultur gelebt wird, die die Welt als endlose Shoppingmeile und als rund um die Uhr geöffnetes Einkaufszentrum präsentiert.
9. Digitale Beschleunigung: Durch die digitale Beschleunigung wird unsere Aufmerksamkeitskapazität durch ober-

flächliche Informationen, die mit sehr hoher Geschwindigkeit auf uns einprasseln, beansprucht. Es gibt zu wenig Zeit und zu wenig Raum für Gespräche und Debatten.

10. Falschnachrichten: Postfaktische Politik und Falschnachrichten (»Fake News«) werden global über soziale Medien verbreitet. Im Zeitalter neuer Nationalismen und des neuen Autoritarismus ist eine Kultur entstanden, in der falsche Online-Nachrichten kursieren, viele Menschen den Fakten und den Experten misstrauen und es zu einer Emotionalisierung der Politik kommt, wodurch die Menschen nicht mehr rational prüfen, was wirklich ist und was Fiktion, sondern annehmen, etwas sei dann wahr, wenn es ihrem Gemütszustand und ihrer Ideologie entspricht (siehe Fuchs 2020a, 2018).

Diese zehn Tendenzen haben zu einer von Kapital, Staatsmacht und Ideologie kolonialisierten und feudalisierten digitalen Öffentlichkeit geführt, die durch wirtschaftliche, politische und kulturelle Machtasymmetrien geprägt ist. Das Internet hat sicherlich Potenziale zur Vergesellschaftung menschlicher Aktivitäten in der Form der Kommunikation, der kooperativen Arbeit, der Gemeinschaftsbildung und der Schaffung von digitalen Gemeingütern. Klassenverhältnisse und Herrschaftsstrukturen kolonialisieren jedoch die humanistischen Potenziale des Internets und der Gesellschaft. Im heutigen Kapitalismus sind die Menschen mit einem Antagonismus zwischen Prekarität und Austerität konfrontiert. Das Internet und die sozialen Medien sind heute von Klassenstrukturen und Ungleichheiten geprägt.

Soziale Medien sind heute nur unzureichend sozial. Sie werden von kapitalistischen Konzernen, Demagog/innen und Ideolog/innen dominiert, obwohl sie Keimformen und Potenziale für eine Welt und für Kommunikationsformen jenseits des Kapitalismus in sich tragen. Digitale Alternativen wie Wikipedia, digitale Arbeiterkooperativen,[24] alternative Onlinemedien wie Democracy Now!, digitale Gemeingüter wie Creative Commons oder freie Software sind der Vorschein eines wahrhaft sozialen und vergesellschafteten Internets. Innerhalb des Kapitalismus bleiben solche Projekte aber oft prekär und können die Macht der dominanten Konzerne und Akteure (Google, Facebook, Apple, Microsoft, Amazon etc.) nur in sehr limitierter Weise herausfordern. Die Geschichte alternativer Projekte ist im Kapitalismus eine Geschichte der Ressourcenknappheit und der prekären, oftmals unbezahlten und selbstausbeuterischen Arbeit.

In Tabelle 8.3 werden die erwähnten zehn Probleme der sozialen Medien und des Internets im digitalen Kapitalismus den drei Formen der Entfremdung zugeordnet. Es gibt also wirtschaftliche, politische und kulturelle Formen der digitalen Entfremdung.

Wirtschaftliche digitale Entfremdung: digitale Ausbeutung	(1) Digitale Klassenverhältnisse, digitale Monopole, (2) digitaler Individualismus, digitale Akkumulation, digitale Konkurrenz
Politische digitale Entfremdung: digitale Herrschaft	(3) Digitale Überwachung, (4) antisoziale soziale Medien, digitaler Autoritarismus, (5) algorithmische Politik, (6) Online-Filterblasen
Kulturelle digitale Entfremdung: digitale Ideologie	(7) Digitaler Boulevard, digitale Kulturindustrie, (8) Influencer-Kapitalismus, (9) digitale Beschleunigung, (10) Online-Falschnachrichten

Tabelle 8.3: Drei Formen der digitalen Entfremdung

24 Siehe etwa https://platform.coop, https://ioo.coop/directory, http://cultural.coop.

In Tabelle 8.4 wird die digitale Entfremdung in der Form von drei Antagonismen dargestellt: der Klassenantagonismus, in dem das digitale Kapital die digitale Arbeit ausbeutet; der politische Antagonismus zwischen digitalen Diktator/innen und digitalen Bürger/innen sowie der kulturelle Antagonismus zwischen digitalen Ideolog/innen und digitalen Menschen. Die Entfremdung ist die Instrumentalisierung des Menschen. Bei der digitalen Entfremdung werden die Menschen unter Zuhilfenahme digitaler Technologien instrumentalisiert.

Entfremdungsform	Herrschende Subjekte	Beherrschte Subjekte
Wirtschaftliche Entfremdung: Ausbeutung	Digitales Kapital	Digitale Arbeit
Politische Entfremdung: Herrschaft	Digitale Diktator/innen	Digitale Bürger/innen
Kulturelle Entfremdung: Ideologie, die zur Nichtachtung führt	Digitale Ideolog/innen	Digitale Menschen

Tabelle 8.4: Drei Antagonismen der digitalen Entfremdung

Zur detaillierten Analyse der digitalen Antagonismen, durch die die Öffentlichkeit im digitalen Kapitalismus kolonialisiert und feudalisiert wird, muss auf die Literatur verwiesen werden (Fuchs 2014a, 2015b, 2016e, 2018, 2019b, 2019c, 2020a, 2020b, 2020c, 2021). Wir können jedoch an dieser Stelle einzelne Beispiele anführen.

Die weltgrößten Internetkonzerne waren im Jahr 2019 Apple, Microsoft, Alphabet/Google, Amazon, Alibaba und Facebook. In der *Forbes*-Liste der 2000 größten Konzerne der

Welt rangierten sie im selben Jahr auf den Plätzen 6 (Apple), 16 (Microsoft), 17 (Alphabet/Google), 28 (Amazon), 59 (Alibaba) und 63 (Facebook).[25] Zu den Digitalwaren, die von diesen Konzernen verkauft werden, gehören Hardware (Apple), Software (Microsoft), Online-Werbung (Google, Facebook) und digitale Dienste wie Online-Shopping (Amazon, Alibaba). Die Umsatzsumme dieser sechs Konzerne belief sich im Jahr 2019 auf 857,5 Milliarden US-Dollar und ist damit etwa gleich groß wie das Bruttoinlandsprodukt der 22 am wenigsten entwickelten Länder der Welt, deren gemeinsames BIP im Jahr 2018 858,3 Milliarden US-Dollar betrug.[26] Bei diesen Staaten handelt es sich um Sudan, Haiti, Afghanistan, Djibouti, Malawi, Äthiopien, Gambia, Guinea, Liberia, Jemen, Guinea-Bissau, Kongo, Mozambique, Sierra Leone, Burkina Faso, Eritrea, Mali, Burundi, Südsudan, den Tschad, die Zentralafrikanische Republik und Niger (United Nations 2019). Sechs Digital-Konzerne sind gemeinsam wirtschaftlich mächtiger als 22 Staaten. Und diese Konzerne repräsentieren De-facto-Monopole im Bereich der Betriebssysteme (Microsoft), der Suchmaschinen (Google), des Online-Shoppings (Amazon und Alibaba) und der sozialen Netzwerke (Facebook). Die Internet-Ökonomie wird von einigen wenigen globalen Konzernen dominiert. Man kann daher nicht davon sprechen, dass der digitale Kapitalismus zu einem Ende der Monopolmacht oder zu einer pluralistischeren Wirtschaft geführt hat. Die Kapitalkonzentration ist eine dem Kapitalismus innewohnende Tendenz.

25 Datenquelle: https://www.forbes.com/global2000/list, aufgerufen am 17. April 2020.

26 Datenquelle: http://hdr.undp.org/en/indicators, aufgerufen am 17. April 2020.

Platz	Titel	Videotyp	Eigentümer	Aufrufe
1	Luis Fonsi – Despacito	Musik	Universal Music (Vivendi)	6,5 Mrd.
2	Ed Sheeran – Shape of You	Musik	Warner Music	4,5 Mrd.
3	Wiz Khalifa – See You Again	Musik	Warner Music	4,3 Mrd.
4	Masha and the Bear – Recipe for Disaster	Unterhaltung für Kinder	Animaccord Animation Studio	4,1 Mrd.
5	Pinkfong Kids' Songs und Stories – Baby Shark Dance	Musik für Kinder	SmartStudy (Samsung Publishing)	4,1 Mrd.
6	Mark Ronson – Uptown Funk	Musik	Sony Music	3,7 Mrd.
7	Psy – Gangnam Style	Musik	YG Entertainment (distributed by Universal)	3,4 Mrd.
8	Justin Bieber – Sorry	Musik	Universal Music (Vivendi)	3,2 Mrd.
9	Maroon 5 – Sugar	Musik	Universal Music (Vivendi)	3,1 Mrd.
10	Katy Perry – Roar	Musik	Universal Music (Vivendi)	2,9 Mrd.

Tabelle 8.5: Die meistgesehenen YouTube-Videos aller Zeiten, Quelle: https://en.wikipedia.org/wiki/List_of_most-viewed_YouTube_videos, aufgerufen am 20. Oktober 2019.

Tabelle 8.5 enthält Daten zu den zehn meistaufgerufenen YouTube-Videos. YouTube ist nach Google die weltweit am meisten benutzte Internet-Plattform.[27] In Diskussionen über die digitale Öffentlichkeit ist oft zu hören, dass nutzergenerierte Inhalte dazu führen, dass jede/r eine Stimme auf sozialen Medien habe und die Öffentlichkeit pluralistisch und partizipativ geworden sei. Im Internet kann zwar jeder Mensch digitale Inhalte einfach produzieren und veröffentlichen. Es gibt aber Asymmetrien der Sichtbarkeit und der Aufmerksamkeit. Unterhaltung obsiegt über Bildung und Politik. Auf der Ebene der Inhalte sind soziale Medien primär digitale Boulevardmedien. Online-Sichtbarkeit und Online-Aufmerksamkeit wird von Multimedia-Konzernen und Prominenten dominiert. Neun der zehn meistgesehenen YouTube-Videos sind Musikvideos. Das Urheberrecht für fünf dieser Videos liegt bei Universal Music. Auch Warner Music, Sony und Samsung spielen eine wichtige Rolle auf YouTube. Das Beispiel zeigt, dass Internet-Plattformen keine partizipative Kultur geschaffen haben, sondern dass Aufmerksamkeit und Öffentlichkeit im Internet von Medienkonzernen kontrolliert werden.

Der Cambridge-Analytica-Skandal dominierte die Weltnachrichten in der ersten Hälfte des Jahres 2018. Cambridge Analytica war ein 2013 gegründetes Beratungsunternehmen, das unter anderem im Bereich der Nutzung von Big Data aktiv war. Donald Trumps ehemaliger Chefstratege Steve Bannon war der Vizepräsident dieser Firma. Cambridge Analytica erkaufte sich den Zugang zu persönlichen Daten von 100 Millionen Menschen, die auf Facebook über Persönlichkeitstests gesam-

27 Datenquelle: https://www.alexa.com/topsites, aufgerufen am 17. April 2020.

melt werden. Die Firma nutzte diese Daten in Donald Trumps Wahlkampf, um personalisierte Falschnachrichten zu verbreiten. Dieser Skandal ist in mehrfacher Hinsicht bemerkenswert:

- Der Cambridge-Analytica-Skandal zeigt, dass Rechtsextreme zu allen Mitteln greifen, um ihre Ideologie zu verbreiten. Dazu gehören auch Falschnachrichten und Überwachung.
- Der Cambridge-Analytica-Skandal zeigt, dass Facebook Gefahren für die Demokratie in Kauf nimmt, um aus Daten Geld zu machen. Facebook operiert auf Basis der Logik, dass die immer größeren Datenmengen, die im Internet gesammelt werden, gut für die Profitmargen des Konzerns sind, der diese Daten benutzt, um Werbung zu personalisieren, also auf das individuelle Nutzungsverhalten zuzuschneiden, und zu verkaufen.
- Der Cambridge-Analytica-Skandal zeigt, dass die neoliberale Deregulierung der Wirtschaft dazu geführt hat, dass Internetkonzerne heute agieren können, wie sie wollen.
- Der Cambridge-Analytica-Skandal zeigt den Zusammenhang von digitalem Faschismus, digitalem Kapitalismus und digitalem Neoliberalismus, der eine Gefahr für die Demokratie darstellt.

Die drei Beispiele verdeutlichen beispielhaft einzelne Dimensionen der zehn Formen der Kolonialisierung der digitalen Öffentlichkeit, die in diesem Abschnitt besprochen wurden. Das erste Beispiel zeigt die Macht der Internetkonzerne, wodurch Aspekte der digitalen Monopole verdeutlicht wurden (Aspekt 1 der zehn Probleme des heutigen Internets). Das zweite Beispiel handelte von der digitalen Aufmerksamkeitsökonomie auf YouTube. Diese ist ein Ausdruck des digitalen Boulevards und der digitalen Kulturindustrie (Problem 7), in der Prominente Aufmerksamkeit und Sichtbarkeit dominieren (Problem 8). Der Cambridge-Analytica-Skandal verdeutlicht eine Kombination von mehreren der zehn Probleme, nämlich des digitalen Kapitalismus (Problem 1), der digitalen Überwachung (3), des digitalen Autoritarismus (5) und der Online-Falschnachrichten (10).

Die drei Beispiele belegen, dass es sich bei der Annahme, das Internet und soziale Medien seien eine demokratische, digitale Öffentlichkeit, um einen Mythos und eine Ideologie handelt, die die reale Macht der Internetkonzerne und Phänomene wie Online-Falschnachrichten und Online-Faschismus verharmlost. Es stellt sich aber die Frage, ob ein demokratisches Internet möglich ist. Im nächsten Abschnitt geht es um diese Frage im Kontext der öffentlich-rechtlichen Medien.

8.4. Für ein öffentlich-rechtliches Internet

Die digitale Öffentlichkeit nimmt durch die Logik der Akkumulation, der Werbung, der Monopolisierung, der Kommerzialisierung, der Kommodifizierung, der Beschleunigung, des Individualismus, der Fragmentierung, der Automatisierung der menschlichen Tätigkeit, der Überwachung und der Ideologisierung die Form einer kolonialisierten und feudalisierten Öffentlichkeit an. Das Internet und soziale Medien werden von kommerzieller Kultur dominiert. Plattformen stehen zum Großteil im Besitz großer profitorientierter Konzerne. Öffentlich-rechtliche Medien operieren auf Basis einer anderen Logik. Die Idee eines öffentlich-rechtlichen Internets hat sich bisher aber nicht durchsetzen können und klingt für die meisten Ohren fremd, da es heute kaum Alternativen zum kommerziellen Internet gibt.

Medien haben (a) eine politisch-ökonomische und (b) eine kulturelle Dimension. Sie benötigen einerseits Ressourcen wie Geld, rechtliche Rahmenbedingungen, Mitarbeiter/innen und

Organisationsstrukturen, um existieren zu können. In dieser Hinsicht sind sie Wirtschaftsorganisationen. Es handelt sich aber um spezielle Wirtschaftsorganisationen, die auch Kulturorganisationen sind, da sie Inhalte produzieren, die Aspekte der Gesellschaft bedeuten und der öffentlichen Information, der Kommunikation und der Meinungsbildung dienen. Da Meinungsbildung und Kommunikation auch politische Meinungsbildung und politische Kommunikation umfassen, haben Medienorganisationen Implikationen für die Demokratie und das politische System insgesamt. Als Kulturorganisationen sind alle

Medienorganisationen öffentlich, da sie Information *veröffentlichen*. Als Wirtschaftsorganisationen sind hingegen nur bestimmte Medienorganisationen öffentlich, während andere einen privatwirtschaftlichen Charakter annehmen, also private Eigentümer haben und profitorientiert agieren. Öffentlich-rechtliche Medien und zivilgesellschaftliche Medien agieren hingegen nicht profitorientiert und stehen im Kollektivbesitz des Staates oder einer Gemeinschaft. Tabelle 8.1 verdeutlicht diese Unterscheidungen. Öffentlich-rechtliche Medien sind öffentlich im Sinne der kulturellen Öffentlichkeit und der politisch-ökonomischen Öffentlichkeit. Sie veröffentlichen Information und stehen im Besitz der Öffentlichkeit.

Kommunikationswissenschaftler Slavko Splichal (2007, 255) liefert eine präzise Definition öffentlich-rechtlicher Medien: »Normativ müssen öffentlich-rechtliche Medien Dienste *der* Öffentlichkeit, *durch* die Öffentlichkeit und *für* die Öffentlichkeit sein. Es handelt sich um einen Dienst *der* Öffentlichkeit, da er durch sie finanziert wird und in ihrem Besitz stehen sollte. Es sollte ein Dienst sein, der *durch* die Öffentlichkeit organisiert wird – der also nicht nur von dieser finanziert und kontrolliert, sondern auch produziert wird. Und es muss ein Dienst *für* die Öffentlichkeit sein – aber auch für die Regierung und andere Kräfte, die in der Öffentlichkeit agieren. Zusammenfassend sollten öffentlich-rechtliche Medien ›ein Grundpfeiler der Demokratie‹ sein« (Splichal 2007, 255).

Die Produktionsmittel der öffentlich-rechtlichen Medien stehen im öffentlichen Eigentum. Die Produktion und die Zirkulation von Inhalten beruhen auf einer nichtprofitorientierten Logik. Der Zugang ist universell, da allen Bürgerinnen und Bürgern ein einfacher Zugang zu den Inhalten und Technologien öffentlich-rechtlicher Medien gewährt wird. In politischer Hinsicht bieten öffentlich-rechtliche Medien vielfältige und in-
klusive Inhalte an, die politisches Verständnis und politischen Diskurs fördern. In kultureller Hinsicht bieten sie Bildungsinhalte an, die zur kulturellen Entwicklung der Individuen und der Gesellschaft beitragen.

Auf Grund der besonderen Qualitäten öffentlich-rechtlicher Medien können diese einen wertvollen demokratischen und bildungsorientierten Beitrag zu einer demokratischen Online-Öffentlichkeit und der digitalen Demokratie leisten, wenn ihnen die dazu notwendigen materiellen und rechtlichen Möglichkeiten gegeben werden. Zwei Ideen, um digitale Demokratie auszubauen, sind das *öffentlich-rechtliche YouTube* und der *Club 2.0*.

Das öffentlich-rechtliche YouTube

Digitale Medien verändern das traditionelle Verhältnis von Medienproduktion und Medienkonsum. Während im klassischen Rundfunk diese beiden Aspekte getrennt sind, können im Internet Konsument/innen zu Produzent/innen von Information werden (sogenannte Prosument/innen, also produzierende Konsument/innen). Durch nutzergenerierte Inhalte wird das Publikum zu einem produzierenden Publikum. Dadurch kann der Bildungs- und Demokratieauftrag des öffentlich-rechtlichen Rundfunks um einen Partizipationsauftrag erweitert werden. Partizipation bedeutet dabei das Angebot einer Online-Plattform, mit deren Hilfe Bürger und Bürgerinnen nutzergenerierte audio-visuelle Inhalte veröffentlichen können.

YouTube gehört seit 2006 zu Google/Alphabet. Diese Video-Plattform hält de facto ein Monopol hinsichtlich der Verbreitung nutzergenerierter Videos. Öffentlich-rechtliche Medien haben im Prinzip aber die notwendige Erfahrung und die notwendigen Ressourcen, um Online-Video- und Online-Audio-Plattformen zu entwickeln und zu betreiben. Bisher wurde aber zu wenig auf diese Möglichkeiten gesetzt. Dadurch könnte eine reale Konkurrenz zur Dominanz von YouTube entstehen. YouTube wird häufig dafür kritisiert, dass es Fake-Nachrichten, hasserfüllte, terroristische und rechtsextreme Inhalte verbreitet und relativ wenig dagegen unternimmt, da Videoinhalte beim Hinaufladen nicht von Menschen überprüft werden. YouTube funktioniert nach der Logik »Je mehr nutzergenerierte Inhalte, desto besser, je mehr Werbemöglichkeiten, desto mehr Profit«. Die Werbe- und Profitorientierung der Plattform führt zur Gleichgültigkeit gegenüber der Qualität der Inhalte. Ein öffentlich-rechtliches YouTube könnte hingegen dem öffentlich-rechtlichen Demokratieauftrag nachkommen, indem nicht einfach Videos zu allen Themen (»anything goes«) jederzeit hochgeladen werden können, sondern bestimmte politisch und demokratisch relevante Themen (z. B. als Begleitung zu bestimmten Fernseh- oder Radiosendungen) zu bestimmten Zeitpunkten und für einen begrenzten Zeitraum zum Hochladen geöffnet werden.

Dabei sollten alle eingereichten Beiträge veröffentlicht und archiviert und so der Öffentlichkeit ohne Zeitbegrenzung zugänglich gemacht werden, so dass eine nutzergenerierte demokratische Online-Öffentlichkeit entsteht. Die eingereichten Videos sollten aber vor der Freigabe von geschulten Moderatoren und Moderatorinnen daraufhin geprüft werden, ob sie rassistische, faschistische, sexistische oder in anderer Weise diskriminierende Inhalte enthalten. Derartige Inhalte sollten nicht freigegeben werden.

Der Individualismus der heutigen sozialen Medien könnte dadurch durchbrochen werden, dass soziale, kulturelle und zivilgesellschaftliche Zusammenhänge wie Schulklassen, Universitätsseminare, Volkshochschulkurse, betriebliche Gemeinschaften, zivilgesellschaftliche Organisationen usw. ganz bewusst angesprochen und aufgefordert werden, kollektiv produzierte Videos einzureichen.

Öffentlich-rechtliche Medien haben große Archive mit Unmengen an eigenproduzierten Inhalten. Diese könnten digitalisiert und auf einer öffentlich-rechtlichen Video- und Audio-Plattform zur Verfügung gestellt werden. Bei der Creative-Commons-Lizenz (CC) handelt es sich um eine Lizenz, die es erlaubt, Inhalte wiederzuverwenden. Die CC-BY-NC-Lizenz erlaubt es, dass Inhalte vervielfältigt, weiterverbreitet, remixed, verändert, weiterverarbeitet und für *nichtkommerzielle* Zwecke genutzt werden, insofern die Originalquelle genannt wird.[28] Dadurch eignet sie sich sehr gut für digitalisierte Inhalte aus den Archiven öffentlich-rechtlicher Medien, die öffentlich zur Verfügung gestellt werden. Auf diese Weise kann die Kreativität der Nutzer/innen einer öffentlich-rechtlichen Audio- und Video-Plattform gefördert werden, da ihnen erlaubt wird, neue

28 https://creativecommons.org/licenses/by-nc/2.0/deed.de, aufgerufen am 18. April 2020.

Inhalte unter Zuhilfenahme von Archivmaterial zu generieren und zu verbreiten. Der öffentlich-rechtliche Bildungsauftrag könnte auf diese Weise die Form eines digitalen Kreativitätsauftrags annehmen. Es besteht auch die Möglichkeit, dass zu bestimmten Zeitpunkten Themenvorgaben gemacht werden und Nutzer/innen die Möglichkeit erhalten, bestimmtes Archivmaterial weiterzubearbeiten und ihre so entstandenen Neukreationen hochzuladen. Eine Auswahl der derart eingereichten Inhalte könnte regelmäßig oder zu bestimmten Anlässen im Fernsehen oder im Radio ausgestrahlt werden. Alle

eingereichten Beiträge könnten auf der Plattform zur Verfügung gestellt werden.

Öffentlich-rechtliche Video- und Audio-Plattformen können in einzelnen Ländern angeboten werden (als ORFTube, BBCTube, ARDTube, ZDFTube, SRGTube etc.). Es bietet sich aber auch an, dass öffentlich-rechtliche Medienanstalten zusammenarbeiten und gemeinsam derartige Plattformen anbieten oder ihre individuellen Plattformen technisch standardisieren und miteinander vernetzen. Kooperationen dieser Art existieren im Bereich des Fernsehens bereits, zum Beispiel 3sat (ORF, ZDF und SRG) oder Arte (ARD, ZDF und France Télévisions). Es scheint sinnvoll, ähnliche Kooperationen auch im Bereich der Online-Plattformen zu schaffen. Ein europaweites öffentlich-rechtliches YouTube könnte es in Bezug auf Popularität und Interesse mit dem kommerziellen YouTube aufnehmen und eine reale Konkurrenz zu dem kalifornischen Internetgiganten aufbauen. Häufig wird aber das Argument, man sei selbst zu klein und man müsse auf europäischer Ebene beginnen, verwendet, um konkrete Vorhaben aufzuschieben oder gar nicht erst zu beginnen. Sind die rechtlichen Bedingungen gegeben, so mag es einfacher sein, auf nationalstaatlicher Ebene zu beginnen, um dann internationale Vorbildwirkung zu erlangen und in einem weiteren Schritt die europäische Kooperation in Angriff zu nehmen.

Ein öffentlich-rechtliches YouTube, das auf die nutzergenerierte Produktion demokratischer Inhalte abzielt, fördert die politische Partizipation und Kooperation der Bürgerinnen und Bürger sowie die konkrete, aktive und kreative Auseinandersetzung mit demokratischen Inhalten durch digitale und kooperative Produktion. Partizipative Demokratie bedeutet Infrastruktur, Raum und Zeit für demokratische Prozesse. Das öffentlich-rechtliche YouTube bietet eine materielle Möglichkeit und Infrastruktur für die Praktizierung digitaler Demokratie.

Der Club 2.0

Die Journalisten Kuno Knöbl and Franz Kreuzer entwarfen Mitte der 1970er Jahre das Konzept des *Club 2* für den Österreichischen Rundfunk (ORF). Dabei handelte es sich um eine Diskussionssendung, die üblicherweise am Dienstag und am Donnerstag ausgestrahlt wurde. Der *Club 2* war eine kontroverse Live-Diskussion mit potenziell unbeschränkter Sendezeit. Zwischen dem 5. Oktober 1976 und dem 28. Februar 1995 wurden rund 1400 Folgen dieses Programms im ORF ausgestrahlt.

Das Konzept des *Club 2* hört sich für viele Menschen heute eher ungewöhnlich an, da wir so sehr an Formate mit kurzer Dauer und hoher Geschwindigkeit sowie an den Zeitmangel in den Medien und unserem Alltagsleben gewöhnt sind. Offene, unzensierte, kontroverse, den Zuseher und die Zuseherin ansprechende Live-Diskussionen unterscheiden sich von beschleunigten Medien in Bezug auf Raum und Zeit: Der *Club 2* war ein öffentlicher Raum, in dem sich Gäste trafen und miteinander über ein relevantes gesellschaftliches Thema in einer Atmosphäre diskutierten, die unbegrenzte Zeit bot und öffentlich erlebt wurde. Der *Club 2* war demokratische Öffentlichkeit im öffentlich-rechtlichen Rundfunk.

Raum und Zeit sind zwei wichtige Dimensionen der politischen Ökonomie der Öffentlichkeit. Ein sozialer Raum, der genug Diskussionszeit bietet, ist aber noch keine Garantie für eine engagierte, kritische und dialektische Diskussion, die Eindimensionalität transzendiert, in die Tiefe eines Themas eindringt und die Gemeinsamkeiten und Unterschiede verschiedener Positionen verdeutlicht. Raum und Zeit der Öffentlichkeit müssen auf intelligente Weise organisiert und gehandhabt werden, so dass passende Leute teilnehmen, die Atmosphäre angemessen ist, die richtigen Diskussionsfragen gestellt werden und sichergestellt wird, dass alle Gäste zu Wort kommen, einander zuhören und dass die Diskussion ungestört vor sich gehen kann. Unbeschränkte Zeit, ein dialektisch-kontroverser und intellektuell herausfordernder Raum und intelligente Organisation sind drei wichtige Aspekte der Öffentlichkeit. Es handelt sich dabei um Vorbedingungen von Slow Media, nichtkommerziellen Medien, dekolonialisierten Medien und Medien des öffentlichen Interesses.

Ist eine neue Version des *Club 2* heute möglich? Wie könnte ein »Club 2.0« aussehen und gestaltet werden? Mit »Club 2.0« ist einerseits gemeint, dass der *Club 2* in neuer Form revitalisiert werden sollte, um die Öffentlichkeit in Zeiten des autoritären Kapitalismus zu stärken. Andererseits bedeutet die Namensgebung auch, dass man erkennt, dass die Gesellschaft nicht stillsteht, sich dynamisch entwickelt und neue öffentliche Kommunikationsrealitäten wie das Internet entstanden sind. Ein Club 2.0 braucht daher ein etwas aktualisiertes, erweitertes Konzept des *Club 2*. Ob sich der Club 2.0 von einer Möglichkeit in

CLUB 2.0

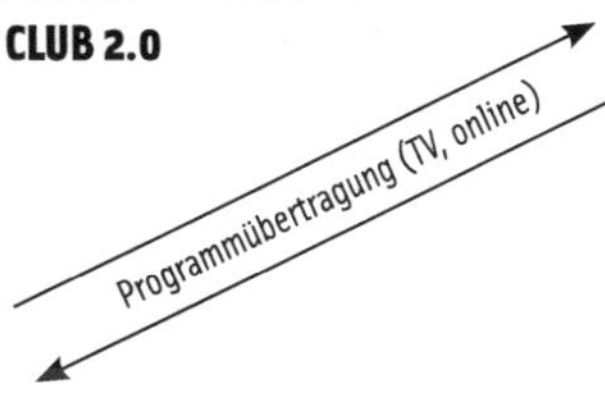

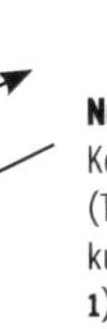

Studio

- Zeitlich offene Diskussion
- Live-Übertragung
- Unzensiert
- Kontroverse Themen
- 4-8 Teilnehmer
- Diversität der Gäste (inkl. Nicht-Experten)
- Rotation des Gastgebers
- Ledersofas & Couchtisch
- Stehlampen & dunkles Studio
- Kein Studiopublikum
- Fernsehübertragung
- Online-Übertragung auf der Videoplattform C2-Tube

Nutzergenerierte Videos als Diskussionsinputs zu zwei Zeitpunkten; Auswahl (kann variiert werden): Club 2.0 Team

- Zufall
- Auswahl durch einen zufällig bestimmten registrierten Nutzer
- Auswahl durch ein eingeladenes Publikumsmitglied

Nutzer, Publikum

Keine Verwendung bestehender Plattformen (Twitter, Facebook), internetbasierte Diskussion auf Videoplattform C2-Tube

1) Zuseher (Online, TV)

2) Diskussionsinputs

Videoplattform C2-Tube

Registrierte Nutzer (echter/voller Name; zur Registrierung wird z. B. Rundfunkgebühren-Nummer oder Adressen-Bestätigung benötigt)

Anzahl der aktiven/registrierten Nutzer ist beschränkbar

1 Diskussions-Input pro registriertem Benutzer kann während der Diskussion hochgeladen werden:

- mindestens 3 und maximal 5 Minuten lang
- Meinung & Diskussionsfrage
- Wird als Online-Video auf C2-Tube geladen

3) Publikums-/Nutzer-Diskussion:

Zwei ausgewählte Videos können diskutiert werden:

- Diskussion auf der C2-Tube Plattform
- Video- und text-basierte Kommentare:

begrenzt auf x Kommentare pro registriertem Benutzer Videokommentare: 5 Minuten lang [kürzere Kommentare sind nicht möglich]

Textbasierte Kommentare: mindestens 500 Wörter, keine Obergrenze [es ist aber z. B. unrealistisch, dass 10 000 Wörter lange Kommentare von vielen Nutzern gelesen werden]

Abbildung 8.2: Konzept des Club 2.0

Wirklichkeit verwandelt, ist nicht nur eine technische, sondern auch eine Frage der politischen Ökonomie, da die Umsetzung die Entscheidung voraussetzt, dass mit der Logik des kommerziellen, unterhaltungsorientierten Fernsehens, das von Reality TV dominiert wird, gebrochen wird. Club 2.0 wäre also auch eine politische Entscheidung für öffentlich-rechtliche Medienformate. Die Umsetzung impliziert auch wirtschaftliche Fragen, da sie einen Bruch mit den Prinzipien kolonialisierter Medien – wie hohe Geschwindigkeit, Oberflächlichkeit, Knappheit, Algorithmisierung und Automation menschlicher Kommunikation, Postfaktizität, Spektakel – bedingt. Die Umsetzung des Club 2.0 ist eine Frage von Ressourcen und der Veränderung der Machtverhältnisse im Mediensystem.

Abbildung 8.2 verdeutlicht ein mögliches Konzept für den Club 2.0. Es handelt sich dabei um eine grundsätzliche Idee, die sicherlich variiert werden kann. Die wesentlichen Aspekte sind die folgenden:

- *Club 2*-Grundregeln: Club 2.0 verwendet und erweitert die traditionellen Prinzipien des *Club 2*. Die Fernsehübertragung beruht auf den erprobten *Club 2*-Regeln, die entscheidend für die Qualität des Formats sind. Die Übertragungen des Club 2.0 sind zeitlich offen, live und unzensiert.
- *Cross-Medium:* Club 2.0 ist ein Cross-Medium, das Live-Fernsehen und Internet kombiniert und dadurch die Grenze zwischen diesen beiden Kommunikationsmitteln transzendiert.
- Online-Video: Club 2.0 wird online über eine Videoplattform live gesendet.
- Autonome soziale Medien, keine traditionellen sozialen Medien: Bestehende kommerzielle soziale Medien (YouTube, Twitter, Facebook etc.) sind nicht geeignet, da sie

nicht auf den Prinzipien von Slow Media und Medien des öffentlichen Interesses basieren. Die Benutzung von YouTube würde in Werbeunterbrechungen resultieren, die die Diskussion unterbrechen und zerstören würden.

- Autonome Videoplattform C2-Tube: Club 2.0 braucht eine eigene Online-Videoplattform (C2-Tube). C2-Tube ermöglicht es den Zusehern und Zuseherinnen, die Debatte online zu empfangen.
- Interaktivität: C2-Tube hat interaktive Möglichkeiten, die zu einem bestimmten Grad genutzt werden können.
- Nutzergenerierte Inputs: Es besteht die Möglichkeit, dass Nutzer/innen Diskussionsinputs generieren und diese aktiv in die Sendung integriert werden. Dieses Charakteristikum ist verbunden mit einer nichtanonymen Registrierung der Nutzer/innen. Anonymität ermuntert Godwins Gesetz, das besagt: »Mit zunehmender Länge einer anonymen Online-Diskussion nähert sich die Wahrscheinlichkeit für einen Vergleich mit Hitler oder den Nazis dem Wert Eins an.« Die Anzahl der registrierten und aktiven Nutzer/innen kann beschränkt werden, ihre Auswahl nach dem Zufallsprinzip erfolgen. Man kann aber auch alle registrierten Nutzer/innen an der Diskussion teilnehmen lassen. Nutzergenerierte Diskussionsinputs sollten am besten ein Videoformat haben. Die Anzahl der nutzergenerierten Diskussionsinputs, die auf die Plattform geladen werden können, sollte limitiert werden (im Idealfall auf einen Upload pro Nutzer/in). Da Informationsflut Diskussion schwierig macht, sind gewisse Limitierungen sinnvoll, um eine entschleunigte Debattenkultur zu ermöglichen. Die aktiven Nutzer/innen können auf der Plattform Diskussionsbeiträge machen.

- Schnittstelle zwischen der Studiodiskussion und der Videoplattform: Zu bestimmten Zeitpunkten der Liveübertragung wird ein nutzergeneriertes Video ausgewählt und als Input für die Studiodiskussion gezeigt. Nutzer/innen formulieren in solchen Videos ihre Meinung zum Thema und können auch Fragen einbringen. In einer zwei- bis dreistündigen Diskussion könnten vermutlich maximal zwei derartige Inputs eingesetzt werden. Es ist dabei unvermeidlich, dass ein Auswahlmechanismus benutzt wird, um zu entscheiden, welche nutzergenerierten Videos in der Livesendung gezeigt werden. Die Auswahl kann zufällig, durch das Produktionsteam, durch einen registrierten Benutzer, der zufällig bestimmt wird, durch einen Spezialgast usw. erfolgen.
- Diskussion unter Nutzer/innen: Im Club 2.0 können Nutzer/innen miteinander über das Sendungsthema diskutieren. Die Diskussion kann während und/oder nach der Livesendung stattfinden. Die ausgewählten Videos, die als Diskussionsinputs fungieren, können zur Diskussion auf C2-Tube freigeschalten werden. Kommentare sollten schriftlich oder als Video möglich sein. Es sollte eine Mindestlänge für geschriebene Kommentare und eine Maximallänge für Videokommentare geben. Um die Slow-Media-Prinzipien umzusetzen und den Twitter-Effekt des beschleunigten Stillstandes zu vermeiden, sollte die Anzahl der pro Nutzer/in und Diskussion möglichen Kommentare beschränkt werden.
- Das Vergessen der Daten: Videodaten sind sehr speicherintensiv. Daher stellt sich die Frage, was mit all jenen Videos geschehen soll, die zwar auf die Plattform geladen, aber nicht gesendet und nicht zur Diskussion geöffnet werden.

Da sie weniger Bedeutung für die öffentliche Diskussion haben, könnten sie nach einer bestimmten Zeit gelöscht werden. Dazu müssen die Nutzer/innen darauf aufmerksam gemacht werden, dass das Hochladen eines Videos in vielen Fällen mit dem Vergessen der Daten verbunden ist. Zeitgenössische soziale Medien speichern alle Daten und Meta-Daten für immer. Das Vergessen von Daten ist daher auch ein Gegenprinzip. Die Online-Diskussionen, die aus geschriebenen und Video-Kommentaren bestehen, können entweder archiviert und aufbewahrt oder nach einer bestimmten Zeit gelöscht werden.

- Datenschutzfreundlichkeit: Die meisten sozialen Medien überwachen die Nutzer/innen für wirtschaftliche und politische Zwecke, um monetäre Profite durch den Verkauf personalisierter Werbung zu erzielen und um eine Überwachungsgesellschaft zu etablieren, die mehr Sicherheit verspricht, aber die Privatsphäre unterminiert und ein Regime der kategorischen Verdächtigung aller Bürger und Bürgerinnen installiert. Club 2.0 sollte hingegen sehr datenschutzfreundlich sein und nur ein Minimum von Daten und Metadaten speichern, die notwendig sind, um die Plattform zu betreiben. Dazu gehört, dass Nutzerdaten nicht verkauft und beispielhafte Routinen des Datenschutzes verwendet werden. Datenschutz sollte also eines der Gestaltungsprinzipien des Club 2.0 sein. Dies bedeutet aber nicht, dass der Schutz der Privatsphäre dabei die Form der anonymen Diskussion annehmen sollte, da Anonymität vor allem bei politisch kontroversen Themen Online-Rowdytum fördern kann. Es geht beim Datenschutz vielmehr um die Speicherung und Nutzung von Daten.

- Soziale Produktion: Die heute dominanten sozialen Medien sind hochgradig individualistisch. Die Produktion von nutzergenerierten Videos für den Club 2.0 könnten im Gegensatz dazu die Form der kooperativen, sozialen Produktion annehmen, die den Individualismus transzendiert und wahrhaft soziale Medien schafft, so dass der Club 2.0 in Bildungsinstitutionen integriert wird, in denen Menschen gemeinsam lernen und Wissen erzeugen, indem sie Diskussionsinputs und kollektive Positionen erarbeiten und in Videoform produzieren. Dazu ist es notwendig, dass die Themen der Club-2.0-Sendungen im Vorhinein bekannt sind. Dies kann durch die Veröffentlichung eines Themenprogramms erreicht werden. Gruppen von Nutzer/innen können zusammen Videos vorbereiten, die sie am Abend der Sendung auf die Plattform laden, sobald die Upload-Möglichkeit aktiviert wird.

Der Club 2.0 ist ein Ausdruck der demokratischen digitalen Öffentlichkeit. In ihm manifestiert sich eine Kombination von Elementen deliberativer und partizipativer Demokratie. In der deliberativen Demokratie sind öffentliche Beratungs- und Diskussionsprozesse von großer Bedeutung. In der partizipativen Demokratie geht es um die Beteiligung der Bürger und Bürgerinnen. Der Club 2.0 bietet Raum und Zeit für kontroverse politische Kommunikation und ermöglicht es Bürgern und Bürgerinnen, sich kollektiv und individuell durch Videos und Kommentare an der Diskussion zu beteiligen. Der kommunikative Aspekt der deliberativen Demokratie und der Partizipationsgedanke der Basisdemokratie werden im Modell des Club 2.0 verbunden.

8.5. Schlussfolgerungen

Jürgen Habermas' Konzept der Öffentlichkeit im *Strukturwandel der Öffentlichkeit* wird von Kritikern oft als idealistisch, idealisierend, eurozentristisch und antipluralistisch dargestellt. Solche Kritiken verkennen, dass es sich dabei vor allem um einen immanenten Kritikbegriff handelt, der es ermöglicht, den realen Zustand der Gesellschaft mit deren demokratischen Möglichkeiten zu vergleichen.

Ich habe in diesem Beitrag und anderen Arbeiten für eine auf Marx und der Marx'schen Entfremdungstheorie beruhenden Interpretation von Habermas argumentiert. Dabei werden drei Formen der Entfremdung unterschieden, die die Öffentlichkeit kolonialisieren und feudalisieren: wirtschaftliche Entfremdung (Kommodifizierung und Klassenstrukturierung), politische Entfremdung (Verherrschaftlichung) und kulturelle Entfremdung (Ideologisierung).

Die kritische Theorie der Öffentlichkeit eignet sich als Grundlage einer kritischen Theorie des Internets und sozialer Medien, also des kommunikativen Handelns im Zeitalter des digitalen Kapitalismus. Sie verdeutlicht, dass das Internet und soziale Medien im digitalen Kapitalismus keine demokratische Öffentlichkeit konstituieren. Die Menschen sind im digitalen Kapitalismus mit Problemen wie digitalen Klassenverhältnissen, dem digitalen Individualismus, digitaler Überwachung, dem digitalen Autoritarismus, algorithmischer Politik, Online-Filterblasen, der digitalen Kulturindustrie, dem digitalen Boulevard, dem Influencer-Kapitalismus, der digitalen Beschleunigung und Online-Falschnachrichten konfrontiert.

Eine kritische Theorie der digitalen Öffentlichkeit sollte digitalen Defätismus und digitalen Luddismus vermeiden. Der Luddismus war eine Bewegung im sich industrialisierenden England, dessen Anhänger/innen Maschinen zerstörten, die im Kontext des Kapitalismus zu einer Verschlechterung der Arbeitsbedingungen führten (zur detaillierten Diskussion siehe Fuchs 2016d, 304–310). Digitale Technologien stehen in Wechselwirkung mit der Gesellschaft. In ihnen drücken sich die Widersprüche der Gesellschaft aus. Eine digitale Öffentlichkeit ist nicht einfach eine Demokratisierung des Internets, sondern muss mit einer Stärkung der Demokratie in Wirtschaft, Politik und Kultur einhergehen. Es gibt auch heute bereits nichtkapitalistische Formen der Wirtschaft. Im Bereich der Medien spielen dabei die öffentlich-rechtlichen Medien eine wichtige Rolle. Dieser Beitrag hat darauf hingewiesen, dass die Entwicklung eines öffentlich-rechtlichen Internets eine demokratische Alternative zum kapitalistischen Internet und zum digitalen Kapitalismus darstellt.

Rechte und rechtsextreme Kräfte haben in den letzten Jahren häufig den öffentlich-rechtlichen Rundfunk angegriffen. In der Schweiz wurde 2018 als Folge einer Initiative der den neoliberalen Jungfreisinnigen eine Volksabstimmung über die Abschaffung der Rundfunkgebühren durchgeführt. 71,6 Prozent der an der Volksinitiative teilnehmenden Bürgerinnen und Bürger stimmten gegen die Abschaffung. In Österreich wollte die FPÖ die Rundfunkgebühren durch eine Steuerfinanzierung des ORF ersetzen, wodurch dieser seine Unabhängigkeit verloren hätte. In Großbritannien will die rechte Regierung von Boris Johnson die Nichtbezahlung der Rundfunkgebühren entkriminalisieren, wodurch es zum Ende der BBC kommen könnte. Johnson und seine Anhänger kritisieren die BBC immer wieder als Manifestation einer urbanen liberalen Elite in London, die fernab der Interessen des Volkes stehe und dessen Mehrheitswillen betreffend den Brexit missachtet habe. Der Mediensprecher der deutschen AfD Martin E. Renner formuliert die Kritik an ARD und ZDF folgendermaßen:

> »Die Verfügbarkeit von Informationen, Sendungen und Programmen ist durch die Digitalisierung prinzipiell nahezu unbegrenzt. Umgekehrt besteht die Möglichkeit für jedermann über socialmedia oder eigene Plattformen Informationen und Meinungen frei zu verbreiten. [...] Durch die staatlich garantierten Zwangsbeiträge, die sich auf die unglaubliche Höhe von rund 8 Milliarden Euro pro Jahr aufsummieren, organisiert der Staat eine Marktmacht im Mediensektor und greift so in den Wettbewerb und indirekt in die Informationsfreiheit ein. [...] Um das Angebot der bestehenden öffentlich-rechtlichen Sender den Wünschen und Bedürfnissen ihrer Nutzer anzupassen, bedarf es daher nur der vollständigen Abschaffung der Zwangsgebühren. [...] Es soll so beiläufig umerzogen werden im Sinne der von ihnen definierten ›political correctness‹. Aktuell geht es darum, ›Diversität‹ zu propagieren und die schöne heile Welt des Multi-Kulturalismus zu beschwören.«[29]

Die AfD wünscht sich ein rein privatwirtschaftliches, gewinnorientiertes Mediensystem. Der öffentlich-rechtliche Demokratie- und Bildungsauftrag wird als Political Correctness denunziert. Die AfD fordert einen privatwirtschaftlichen, völkischen Rundfunk und ein kapitalistisch-völkisches Internet.

Die rechten Attacken auf den öffentlich-rechtlichen Rundfunk waren bisher noch nicht erfolgreich. In der Coronavirus-Krise haben öffentlich-rechtliche Medien eine neue Blütezeit er-

29 Datenquelle: https://www.dwdl.de/magazin/68116/afd_ohne_den_rund funkbeitrag_waere_alles_besser/page_1.html, aufgerufen am 18. April 2020.

lebt, da die Bevölkerung die öffentlich-rechtliche Kombination von Information, Bildung und Unterhaltung gerade in Krisenzeiten als unverzichtbar erachtet. Während Ende Febrauar, vor dem Beginn der Coronavirus-Krise, die RTL-Seifenoper *Gute Zeiten, schlechte Zeiten* mit 1,5 Millionen Zuseher/innen und einem Marktanteil von 20,2 % das meistgesehene TV-Programm unter den 14- bis 49-Jährigen war,[30] hatte bei derselben Zusehergruppe einen Monat später die ARD-*Tagesschau* mit 28,2 % Einschaltquote und 3,2 Millionen Zuseher/innen die höchste Reichweite.[31] Beim Gesamtpublikum ab drei Jahren erzielte die *Tagesschau* sogar elf Millionen Zuseher und eine Einschaltquote von 29,2 Prozent.[32]

Unabhängige, kritische, nichtkommerzielle öffentlich-rechtlich organisierte Medien sind ein Ausdruck der demokratischen Öffentlichkeit. Ein öffentlich-rechtliches Internet ist eine Dimension der Demokratisierung der Digitalisierung.

30 Datenquelle: https://web.archive.org/web/20200226090231/https://www.dwdl.de/zahlenzentrale, aufgerufen am 18. April 2020.

31 Datenquelle: https://web.archive.org/web/20200330171813/https://www.dwdl.de/zahlenzentrale, aufgerufen am 18. April 2020.

32 Datenquelle: https://web.archive.org/web/20200330171813/https://www.dwdl.de/zahlenzentrale, aufgerufen am 18. April 2020.

9. Schlussfolgerungen

Dieses Buch hat untersucht, wie nützlich Karl Marx' Ansätze, seine Denkweise und seine Politik für das kritische Verständnis und die Veränderung von Kommunikation, Technologie und digitalen Medien im digitalen Kapitalismus des 21. Jahrhunderts sind.

Kapitel 2 zeigte, dass es möglich ist, Marx aus einer medien- und kommunikationswissenschaftlichen Perspektive zu lesen. Im 20. Jahrhundert hat sich die Tradition einer kritischen politischen Ökonomie der Kommunikation entwickelt (siehe Mosco 2009, Hardy 2014). Seit dem Aufkommen des Computers, des Internets und des World Wide Web wird diese Tradition auch auf die digitalen Medien übertragen (Fuchs und Dyer-Witheford 2013).

In Kapitel 3 wurde argumentiert, dass Marx eine kritische Techniksoziologie entwickelt hat, die die moderne Technik im Kontext des Kapitalismus verortet und die es erlaubt, die Technik im Zusammenhang mit Aspekten der Entmenschlichung, der Entfremdung, des fixen konstanten Kapitals, der relativen Mehrwertproduktion, der reellen Subsumtion der Arbeit unter das Kapital, des Antagonismus der Produktivkräfte und der Produktionsverhältnisse, des *general intellect*, der Arbeitsteilung und der Gesellschaftsprobleme zu verstehen, zu analysieren und zu kritisieren. Marx' Ansatz erlaubt es uns, die Technologie in den Kontext der Klassenkämpfe gegen die Herrschaft und für eine auf Gemeinsamkeiten und Gemeingütern basierende Gesellschaft zu stellen.

Kapitel 4 wies darauf hin, dass der Marx'sche Ansatz uns hilft, die Grundlagen einer kritischen Theorie der Kommunikation zu begründen. Eine solche Theorie betont, dass Kommunikation ein materieller, sozialer, gesellschaftlicher, wirtschaftlicher und nicht-wirtschaftlicher, dialektischer Prozess ist. In der Analyse von Kapitalismus und Kommunikation widmet ein solcher Ansatz insbesondere der Rolle der Kommunikationsmittel, der Ideologie, des Fetischismus, der Wissens- und

Kommunikationsarbeit, der politischen Kommunikation, der globalen Kommunikation im Kapitalismus sowie den Kämpfen für alternative, demokratische Kommunikation besondere Aufmerksamkeit.

Kapitel 5 präsentierte eine Fallstudie über die Anwendung der Marx'schen Analyse auf die Technologien der Industrie 4.0. Dabei handelt es sich um Technologien, die das Internet der Dinge, Big Data, soziale Medien, Cloud Computing, Sensoren, Künstliche Intelligenz und Robotik bei der Produktion, Verteilung und Nutzung von physischen Gütern kombinieren. Besonders in Deutschland existieren große Hoffnungen auf die positiven und transformativen Auswirkungen von Industrie 4.0. Die Bourgeoisie hat zu diesem Zweck die vierte industrielle Revolution ausgerufen. Das Kapitel zeigte, dass Industrie 4.0 überwiegend eine Ideologie ist, die auf neue Formen der Automatisierung im verarbeitenden Gewerbe abzielt, um die Arbeitskosten zu senken. Damit hofft die Industriebourgeoisie, die Profitrate der verarbeitenden Industrie zu erhöhen.

In Kapitel 6 wurde das Buch *Assembly* von Michael Hardt und Antonio Negri diskutiert. Es ist eine Modeerscheinung in bestimmten marxistischen Gruppen geworden, Abhandlungen gegen Hardt und Negri zu schreiben und deren Ansatz abzulehnen. Obwohl man durchaus Kritik üben kann, scheinen die Angriffe gegen Hardt und Negri oft von Neid, Sektierertum und Orthodoxie motiviert zu sein. Eine der Errungenschaften, die anerkannt werden sollten, besteht darin, dass Hardt und Negri kontinuierlich betont und andere daran erinnert haben, dass der digitale Kapitalismus eine der wichtigsten Dimensionen der heutigen kapitalistischen Gesellschaft ist.

Das Jahr 2020 wird als das Coronavirus-Jahr in die Geschichte eingehen. Die Gesellschaft und der Kapitalismus wurden durch die Pandemie lahmgelegt. Kapitel 7 analysierte, wie sich das Alltagsleben und die Alltagskommunikation in Zeiten des Coronavirus verändert haben und welche Rolle dabei digitale Technologien spielen. Das Zuhause wurde zu einem Supra-Ort, in dem vermittelt über digitale Kommunikationstechnologien Arbeit und Freizeit, verschiedene soziale und gesellschaftliche Rollen und Praktiken konvergieren. Falschnachrichten, die über soziale Medien verbreitet werden, spielten in dieser Krise eine signifikante Rolle. Benachteiligte Gruppen sind in solchen Krisen von den immanenten Risiken des Virus besonders betroffen.

Die durch das Coronavirus verursachte Krise ist eine existenzielle Krise der Menschheit und der Gesellschaft. Sie konfrontiert die Menschen in radikaler Weise mit dem Tod und der Angst vor dem Tod. Diese kollektive Erfahrung kann einerseits zu neuen Formen der Solidarität und des Sozialismus führen. Wenn jedoch Ideologie und die extreme Rechte sich durchsetzen, kann es andererseits zum Fortschreiten von Krieg und Faschismus kommen. Politisches Handeln und politische Ökonomie sind in einer derart tiefen Krise, die die Gesellschaft und das Alltagsleben erschüttert, entscheidende Faktoren.

Milliarden von Menschen nutzen soziale Medien wie Facebook, YouTube, Instagram oder Twitter. Im Rahmen des Aufstiegs von »Fake News« und der »postfaktischen Kultur« wird viel darüber geredet, welche (anti-)demokratischen Potenziale soziale Medien im Kapitalismus aufweisen. Kapitel 8 setzte sich mit der digitalen Öffentlichkeit auseinander und stellte die Frage nach dem (anti-)demokratischen Charakter sozialer Medien im Kapitalismus und im Postkapitalismus. Es bediente sich dazu Habermas' Konzept der Öffentlichkeit und setzte dieses mit dem Marx'schen Begriff der Entfremdung in Verbindung. Diese Theorie-Fusion wurde verwendet, um zu zeigen, dass es sich beim digitalen Kapitalismus und bei den kapitalistischen sozialen Medien um keine Öffentlichkeit, sondern um eine Gefahr für die Demokratie handelt. Ein öffentlich-rechtliches Internet ist im Gegensatz dazu eine Form der digitalen Öffentlichkeit und der digitalen Demokratie.

Die in diesem Buch präsentierten Kapitel wurden in verschiedenen Kontexten geschrieben, haben aber das gemeinsame Ziel zu zeigen, dass Marx' Werke nicht veraltet sind, sondern ein wichtiges intellektuelles Kampfmittel darstellen, das unsere kritischen Interpretationsmöglichkeiten des digitalen Kapitalismus stärkt. Solche Fähigkeiten werden als eine Grundlage der Kämpfe für den kommunikativen und digitalen Sozialismus benötigt.

Karl Marx ist häufig für tot erklärt worden. Bourgeoise und postmoderne Intellektuelle haben immer wieder betont, dass Marx' Theorien veraltet, reduktionistisch, deterministisch, totalitär usw. seien. In Wirklichkeit ist Marx aktuell, dialektisch und demokratisch. Während die bürgerliche Marx-Kritik darauf abzielt, jegliche Kritik am Kapitalismus zum Schweigen zu bringen, neigt die postmoderne Kritik dazu, Identitätspolitik für wichtiger als Klassenpolitik zu halten, und postuliert, dass Letztere heute nicht mehr zählt.

Sozioökonomische Ungleichheiten und die Wirtschaftskrise des Kapitalismus, die 2008 begann, haben deutlich gemacht, dass der Ansatz von Marx hochaktuell ist. Obwohl seine sterblichen Überreste auf dem Friedhof von Highgate in London begraben sind, ist Marx nicht tot, solange der Kapitalismus lebt. Dass Marx am Leben ist, bedeutet, dass Kritik des Kapitalismus und der Klassenverhältnisse notwendig ist. Eine solche Kritik ist immer eine dialektische Kritik, das heißt, sie ist relativ, dynamisch, materialistisch und nimmt eine klassen-
kämpferische Perspektive ein.

Marx neu zu lesen und zu wiederholen bedeutet sicherlich, die kritische Theorie des Kapitalismus und der Klasse zu erneuern. Marx' Theorie und darauf aufbauende theoretische Ansätze haben notwendigerweise einen Schwerpunkt auf Kapitalismus und Klasse. Aber während bürgerliche und postmoderne Theorien Kapitalismus und Klasse einfach ignoriert haben, sollte eine zeitgenössische marxistische Theorie nicht den Fehler begehen, lediglich über Kapitalismus und Klasse zu sprechen.

Dieses Buch zeigt, dass die erneute Lektüre von Marx unser kritisches Denken über Technologie, Kommunikation, Automatisierung, digitale Technologien, digitale Öffentlichkeit und digitalen/kommunikativen Kapitalismus inspirieren kann. Die Analyse dieser Phänomene aus einer Marx'schen Perspektive erfordert, dass wir sie mit der Analyse von Klassenkämpfen, Macht und Kapitalismus in Beziehung setzen. Marx hatte wesentliche Dinge über Kommunikation und Technologien zu sagen, die die Grundlage einer kritischen Theorie der Kommunikation und Technologie bilden können.

Das Wiederlesen von Marx geht selbstverständlich nicht davon aus, dass sich der Kapitalismus seit dem 19. Jahrhundert nicht verändert hat. Es wird oft behauptet, dass Marx' Analyse sich auf den britischen Kapitalismus des 19. Jahrhunderts beschränke und daher überholt sei, wenn es um die Analyse der zeitgenössischen Gesellschaft geht. Aber Marx' dialektische Methodologie und Theorie basieren nicht nur auf der dialektischen Logik, sondern legen auch einen dialektischen Geschichtsbegriff nahe. Die Gesellschaft verändert sich durch Krisen und menschliche Praktiken wie Revolutionen. Marx ging nicht da-

von aus, dass sich die Gesellschaft nie verändert, sondern argumentierte vielmehr, dass die Gesellschaft von einer Dialektik des Wandels und der Kontinuität geprägt ist. Der digitale und kommunikative Kapitalismus hat die gleichen Grundstrukturen wie der Kapitalismus des 19. Jahrhunderts. Aber diese Grundstrukturen drücken sich in neuen Wegen und Formen aus. Der Kapitalismus des 21. Jahrhunderts ist weder völlig anders noch völlig identisch mit dem Kapitalismus des 19. Jahrhunderts.

Wenn wir von digitalem und kommunikativem Kapitalismus sprechen, dann meinen wir eine Tendenz und Dimension des zeitgenössischen Kapitalismus. Der Kapitalismus ist viele Kapitalismen gleichzeitig, die interagieren, ineinander übergreifen und dialektisch vermittelt sind: Finanzkapitalismus, digitaler/kommunikativer Kapitalismus, Mobilitätskapitalismus, hyperindustrieller Kapitalismus usw. So erhalten z. B. große digitale Medienkonzerne in den USA oft Injektionen durch Venture-Kapital und werden an den Finanzmärkten gehandelt, was auf eine Verbindung von Finanzkapitalismus und digitalem Kapitalismus hinweist.

Marx' Dialektik ist ein wichtiges Denk- und Praxiswerkzeug, um heute über Kommunikation, Technologie und das Digitale nachzudenken. Sie ermöglicht es uns, Kommunikation, Technologie und das Digitale im Sinne von Widersprüchen zu begreifen. Dadurch kann man technologische und andere Formen des Determinismus, Reduktionismus, Individualismus, Strukturalismus oder Relativismus vermeiden. Marx ist insofern praxisorientiert, als er betont, dass in antagonistischen Gesellschaften Klassen- und andere gesellschaftliche Kämpfe entscheidende Faktoren sind, die die Entwicklung beeinflussen. Neben der Praxis als subjektivem Faktor gibt es auch objektive Krisentendenzen, die die Entwicklung beeinflussen. Die Entwicklung der Gesellschaft wird durch eine Dialektik von Subjekt und Objekt geprägt. Die objektiven Antagonismen der Gesellschaft verursachen gesellschaftliche Kämpfe, die wiederum die Entwicklung der Antagonismen der Gesellschaft bedingen.

Die heutige Lektüre von Marx kann uns dazu inspirieren, die zeitgenössischen kapitalistischen Gesellschaften zu verstehen und zu kritisieren, die in erheblichem Maße von Kommunikationstechnologien, digitalen Technologien, Wissensarbeit, digitaler Arbeit, Ideologie, der Kommerzialisierung und Kommodifizierung der Gemeingüter und sozialer Beziehungen abhängen. Sie kann aber nicht nur Analysen der kapitalistischen Gesellschaft, sondern auch Kämpfe inspirieren, die auf eine bessere Gesellschaft abzielen. Eine auf Gemeingütern basierende Gesellschaft ist eine partizipatorische Demokratie. Die Auseinandersetzung mit Aspekten der Kommunikation und Technologie auf der Grundlage von Marx ermöglicht es uns, den widersprüchlichen Charakter des kommunikativen/digitalen Kapitalismus zu verstehen. Marx kann uns dazu inspirieren, Wege zu einem kommunikativen und digitalen Sozialismus vorzustellen und diese Wege zu Zielen zu machen, die unser Handeln anleiten.

Bibliografie

Adler, Max. 1918. Die sozialistische Idee der Befreiung bei Karl Marx. Zu seinem hundertsten Geburtstage am 5. Mai 1918. *Max Adler: Ausgewählte Schriften*, hrsg. Norbert Leser & Alfred Pfabigan, 478–489. Wien: Österreichischer Bundesverlag.

Aichholzer, Georg et al. 2015. Industrie 4.0. *Foresight & Technkfolgenabschätzung zur gesellschaftlichen Dimension der nächsten industriellen Revolution. Zusammenfassender Endbericht*. Wien: Österreichische Akademie der Wissenschaften.

Andersen, Kristian G. 2020. The Proximal Origin of SARS-CoV-2. *Nature Medicine*, https://doi.org/10.1038/s41591-020-0820-9.

Andrejevic, Mark. 2007. *iSpy: Surveillance and Power in the Interactive Era*. Lawrence, KS: University Press of Kansas.

Antonowa, Irina. 1982. Der Platz des Sechsten Kapitels »Resultate des unmittelbaren Produktionsprozesses« in der Struktur des »Kapitals«. *Beiträge zur Marx-Engels-Forschung* 11: 63–72.

APA (Austria Presse Agentur). 2020. 153 100 mehr Arbeitslose seit 15. März. *Wiener Zeitung*, 25. März 2020, https://www.wienerzeitung.at/nachrichten/wirtschaft/oesterreich/2055625-153.100-mehr-Arbeitslose-seit-15.-Maerz.html.

Arbeiter-Zeitung. 1918. Karl Marx. *Arbeiter-Zeitung*, 5. Mai 1918.

Austrian Institute of Technology, WIFO & Fraunhofer Austria Research. 2017. *Beschäftigung und Industrie 4.0*. Wien: Bundesministerium für Verkehr, Innovation und Technologie.

Barbrook, Richard. 2007. *Imaginary Futures*. London: Pluto Press.

Beck, Ulrich. 1986. *Risikogesellschaft. Auf dem Weg in eine andere Moderne*. Frankfurt am Main: Suhrkamp.

Bell, Daniel. 1975. *Die nachindustrielle Gesellschaft*. Frankfurt am Main: Campus.

Bitkom. 2015. *Umsetzungsstrategie Industrie 4.0. Ergebnisbericht der Plattform Industrie 4.0*. Berlin: Bitkom.

Bloch, Ernst. 1976. *Das Prinzip Hoffnung. Dritter Band*. Frankfurt am Main: Suhrkamp.

Böhm-Bawerk, Eugen. 1896/1949. *Karl Marx and the Close of His System*. New York: Kelley.

Boltanski, Luc and Arnaud Esquerre. 2017. Enrichment, Profit, Critique. A Rejoinder to Nancy Fraser. *New Left Review* 106: 67–76.

Boltanski, Luc and Arnaud Esquerre. 2016. The Economic Life of Things. Commodities, Collectibles, Assets. *New Left Review* 98: 31–54.

Braverman, Harry. 1974/1998. *Labor and Monopoly Capital. The Degradation of Work in the Twentieth Century*. New York: Monthly Review Press.

Brödner, Peter. 2015. Industrie 4.0 und Big Data. Kritik einer technikzentrierten Perspektive. *Z – Zeitschrift Marxistische Erneuerung* 103: 75–84.

Buhr, Manfred and Alfred Kosing.1979. *Kleines Wörterbuch der Marxistisch-Leninistischen Philosophie*. Opladen: Westdeutscher Verlag. Vierte Auflage.

Bullough, Oliver. 2016. Review of Karl Marx: Greatness and Illusion. *The Guardian Online*, 14. August 2016, https://www.theguardian.com/books/2016/aug/14/karl-marx-greatness-and-illusion-review-gareth-stedman-jones.

Bundesminsterium für Arbeit und Soziales. 2015. *Grünbuch Arbeiten 4.0*. Berlin: Bundesminsterium für Arbeit und Soziales.

Bundesministerium für Bildung und Forschung. 2013. *Zukunftsbild »Industrie 4.0«*. Bonn: Bundesministerium für Bildung und Forschung.

Bundesministerium für Wirtschaft und Energie. 2015. *Industrie 4.0. Volks- und betriebswirtschaftliche Faktoren für den Standort Deutschland. Eine Studie im Rahmen der Begleitforschung zum Technologieproramm AUTONOMIK für Industrie 4.0*. Berlin: Bundesministerium für Wirtschaft und Energie.

Butollo, Florian und Thomas Engel. 2015. Industrie 4.0 – arbeits- und gesellschaftspolitische Perspektiven. *Z – Zeitschrift Marxistische Erneuerung* 103: 29–41.

Calisher, Charles et al. 2020. Statement in Support of the Scientists, Public Health Professionals, and Medical Professionals of China Combatting COVID-19. *The Lancet* 395: e42-e43, https://doi.org/10.1016/S0140-6736(20)30418-9.

Callinicos, Alex. 2016. Marx Deflated. *International Socialism Online*, 27. September 2016, http://isj.org.uk/marx-deflated.

Carver, Terrell. 2016. Review of Karl Marx: Greatness and Illusion. *Marx & Philosophy Review of Books*, 24. September 2016, http://marxandphilosophy.org.uk/reviewofbooks/reviews/2016/2456.

Cleaver, Harry. 2011. *»Das Kapital« politisch lesen*. Wien: Mandelbaum.

Cohen, John. 2020a. Mining Coronavirus Genomes for Clues to the Outbreak's Origins. *Science Magazine*, 31. Jänner 2020, https://www.sciencemag.org/news/2020/01/mining-coronavirus-genomes-clues-outbreak-s-origins.

Cohen, John. 2020b. Scientists »Strongly Condemn« Rumors and Conspiracy Theories About Origin of Coronavirus Outbreak. *Science Magazine*, 19. Februar 2020.

Consalvo, Mia und Charles Ess, Hrsg. 2012. *The Handbook of Internet Studies*. Oxford: Wiley-Blackwell.

Cornwall, John L. 2010. Economic Growth. In *Encyclopaedia Britannica Online*, https://www.britannica.com/topic/economic-growth.

Davis, Mike. 2020. In a Plague Year. *Jacobin*, 14. März 2020, https://jacobinmag.com/2020/03/mike-davis-coronavirus-outbreak-capitalism-left-international-solidarity.

Dean, Jodi. 2010. *Blog Theory*. Cambridge, MA: Polity.

Debs, Eugene, V. 1918. Karl Marx the Man: An Appreciation. *St. Louis Labor* 900 (4. Mai 1918).

Die Neue Zeit. 1918. Karl Marx. *Die Neue Zeit* 36, 3. Mai 1918: 97–103.

Dörre, Klaus. 2016. Industrie 4.0 – Neue Prosperität oder Vertiefung gesellschaftlicher Spaltungen? *DFG-KollegforscherInnengruppe Postwachstumsgesellschaften Working Paper 02/2016*. Jena: Universität Jena.

Dörre, Klaus. 2015. Digitalisierung – Neue Prosperität oder Vertiefung gesellschaftlicher Spaltungen? In *Digitalisierung industrieller Arbeit: Die Vision Industrie 4.0 und ihre sozialen Herausfor-*

derungen, hrsg. Hartmut Hirsch-Kreinsen, Peter Ittermann und Jonathan Niehaus, 269–284. Baden-Baden: Nomos.

Dyer-Witheford, Nick. 2015. *Cyber-Proletariat: Global Labour in the Digital Vortex*. London: Pluto.

Dyer-Witheford, Nick. 1999. *Cyber-Marx. Cycles and Circuits of Struggle in High-Technology Capitalism*. Urbana, IL: University of Illinois Press.

Dyer-Witheford, Nick and Greig De Peuter. 2009. *Games of Empire: Global Capitalism and Video Games*. Minneapolis, MN: University of Minnesota Press.

Eagleton, Terry. 2013. Why I Never Use Email. *Prospect Magazine*, http://www.prospectmagazine.co.uk/magazine/terry-eagleton-email-internet.

Eagleton, Terry. 2011. *Warum Marx recht hat*. Berlin: Ullstein.

Engels, Friedrich. 1887/88. Anti-Dühring: Herrn Eugen Dührings Revolution in Science. In *Marx & Engels Collected Works (MECW) Volume 25*, 1–309. London: Lawrence & Wishart.

Engels, Friedrich. 1886. Ludwig Feuerbach and the End of Classical German Philosophy. In *Marx & Engels Collected Works (MECW) Volume 26*, 353–398. London: Lawrence & Wishart.

Engels, Friedrich. 1845. Die Lage der arbeitenden Klasse in England. Nach eigner Anschauung und authentischen Quellen. In *Marx Engels Werke (MEW) Band 2*, 225–506. Berlin: Dietz.

Engels, Friedrich. 1844. Die Lage Englands. In *Marx Engels Werke (MEW) Band 1*, 525–592. Berlin: Dietz.

FAZ. 2017. Der falsche Prophet. *FAZ Online*, 8. Juli 2017.

Fiedler, Alfred. 1918. Das tausendjährige Reich. Zum 100. Geburtstag von Karl Marx (5. Mai). *Berliner Volkszeitung*, 5. Mai 1918.

Fisher, Eran. 2010. *Media and New Capitalism in the Digital Age*. Basingstoke: Palgrave Macmillan.

Fitzgerald, Jack. 1918. The Centenary of Marx. *Socialist Standard*, Mai 1918, https://www.marxists.org/archive/fitzgerald/marxcentenary.htm.

Fornäs, Johan. 2013. *Capitalism: A Companion to Marx's Economy Critique*. London: Routledge.

Forschungsunion Wirtschaft – Wissenschaft & Deutsche Akademie der Technikwissenschaften. 2013. *Umsetzungsempfehlungen für das Zukunftsprojekt Industrie 4.0*. Frankfurt am Main: Plattform Industrie 4.0.
Fraser, Nancy. 2017. A New Form of Capitalism? A Reply to Boltanski and Esquerre. *New Left Review* 106: 57–65.
Fuchs, Christian. 2021. *Social Media: A Critical Introduction*. London: Sage. Dritte Auflage. (deutsche Übersetzung: Fuchs, Christian. 2021. *Soziale Medien und Kritische Theorie. Eine Einführung*. München: UVK/utb. Zweite, vollständige überarbeitete Auflage).
Fuchs, Christian. 2020a. *Kommunikation und Kapitalismus. Eine kritische Theorie*. München: UVK/utb.

Fuchs, Christian. 2020b. *Nationalism on the Internet: Critical Theory and Ideology in the Age of Social Media and Fake News*. New York: Routledge.
Fuchs, Christian. 2020c. *Marxism: Karl Marx's Fifteen Key Concepts for Cultural & Communication Studies*. New York: Routledge.
Fuchs, Christian. 2019a. Herbert Marcuse: Einige gesellschaftliche Folgen moderner Technologie. *Zeitschrift für Didaktik der Philosophie und Ethik* 41 (1): 70–74.
Fuchs, Christian. 2019b. *Soziale Medien und Kritische Theorie. Eine Einführung*. München: UVK/utb.
Fuchs, Christian. 2019c. *Rereading Marx in the Age of Digital Capitalism*. London: Pluto.
Fuchs, Christian. 2019d. Henri Lefebvre's Theory of the Production of Space and the Critical Theory of Communication. *Communication Theory* 29 (2): 129_150, https://doi.org/10.1093/ct/qty025.
Fuchs, Christian. 2018. *Digitale Demagogie: Autoritärer Kapitalismus in Zeiten von Trump und Twitter*. Hamburg: VSA.
Fuchs, Christian. 2017a. From Digital Positivism and Administrative Big Data Analytics Towards Critical Digital and Social Media Research! *European Journal of Communication* 32 (1): 37–49.
Fuchs, Christian. 2017b. Preface: Horst Holzer's Marxist Theory of Communication. *tripleC: Communication, Capitalism & Critique* 15 (2): 686–725.

Fuchs, Christian. 2017c. Raymond Williams' Communicative Materialism. *European Journal of Cultural Studies* 20 (6): 744–762.
Fuchs, Christian. 2017d. *Social Media: A Critical Introduction*. London: Sage. Zweite Auflage.
Fuchs, Christian. 2017e. Towards the Public Service Internet as Alternative to the Commercial Internet. *ORF Texte No. 20 – Öffentlich-Rechtliche Qualität im Diskurs*, 43–50. Wien: ORF.
Fuchs, Christian. 2016a. *Critical Theory of Communication. New Readings of Lukács, Adorno, Marcuse, Honneth and Habermas in the Age of the Internet*. London: University of Westminster Press.
Fuchs, Christian. 2016b. Digital Labor and Imperialism. *Monthly Review* 67 (8): 14–24.

Fuchs, Christian. 2016c. Henryk Grossmann 2.0: A Critique of Paul Mason's Book »PostCapitalism: A Guide to Our Future«. *tripleC: Communication, Capitalism & Critique* 14 (1): 232–243.
Fuchs, Christian. 2016d. *Marx lesen im Informationszeitalter. Eine medien- und kommunikationswissenschaftliche Perspektive auf »Das Kapital. Band 1«*. Münster: Unrast.
Fuchs, Christian. 2016e. Social Media and the Public Sphere. *tripleC: Communication, Capitalism & Critique* 12 (1): 57–101.
Fuchs, Christian. 2015a. Anti-Semitism, Anti-Marxism, and Technophobia: The Fourth Volume of Martin Heidegger's *Black Notebooks* (1942–1948). *tripleC: Communication, Capitalism & Critique* 13 (1): 93–100.
Fuchs, Christian. 2015b. *Culture and Economy in the Age of Social Media*. New York: Routledge.
Fuchs, Christian. 2015d. Martin-Heidegger's Anti-Semitism: Philosophy of Technology and the Media in the Light of the »Black Notebooks«. Implications for the Reception of Heidegger in Media and Communication Studies. *tripleC: Communication, Capitalism & Critique* 13 (1): 55–78.
Fuchs, Christian. 2014a. *Digital Labour and Karl Marx*. New York: Routledge.
Fuchs, Christian. 2014b. *OccupyMedia! The Occupy Movement and Social Media in Crisis Capitalism*. Winchester: Zero Books.

Fuchs, Christian. 2013. Why and How to Read Marx's »Capital«? Reflections on Johan Fornäs' Book »Capitalism. A Companion to Marx's Economy Critique«. *tripleC: Communication, Capitalism & Critique* 11 (2): 294–309.

Fuchs, Christian. 2012. Towards Marxian Internet Studies. *tripleC: Communication, Capitalism & Critique* 10 (2): 392–412.

Fuchs, Christian. 2011. *Foundations of Critical Media and Information Studies*. Abingdon: Oxon.

Fuchs, Christian. 2008. *Internet and Society: Social Theory in the Information Age*. New York: Routledge.

Fuchs, Christian and Nick Dyer-Witheford. 2013. Karl Marx@Internet Studies. *New Media & Society* 15 (5): 782–796.

Fuchs, Christian and Eran Fisher, Hrsg. 2015. *Reconsidering Value and Labour in the Digital Age*. Basingstoke: Palgrave Macmillan.

Fuchs, Christian and Vincent Mosco, Hrsg. 2016a. *Marx and the Political Economy of the Media*. Leiden: Brill.

Fuchs, Christian and Vincent Mosco, Hrsg. 2016b. *Marx in the Age of Digital Capitalism*. Leiden: Brill.

Fuchs Christian and Vincent Mosco, Hrsg. 2012. Special Issue: Marx is Back. The Importance of Marxist Theory and Research for Critical Communication Studies Today. *tripleC: Communication, Capitalism & Critique* 10 (2): 127–632.

Galton, Francis. 1909. *Essays in in Eugenics*. London: The Eugenics Education Society.

Garrison, Randy D. 2011. *E-Learning in the 21st Century. A Framework for Research and Practice*. New York: Routledge. Zweite Auflage.

Geras, Norman. 2015. *The Legacy of Rosa Luxemburg*. London: Verso.

Gerbaudo, Paolo. 2012. *Tweets and the Streets. Social Media and Contemporary Activism*. London: Pluto.

Giddens, Anthony. 1997. *Die Konstitution der Gesellschaft. Grundzüge einer Theorie der Strukturierung*. Frankfurt am Main: Suhrkamp. Dritte Auflage.

Goethe, Johann Wolfgang von. 1914. *West-Eastern Divan*. London: Dent & Sons.

Golding, Peter and Graham Murdock, Hrsg. 1997. *The Political Economy of the Media. 2 Volumes*. Cheltenham: Edward Elgar.

Goodwin, Peter. 2018. Where's the Working Class? *tripleC: Communication, Capitalism & Critique* 18 (2) [in this special issue].
Gorz, André. 1989. *Critique of Economic Reason*. London: Verso.
Gorz, André. 1982. *Farewell to the Working Class: An Essay on Post-Industrial Socialism*. London: Pluto.
Gramsci, Antonio. 1918. Our Marx. *The Gramsci Reader: Selected Writings, 1916–1935*, hrsg. David Forgacs, 36–40. New York: NYU Press.
Gray, John. 2016. The Dialectical Man. *Literary Review*, August 2016, https://literaryreview.co.uk/the-dialectical-man.
Grossmann, Henryk. 1929/1992. *The Law of Accumulation and Breakdown of the Capitalist System. Being also a Theory of Crises*. London: Pluto.

Habermas, Jürgen. 2008. Hat die Demokratie noch eine epistemische Dimension? Empirische Forschung und normative Theorie. *Ach, Europa*, 138–191. Frankfurt am Main: Suhrkamp.
Habermas, Jürgen. 1990. *Strukturwandel der Öffentlichkeit. Untersuchungen zu einer Kategorie der bürgerlichen Gesellschaft*. Frankfurt am Main: Suhrkamp. Neuauflage.
Habermas, Jürgen. 1981a. *Theorie des kommunikativen Handelns, Band 1*. Frankfurt am Main: Suhrkamp.
Habermas, Jürgen. 1981b. *Theorie des kommunikativen Handelns, Band 2*. Frankfurt am Main: Suhrkamp.
Horkheimer, Max. 1990. *Zur Kritik der instrumentellen Vernunft*. Frankfurt am Main: Fischer.
Hain, Peter. 2016. Karl Marx: Greatness and Illusion. *Progress Online*, 12. September 2016, http://www.progressonline.org.uk/2016/09/12/karl-marx-greatness-and-illusion.
Hardt, Michael und Antonio Negri. 2018. *Assembly. Die neue demokratische Ordnung*. Frankfurt am Main: Campus.
Hardt, Michael und Antonio Negri. 2010. *Common Wealth. Das Ende des Eigentums*. Frankfurt am Main: Campus.
Hardt, Michael und Antonio Negri. 2004. *Multitude. Krieg und Demokratie im Empire*. Frankfurt am Main: Campus.
Hardt, Michael und Antonio Negri. 2002. *Empire. Die neue Weltordnung*. Frankfurt am Main: Campus.

Hardy, Jonathan. 2014. *Critical Political Economy of the Media: An Introduction*. London: Routledge.
Harvey, David. 2020. Anti-Capitalist Politics in the Time of COVID-19. *Jacobin*, 20. März 2020, https://jacobinmag.com/2020/03/david-harvey-coronavirus-political-economy-disruptions.
Harvey, David. 2018. *Marx' 2. Band des »Kapital« lesen: Ein Begleiter zum Verständnis der Kreisläufe des Kapitals*. Hamburg: VSA.
Harvey, David. 2017. *Marx, Capital and the Madness of Economic Reason*. London: Profile Books.
Harvey, David. 2014. *Seventeen Contradictions and the End of Capitalism*. Oxford: Oxford University Press.

Harvey, David. 2013. *A Companion to Marx's Capital Volume 2*. London: Verso.
Harvey, David. 2012. *Rebel Cities. From the Right to the City to the Urban Revolution*. London: Verso.
Harvey, David. 2011. *Marx' Kapital lesen: Ein Begleiter für Fortgeschrittene und Einsteiger*. Hamburg: VSA.
Harvey, David. 2010a. *A Companion to Marx's Capital*. London: Verso.
Harvey, David. 2010b. *The Enigma of Capital and the Crises of Capitalism*. Oxford: Oxford University Press.
Harvey, David. 2005a. *A Brief History of Neoliberalism*. Oxford: Oxford University Press.
Harvey, David. 2005b. Space as Keyword. In *Spaces of Neoliberalization*, 93–115. Stuttgart: Franz Steiner Verlag.
Harvey, David. 2003. *The New Imperialism*. Oxford: Oxford University Press.
Harvey, David. 2001. *Spaces of Capital. Towards a Critical Geography*. New York: Routledge.
Harvey, David. 1989. *The Condition of Postmodernity. An Enquiry into the Origins of Cultural Change*. Oxford: Blackwell.
Harvey, David. 1982/2006. *The Limits to Capital*. London: Verso.
Harvey, David, Michael Hardt and Antonio Negri. 2009. *Commonwealth*: An Exchange. *Artforum* 48 (3): 210–221.
Hegel, Georg Wilhelm Friedrich. 1830. *Enzyklopädie der philosophischen Wissenschaften I Grundrisse. Erster Teil: Die Wissenschaft der*

Logik. Mit den mündlichen Zusätzen. Hegel Werke Band 8. Frankfurt am Main: Suhrkamp.

Heinrich, Michael. 2018. *Kritik der politischen Ökonomie. Eine Einführung*. Stuttgart: Schmetterling. 14. Auflage.

Heinrich, Michael. 2014. The »Fragment on Machines«: A Marxian Misconception in the *Grundrisse* and its Overcoming in *Capital. In Marx's Laboratory. Critical Interpretations of the Grundrisse*, hrsg. Riccardo Bellofiore, Guido Starosta und Peter D. Thomas, 197–212. Chicago, IL: Haymarket.

Heinrich, Michael. 2013. Crisis Theory, the Law of the Tendency of the Profit Rate to Fall, and Marx's Studies in the 1870s. *Monthly Review* 64 (11): 15–31.

Hirsch-Kreinsen, Hartmut und Michael ten Hompel. 2016. Digitalisierung industrieller Arbeit. Entwicklungsperspektiven und Gestaltungsansätze. *Handbuch Industrie 4.0: Produktion, Automatisierung und Logistik*, hrsg. Birgit Vogel-Heuser, Thomas Bauernhansel und Michael ten Hompel, 1–20. Berlin: Springer.

Holtgrewe, Ursula, Thomas Riesenecker-Caba und Jörg Flecker. 2015. *»Industrie 4.0« – eine arbeitssoziologische Einschätzung. Endbericht für die AK Wien*. Wien: FORBA.

Holzer, Horst. 1975. *Theorie des Fernsehens: Fernseh-Kommunikation in der Bundesrepublik Deutschland*. Hamburg: Hoffmann und Campe.

Huws, Ursula. 2015. *Labor in the Global Digital Economy: The Cybertariat Comes of Age*. New York: Monthly Review Press.

Huws, Ursula. 2003. *The Making of a Cybertariat. Virtual Work in a Real World*. New York: Monthly Review Press.

Igelsböck, Judith et al. 2016. *Bestandsaufnahme Arbeitspolitik in Oberösterreich: Herausforderungen und Perspektiven im Kontext von Industrie 4.0 und veränderten Marktanforderungen*. Linz: Institut für Arbeitsforschung und Arbeitspolitik an der Johannes Kepler Universität Linz.

Jameson, Frederic. 2011. *Representing Capital: A Reading of Volume One*. London: Verso.

Jenkins, Henry. 2008. *Convergence Culture*. New York: New York University Press.

Jhully, Sut. 2006. *The Spectacle of Accumulation. Essays in Culture, Media, & Politics*. New York: Peter Lang.

Kautsky, Karl. 1918. Marx über Realpolitik. *Arbeiterwille: Organ des arbeitenden Volkes für Steiermark und Kärnten*, 5. Mai 1918.

Kliman, Andrew, Alan Freeman, Nick Potts, Alexey Gusey and Brendan Cooney. 2013. The Unmaking of Marx's Capital: Heinrich's Attempt to Eliminate Marx's Crisis Theory. *SSRN Working Papers Series*, 22. Juli 2013, http://mpra.ub.uni-muenchen.de/48535/1/MPRA_paper_48535.pdf.

Kofler, Leo. 1970. Marxismus und Sprache. *Stalinismus und Bürokratie*, 115–182. Neuwied am Rhein: Luchterhand.

Kopecki, Dawn. 2020. WHO Officials Warn US President Trump Against Calling Cornavirus the »Chinese Virus«. *CNBC*, 18. März 2020, https://www.cnbc.com/2020/03/18/who-officials-warn-us-president-trump-against-calling-coronavirus-the-chinese-virus.html.

Lam, Tommy Tsan-Yuk et al. 2020. Identifying SARS-CoV-2 Related Coronaviruses in Malayan Pangolins. *Nature*, https://doi.org/10.1038/s41586-020-2169-0.

Lefebvre, Henri. 2002. *Critique of Everyday Life. Volume II: Foundations for a Sociology of the Everyday*. London: Verso.

Lefebvre, Henri. 1974/1991. *The Production of Space*. Malden, MA: Blackwell.

Left Communists. 1918. *The Left Communists' Theses on the Current Situation*. https://libcom.org/library/theses-left-communists-russia-1918.

Lenin, Vladimir I. 1918. »Left-Wing« Childishness and the Petty-Bourgeois Mentality. *Lenin Collected Works Volume 27*, 323–354. Moscow: Progress.

Lent, John und Michelle Amazeen, Hrsg. 2015. *Key Thinkers in Communication Scholarship*. New York: Palgrave Macmillan.

Li, Xiang et al. 2020. Bat Origin of a New Human Coronavirus: There and Back Again. *Science China Life Sciences* 63: 461–462, https://doi.org/10.1007/s11427-020-1645-7.

Lukács, Georg. 1988. *Geschichte und Klassenbewußtsein. Studien über marxistische Dialektik*. Darmstadt: Luchterhand.

Lukács, Georg. 1986. *Zur Ontologie des gesellschaftlichen Seins. Zweiter Halbband. Georg Lukács Werke, Band 14*. Darmstadt: Luchterhand.

Lukács, Georg. 1984. *Zur Ontologie des gesellschaftlichen Seins. Erster Halbband. Georg Lukács Werke, Band 13*. Darmstadt: Luchterhand.

Luxemburg, Rosa. 2016. *Nationalitätenfrage und Autonomie*. Berlin: Dietz. Zweite Auflage.

Luxemburg, Rosa. 2011. *The Letters of Rosa Luxemburg*, hrsg. Georg Adler, Peter Hudis und Annelies Laschitza. London: Verso.

Luxemburg, Rosa. 2008. *The Essential Rosa Luxemburg*. Chicago, IL: Haymarket Books.

Luxemburg, Rosa. 1971. *Selected Political Writings of Rosa Luxemburg*. New York, NY: Monthly Review Press.

Luxemburg, Rosa. 1966. *Politische Schriften. Drei Bände*. Frankfurt am Main: Europäische Verlagsanstalt.

Luxemburg, Rosa. 1916. *Die Krise der Sozialdemokratie. Anhang: Leitsätze über die Aufgaben der internationalen Sozialdemokratie*. Bern: Unionsdruckerei Bern.

Mangan, Dan. 2020. Trump Blames China for Coronavirus Pandemic: »The Worls is Paying A Very Big Price for What They Did«. *CNBC*, 19. März 2020, https://www.cnbc.com/2020/03/19/coronavirus-outbreak-trump-blames-china-for-virus-again.html.

Marcuse, Herbert. 1968/2009. *Negations: Essays in Critical Theory*. London: MayFly.

Marcuse, Herbert. 1941. Einige gesellschaftliche Folgen moderner Technologien. *Herbert Marcuse Schriften Band 3: Aufsätze aus der »Zeitschrift für Sozialforschung«*, 286–319. Frankfurt am Main. Suhrkamp.

Marx, Karl. 1972. *Theories of Surplus Value. Part 3*. London: Lawrence & Wishart.

Marx, Karl. 1969. *Theories of Surplus Value. Part 2*. London: Lawrence & Wishart.

Marx, Karl. 1964. *Frammento sulle macchine*. Translated by Renato Solmi. *Quaderni Rossi* 4: 289–300.

Marx, Karl. 1963. *Theories of Surplus Value. Part 1*. London: Lawrence & Wishart.

Marx, Karl. 1894. *Das Kapital. Dritter Band. Marx Engels Werke (MEW) Band 25*. Berlin: Dietz.
Marx, Karl. 1885. *Das Kapital. Zweiter Band. Marx Engels Werke (MEW) Band 24*. Berlin: Dietz.
Marx, Karl. 1871. Der Bürgerkrieg in Frankreich. *Marx Engels Werke (MEW) Band 17*, 313–365. Berlin: Dietz.
Marx, Karl. 1870. Marx an Sigfrid Meyer und August Vogt, 9. April 1870. *Marx Engels Werke (MEW) Band 32*, 665–670. Berlin: Dietz.
Marx, Karl. 1867. *Das Kapital. Erster Band. Marx Engels Werke (MEW) Band 23*. Berlin: Dietz.
Marx, Karl. 1866. Marx an Ludwig Kugelmann, 13. Oktober 1865. *Marx Engels Werke (MEW) Band 31*, 533–534. Berlin: Dietz.

Marx, Karl. 1865a. Marx an Engels, 31. Juli 1865. *Marx Engels Werke (MEW) Band 31*, 131–133. Berlin: Dietz.
Marx, Karl. 1865b. Lohn, Preis und Profit. *Marx Engels Werke (MEW) Band 16*, 101–152. Berlin: Dietz.
Marx, Karl. 1864a. Inauguraladresse der Internationalen Arbeiter-Assoziation. *Marx Engels Werke (MEW) Band 16*, 5–13. Berlin: Dietz.
Karl Marx. 1864b. *Resultate des unmittelbaren Produktionsprozesses*. Frankfurt am Main: Verlag Neue Kritik.
Marx, Karl. 1862/63. *Theorien über den Mehrwert. Marx Engels Werke (MEW) Band 26.1, 26.2, 26.3*. Berlin: Dietz.
Marx, Karl. 1861–63. *Ökonomisches Manuskript 1861–1863. Teil I. Marx Engels Werke (MEW) Band 43*. Berlin: Dietz.
Marx, Karl. 1859. Zur Kritik der politischen Ökonomie. *Marx Engels Werke (MEW) Band 13*, 3–160. Berlin: Dietz.
Marx, Karl. 1858. Marx an Ferdinand Lassalle, 22. Februar 1858. *Marx Engels Werke (MEW) Band 29*, 549–552. Berlin: Dietz.
Karl Marx. 1857/1858. *Grundrisse der Kritik der politischen Ökonomie. Marx Engels Werke (MEW) Band 42*. Berlin: Dietz.
Marx, Karl. 1849. Lohnarbeit und Kapital. *Marx Engels Werke (MEW) Band 6*, 397–423. Berlin: Dietz.
Marx, Karl. 1848. Antwort Friedrich Wilhelm IV. an die Deputation der Bürgerwehr. *Marx Engels Werke (MEW) Band 4*, 431–432. Berlin: Dietz.

Marx, Karl. 1847a. Arbeitslohn. *Marx Engels Werke (MEW) Band 6*, 535–556. Berlin: Dietz.

Marx, Karl. 1847b. Das Elend der Philosophie. *Marx Engels Werke (MEW) Band 3*, 63–182. Berlin: Dietz.

Marx, Karl. 1845. Theses on Feuerbach. In *Marx & Engels Collected Works (MECW) Volume 5*, 3–5. London: Lawrence & Wishart.

Marx, Karl. 1844a. Auszüge aus James Mills Buch »Éléments d'économie politique«. In *Marx Engels Werke (MEW) Band 40*, 443–463. Berlin: Dietz.

Marx, Karl. 1844b. Zur Kritik der Hegelschen Rechtsphilosophie: Einleitung. *Marx Engels Werke (MEW) Band 1*, 378–391. Berlin: Dietz.

Marx, Karl. 1844c. Ökonomisch-philosophische Manuskripte aus dem Jahr 1844. *Marx Engels Werke (MEW) Band 40*, 465–588. Berlin: Dietz.

Marx, Karl. 1842. Debatten über Pressfreiheit und Publikation der Landständischen Verhandlungen. *Marx Engels Werke (MEW) Band 1*, 28–77. Berlin: Dietz.

Proceedings of the Sixth Rhine Province Assembly. First Article. Debates on Freedom of the Press and Publication of the Proceedings of the Assembly of the Estates. *MECW Volume 1*, 132–181. London: Lawrence & Wishart.

Marx, Karl und Friedrich Engels. 1848. Manifest der Kommunistischen Partei. *Marx Engels Werke (MEW) Band 4*, 459–493. Berlin: Dietz.

Marx, Karl und Friedrich Engels. 1845/46. Die deutsche Ideologie. *Marx Engels Werke (MEW) Band 3*, 5–530. Berlin: Dietz.

Mason, Paul. *PostCapitalism: A Guide to Our Future*. London: Allen Lane.

Mattelart, Armand und Seth Siegelaub, Hrsg. 1979. *Communication and Class Struggle. Volume 1: Capitalism, Imperialism*. New York: International General.

Mattelart, Armand und Seth Siegelaub, Hrsg. 1983. *Communication and Class Struggle. Volume 2: Liberation, Socialism*. New York: International Mass Media Research Center.

Mazower, Mark. 2016. The Value of Karl Marx's 19th Century Thinking in Today's World. *Financial Times Online*, 5. August 2016, https://www.ft.com/content/04afaf98-57d3-11e6-9f70-badea1b336d4.

Mehring, Franz. 1936/2003. *Karl Marx: The Story of His Life*. Abingdon: Routledge.

Mehring, Franz. 1918. Karl Marx. *Franz Mehring Gesammelte Schriften Band 4: Aufsätze zur Geschichte der Arbeiterbewegung*, 11–15. Berlin: Dietz.

Meisner, Matthias 2013. Das Kapital ist Unesco-Welterbe: Linke nicht nur froh über Marx als Bestseller. *Der Tagesspiegel Online*, 20. Juni 2013, http://www.tagesspiegel.de/politik/das-kapital-ist-unesco-welterbe-linke-nicht-nur-froh-ueber-marx-als-bestseller/8382050.html.

Merleau-Ponty, Maurice. 1947/1969. *Humanism and Terror. An Essay on the Communist Problem*. Boston: Beacon Press.

Moore, Phoebe und Athina Karatzogianni, Hrsg. 2009. Parallel Visions of Peer Production. *Capital & Class* 33 (1): 7–177.

Mosco, Vincent. 2014. *To the Cloud. Big Data in a Turbulent World.* Boulder, CO: Paradigm.

Mosco, Vincent. 2009. *The Political Economy of Communication*. London: Sage. Zweite Auflage.

Mosco, Vincent. 2004. *The Digital Sublime*. Cambridge, MA: MIT Press.

Mount, Ferdinand. 2016. Leaving his Marks. *The Times Literary Supplement*, 21. September 2016, http://www.the-tls.co.uk/articles/public/leaving-his-marks.

Murdock, Graham und Peter Golding. 1973. For A Political Economy of Mass Communications. *Socialist Register* 10: 205–234.

Negri, Antonio. 1991. *Marx Beyond Marx. Lessons on the Grundrisse*. New York: Autonomedia.

Noble, David F. 1995. *Progress Without People. New Technology, Unemployment, and the Message of Resistance*. Toronto: Between the Lines.

Noble, David F. 1984/2011. *Forces of Production: A Social History of Industrial Automation*. New Brunswick, NJ: Transaction Publishers. Zweite Auflage.

Pfeiffer, Sabine. 2017. The Vision of »Industrie 4.0« in the Making – a Case of Future Told, Tamed, and Traded. *Nanoethics* 11: 107–121.

Pfeiffer, Sabine und Anne Suphan. 2015. *Der AV-Index. Lebendiges Arbeitsvermögen und Erfahrung als Ressourcen auf dem Weg zu Industrie 4.0. Universität Hohenheim Lehrstuhl für Soziologie Working Paper 2015/1*. Hohenheim: Universität Hohenheim.

Pollock, Frederick. 1957. *Automation: A Study of its Economic and Social Consequences*. New York: Praeger.

Qiu, Jack. 2016. *Goodbye iSlave. A Manifesto for Digital Abolition*. Urbana, IL: University of Illinois Press.

Reitter, Karl, Hrsg. 2015. *Karl Marx – Philosoph der Befreiung oder Theoretiker des Kapitals? Zur Kritik der »Neuen Marx-Lektüre«*. Wien: Mandelbaum.

Rosdolsky, Roman. 1968. *Zur Entstehungsgeschichte des Marxschen »Kapital«. Der Rohentwurf des »Kapital« 1857–58*. Frankfurt am Main: Europäische Verlagsanstalt.

Rosa, Hartmut. 2020a. Interview. *Philosophie Magazin*, 18. März 2020, https://philomag.de/auf-einmal-sind-wir-nicht-mehr-die-gejagten.

Rosa, Hartmut. 2020b. Interview. *TAZ*, 25. März 2020, https://taz.de/Soziologe-Hartmut-Rosa-ueber-Corona/!5673868.

Rossi-Landi, Ferruccio. 1983. *Language as Work and Trade. A Semiotic Homology for Linguistics & Economics*. South Hadley, MA: Bergin & Garvey.

Rovatti, Pier Aldo. 1973. The Critique of Fetishism in Marx's *Grundrisse*. *Telos* 17: 56–69.

Sandbrook, Dominic. 2016. The Myth of Marx. *The Sunday Times*, 14. August 2016.

Sassen, Saskia. 1991. *The Global City*. Princeton, NJ: Princeton University Press.

Say, Jean-Baptiste. 1971/1821. *A Treatise on Political Economy*. New York: Kelley.

Schiller, Dan. 2000. *Digital Capitalism*. Cambridge, MA: MIT Press.

Schumpeter, Joseph. 1918. Karl Marx, der Denker. *Arbeiterwille: Organ des arbeitenden Volkes für Steiermark und Kärnten*, 5. Mai 1918.

Schwarzbach, Marcus. 2018. Ausbeutung 4.0: Intensivierung der Arbeit durch Digitalisierung. *Z – Zeitschrift Marxistische Erneuerung* 113.

Smythe, Dallas W. 1977. Communications: Blindspot of Western Marxism. *Canadian Journal of Political and Social Theory* 1 (3): 1–27.

Söderberg, Johan. 2008. *Hacking Capitalism*. New York: Routledge.

Spargo, John. 1918. Today is 100th Anniversary of Marx's Birth. *New York Times*, 5. Mai 1918.

Spath, Dieter et al. 2013. *Produktionsarbeit der Zukunft – Industrie 4.0*. Stuttgart: Fraunhofer Verlag.

Sperber, Jonathan. 2013. *Karl Marx: A Nineteenth-Century Life*. New York: Liveright.

Splichal, Slavko. 2007. Does History Matter? Grasping the Idea of Public Service at its Roots. *From Public Service Broadcasting to Public Service Media. RIPE@2007*, hrsg. Lowe, Gregory Ferrell und Jo Bardoel, 237–256. Göteborg: Nordicom.

Sprunt, Barbara. 2020. Bernie Sanders on His Campaign: »It's Going to Be A Very Steep Road«. *NPR*, 27. März 2020, https://www.npr.org/2020/03/27/822171139/bernie-sanders-on-his-campaign-it-s-going-to-be-a-very-steep-road?t=1585500234287.

Srnicek, Nick und Alex Williams. 2015. *Inventing the Future. Postcapitalism and a World Without Work*. London: Verso.

Stalin, Josef W. 1950. Marxismus und die Fragen der Sprachwissenschaft. *Stalin Werke Band 15*, 113–137. Berlin: Dietz.

Stalin, Josef W. 1913. Marxismus und nationale Frage. *Stalin Werke Band 2*, 162–196. Berlin: Dietz.

Stedman Jones, Gareth. 2016. *Karl Marx: Greatness and Illusion*. London: Penguin.

Sum, Ngai-Ling und Bob Jessop. 2013. *Towards A Cultural Political Economy. Putting Culture in its Place in Political Economy*. Cheltenham: Edward Elgar.

The Economist. 2016. False Consciousness: The Value of Marx in the 21st Century. *The Economist Online*, 27. August 2016, http://www.economist.com/news/books-and-arts/21705665-value-marx-21st-century-false-consciousness.

United Nations. 2019. *Human Development Report 2019*. New York: United Nations Development Programme.

Vercellone, Carlo. 2007. From Formal Subsumption to General Intellect: Elements for a Marxist Reading of the Thesis of Cognitive Capitalism. *Historical Materialism* 15 (1): 13–36.

Virno, Paolo. 1996. Notes on the »General Intellect«. *Marxism Beyond Marxism*, hrsg. Saree Makdisi, Cesare Casarino und Rebecca E. Karl, 265–272. New York: Routledge.

Vorwärts. 1918. Zum 100. Geburtstag von Karl Marx. *Vorwärts*, 5. Mai 1918.

Wallace, Alfred Russel. 1889/2009. *Darwinism*. Cambridge: Cambridge University Press.

Wallace, Rob et al. 2020. COVID-19 and Circuits of Capital. *Monthly Review* 72, https://monthlyreview.org/2020/03/27/covid-19-and-circuits-of-capital.

Wang, Di. 2008. The Idle and the Busy. Teahouses and Public Life in Early Twentieth-Century Chengdu. *Journal of Urban History* 26 (4): 411–437.

Wark, McKenzie. 2004. *A Hacker Manifesto*. Cambridge, MA: Harvard University Press.

Wasko, Janet. 2014. The Study of Political Economy of the Media in the Twenty-First Century. *International Journal of Media & Cultural Politics* 10 (3): 259–271.

Wasko, Janet, Graham Murdock und Helena Sousa, Hrsg. 2011. *The Handbook of Political Economy of Communications*. Malden, MA: Wiley-Blackwell.

Werlhof, Claudia von, Maria Mies und Veronika Bennholdt-Thomsen. 1983. *Frauen, die letzte Kolonie*. Reinbek bei Hamburg: Rowohlt.

Williams, Raymond. 1989. *What I Came to Say*. London: Hutchinson Radius.

Williams, Raymond. 1980. *Advertising: The Magic System. In Culture and Materialism*, 170–194. London: Verso.

Williams, Raymond. 1977. *Marxism and Literature*. Oxford: Oxford University Press.

World Health Organization (WHO). 2020. WHO erklärt COVID-19-Ausbruch zur Pandemie. *WHO*, 12. März 2020, http://www.euro.who.int/de/health-topics/health-emergencies/coronavirus-

covid-19/news/news/2020/3/who-announces-covid-19-outbreak-a-pandemic.
Ye, Zi-Wei et al. 2020. Zoontic Origins of Human Coronavirus. *International Journal of Biological Sciences* 16 (10): 1686–1697.
York, Ashley. 2020. Novel Coronavirus Takes Flight From Bats? *Nature Reviews Microbiology* 18: 191.
Zhou, Peng et al. 2020. A Pneumonia Outbreak Associated With a New Coronavirus of Probable Bat Origin. *Nature* 579: 270–273.
Žižek, Slavoj. 2020. Monitor and Punish? Yes, Please! *The Philosophical Salon*, 16. März 2020, http://thephilosophicalsalon.com/monitor-and-punish-yes-please.